建炎末年

握中悬璧 著

华文出版社

图书在版编目（CIP）数据

建安末年 / 握中悬璧著 . -- 北京 : 华文出版社, 2024.8

ISBN 978-7-5075-5890-6

Ⅰ.①建… Ⅱ.①握… Ⅲ.①中国历史—三国时代—通俗读物 Ⅳ.①K236.09

中国国家版本馆CIP数据核字(2024)第112174号

建安末年

著　　者：	握中悬璧
策划编辑：	陈红伟
责任编辑：	张颖潇
出版发行：	华文出版社
社　　址：	北京市西城区广安门外大街305号8区2号楼
邮政编码：	100055
网　　址：	http://www.hwcbs.cn
电　　话：	总 编 室 010-58336239　　发 行 部 010-58336267
	责任编辑 010-58336237
经　　销：	新华书店
印　　刷：	鸿博昊天科技有限公司
开　　本：	880mm×1230mm　1/32
印　　张：	11
字　　数：	256千
版　　次：	2024年8月第1版
印　　次：	2024年8月第1次印刷
书　　号：	ISBN 978-7-5075-5890-6
定　　价：	65.00元

版权所有　侵权必究

前　言

在开始这个系列之前,我想先向读者朋友们提出一个问题,那就是东汉和三国的分界点应该放在哪里。

这个问题的答案可以说是见仁见智的。按照最严谨的说法,这个分界点应该在黄初元年(220)曹丕篡汉称帝,这宣告汉朝正式灭亡。

而之后的若干年中,刘备和孙权也分别称帝,历史正式进入三国阶段,这也是狭义上的三国。

如果按照广义的划分,也可以把这个分界点放在中平元年(184)黄巾之乱,此后东汉朝廷日薄西山,名存实亡,而各路豪杰也粉墨登场,这是传统意义上的三国,也是最被广泛接受的概念。

当然也有把分界点定在建安十三年(208)赤壁之战的,此战标志着三足鼎立的局面初步形成,这就属于按照天下大势来划分了。

以上说法都有相应的依据,我们不做过多评判。但我今天在这里却想要提出一种不太常见的看法——东汉的终结不等同于三国的开端。

建安十八年（213），曹操进魏公，这已经宣告了汉朝在实质上的灭亡。

曹操称公的影响是非常深远的，要知道在整个两汉阶段，除了二王三恪制度下那些前朝王族，能够称公的人除了曹操就只有安汉公王莽了，走到这一步，曹操后面想做什么已经不言自明了。

从实际效果来看，在此之前曹操是汉朝丞相，行的是挟天子而令诸侯的事。而在此之后，他开始独立建国，逐渐摆脱汉朝的旗号，打造自己的班子，为篡汉做着一系列准备。

早先，汉献帝拜袁绍为太尉，袁绍表示不想屈于曹操之下，还说曹操借天子的名头压制他。曹操为了暂时稳住袁绍，只好把大将军之位让给他。在这一阶段，羽翼未丰的曹操必须借助汉朝这块招牌，与更强的对手抗衡。

之后，曹操在赤壁之战前给孙权写了一封信，信中也讲到他的南征是奉天子之命，以此来提升自己的正义性。而江东以张昭为代表的主和派也并非贪恋荣华富贵，而是忌惮曹操大汉丞相的身份。

而当曹操的实力和威望大幅增强后，这些对他来说意义也就不大了，比如，建安二十年（215）征讨张鲁时就不再用此手段。此时曹操所掌控的政权已经不再是汉朝，而是仅仅名义上叫作汉朝的魏国（或者说曹操的班底是忠于曹而不是汉）。

此前的纷争可以看作是汉朝的内部竞争，群雄争夺的是"汉朝"这块金字招牌，即谁才能代表汉朝。

曹操和刘备自不必说，他们都自诩汉室忠臣，甚至孙权也跟鲁肃表达过辅佐汉室的志向，只不过鲁肃对此嗤之以鼻。在这之后的几年中，曹刘二人分别称王，而孙权后来的王位虽然是受封而来，但也是曹魏体系下的吴王，和汉朝已经毫无关系了。

所以说，这三人相当于和汉朝彻底决裂了，即使刘备仍然打着汉朝的旗号，他也不能代表真正的汉。从此之后，历史意义上的汉朝就彻底结束了。

不过，汉朝的终结并不代表三国的开始，因为三分天下最终格局的确立直到建安二十四年（219）年底才宣告完成。

因此，汉朝的终结与三国的开始其实并不能从某一个时间点截然分开，而是经历了一个过渡期。在建安的最后几年中，曹、孙、刘三方逐渐走上了抛开汉朝独自建国的道路；同时对外不断扩张，形成了三足鼎立的最终形态。

而建安二十四年正是汉朝与三国过渡期的终结，它浓缩了三家博弈最精华的部分。

这是历史转折的一年，它上承东汉，下启三国，在结束了旧时代的同时开创了三足鼎立的新时代。

这是惊心动魄的一年，这年的华夏大地上先后发生了两场改变历史走向的大战，从汉中到荆襄的千里战场上，曹、孙、刘三大势力分别被卷入战争的旋涡。

这也是英雄陨落的一年，夏侯渊、关羽、曹操等在战场上叱咤多年的英雄人物纷纷离开了历史的舞台，以陆逊、曹休为代表的新生代名将开始崭露头角。

这样令人回味无穷的建安二十四年，纵观整个三国历史，恐怕也只有发生了偷渡阴平和二士争功的景元四年（263）可以与之相提并论。

然而，精彩的历史也需要厚积薄发，自赤壁风云结束后，三大势力经过近十年的发展，逐步达到了实力的巅峰，终于在建安二十四年绽放出耀眼的光芒。

因此，本书从赤壁之战后三大势力的扩张讲起，并以此为铺垫，最终将建安二十四年的精彩呈现给大家。

目　录

第一章　曹操西征　001

第一节　韩、马起兵乱关中　003
第二节　战渭南联军兵败　009
第三节　卷土重来侵凉州　016
第四节　夏侯渊虎步关右　024
第五节　曹操亲征取汉中　033
第六节　张鲁归降汉中定　036

第二章　刘备入川　043

第一节　刘焉避祸据益州　045
第二节　兴亡成败东州士　052
第三节　张松献策引祸端　059

第四节　刘备入川收人心　　066
　　第五节　二刘反目大战起　　073
　　第六节　降刘璋西川易主　　080

第三章　合肥之战　　**089**

　　第一节　湘水划界再"结盟"　　091
　　第二节　孙权起兵攻合肥　　099
　　第三节　三将同心拒强敌　　106
　　第四节　逍遥津孙权丧胆　　113

第四章　大战前奏　　**121**

　　第一节　建国称王野心显　　123
　　第二节　曹操得陇不望蜀　　131
　　第三节　张飞巴西败张郃　　137
　　第四节　战下辩出师不利　　144
　　第五节　马鸣阁再遭败绩　　153
　　第六节　祸起萧墙乱许昌　　162

第五章　汉中决战　　**171**

　　第一节　刘备暗渡定军山　　173
　　第二节　夏侯渊轻身殒命　　180

第三节　鏖兵经年终落幕　　　　　　　188
　　　第四节　进位称王生弊端　　　　　　　196

第六章　水淹七军　　　　　　　　　　　207

　　　第一节　千古遗恨《隆中对》　　　　　209
　　　第二节　关羽十年磨一剑　　　　　　　217
　　　第三节　水陆并进围襄樊　　　　　　　224
　　　第四节　威震华夏破七军　　　　　　　231

第七章　东吴背盟　　　　　　　　　　　241

　　　第一节　战四冢强弩之末　　　　　　　243
　　　第二节　袭荆州白衣渡江　　　　　　　250
　　　第三节　攻心为上免刀兵　　　　　　　262
　　　第四节　走麦城武圣谢幕　　　　　　　267

第八章　曹魏立储之争　　　　　　　　　273

　　　第一节　曹植缘何失储位　　　　　　　275
　　　第二节　崔琰憾死冤狱中　　　　　　　279
　　　第三节　曹子桓更胜一筹　　　　　　　285
　　　第四节　魏讽阴谋乱邺城　　　　　　　291

第九章 尾 声 299

第一节 一生功过后人评 301
第二节 最是无情帝王家 306
第三节 曹丕继位险生乱 316
第四节 受禅称帝汉祚终 323

参考文献 333
后 记 339

第一章 曹操西征

第一节 韩、马起兵乱关中

当赤壁之战的硝烟逐渐散去后,从建安十五年(210)开始,几乎整个一年的时间里,华夏大地上呈现出一种难得的平静。

然而,这种现状却不会持久,因为在平静的背后,曹、孙、刘三大势力都在为新一轮的扩张进行着积极的准备。

对于曹操来说尤为如此。在南郡之战失败后,随着曹仁放弃江陵,曹操在荆州方向开始收缩防御,他必须找到一个新的扩张方向。

当年汉高祖刘邦对在何处定都难以抉择,张良劝道:"关中东有崤山、函谷关,西有陇山、岷山,沃野千里,南面可以依仗巴、蜀两郡的富饶,北面则有胡地草场畜牧的便利,依靠三面险阻来固守,只需控制东方的诸侯。如果诸侯安定,可由黄河、渭水运粮,向西供给国都;如果诸侯发生变故,可顺流而下,运送物资支援前线。这便是'金城千里,天府之国'。"

以上这段话便是关中沃土的真实写照。

当初李傕与吕布在长安混战,李傕纵兵劫掠长安,百姓父老被屠杀殆尽,死者尸骸遍地;之后李傕又与马腾交战,他再次纵兵劫掠,攻伐城邑,本来关中有数十万户百姓,结果经此劫难后人口损失殆尽。

据《三国志·董卓传》记载,当时"人民饥困,二年间相啖食略尽",可见汉末战争的残酷。

然而,这人间惨剧却并未到此为止,后来李傕和郭汜发生内讧,双方交战数月,死者数以万计,这给了关中又一次沉重打击,从此以后,昔日的沃土便再也不复往日盛景。

关中弱则陇右强,因此马腾、韩遂等凉州军阀开始崛起,他们各拥强兵,交战不休。

据《三国志·钟繇传》记载,彼时曹操"方有事山东,以关右为忧",吕布、袁绍皆是曹操的心腹大患,他自然不希望有后顾之忧。

对此,在建安二年(197)时,荀彧提出:"关中虽有强敌,但彼等各自为战,不足为虑。如今对他们应以安抚为主,暂且将其稳住,足以支持到平定关东。而抚慰关中的重任则可以交给钟繇。"钟繇是荀彧的颍川同乡,当初又在迎回天子一事中颇有贡献,这次得到了荀彧的推荐后,曹操立刻任命他以侍中守司隶校尉,持节督关中诸军,而且《三国志·钟繇传》说曹操允许他"特使不拘科制",给了钟繇相当大的独断之权。

钟繇到任后成功说服韩遂、马腾,使其各自遣送人质入朝,关中恢复了平静,而且在官渡之战期间,关中还为曹操提供了两千匹战马。

曹操对此甚为满意,于是称赞钟繇道:"关中能够平定,朝廷无西顾之忧,都是足下的功劳。当年萧何镇守关中,足食成军,于你甚为切合。"

然而随着官渡之战的结束,局势发生了重大变化,为了应对曹操对河北发动的强大攻势，袁尚命高干、郭援领兵数万人，联合匈奴单于进犯河东，以威胁曹操的后方，同时遣使联络马腾、韩遂共同出兵。

对于袁尚的邀请，马腾虽然已经动了心，但在傅干的劝说下还是打消了与袁氏合作的念头，最终派儿子马超领万余精兵与钟繇合力击溃了袁军。

此时曹强袁弱，且曹近袁远，若想有一番更大的追求，马腾只有联合袁氏远交近攻这一条出路，而选择了曹操则是他覆灭的开始。

曹操素有平定天下之志，绝不会允许马腾等人长期割据一方，如今与之联合无非是权宜之计，待袁氏覆灭后，失去了利用价值的马腾必将成为曹操的下一个目标。即使马腾仍要助曹，也应该坐地起价，为自己争取更大的利益，而不是被傅干轻易说动，毕竟马腾的倾向对河东之战的胜负起着决定性的作用。

只可惜马腾并未深谋远虑，这宣告着他注定将要早早退出历史的舞台。

果不其然，曹操南征荆州前令张既传命征马腾入朝，而且据《三国志·张既传》记载，曹操要求他"释部曲求还"。

如此釜底抽薪之策，马腾自然不会轻易答应，双方经过一番拉锯，最终马腾决定自己入朝，但由马超统率自己的军队，这样便给自己留了一条后路，也可以让曹操有所顾忌。

当然，马腾还有另一个理由。

马腾和韩遂本来颇为亲善，甚至结为异姓兄弟，但后来二人却逐渐反目成仇。据裴注《三国志·马超传》引《典略》记载，"腾攻遂，遂走，合众还攻腾，杀腾妻子，连兵不解"，这充分说明了二人斗争的激烈。

虽然后来在司隶校尉钟繇和凉州牧韦端的调停下，二人实现了和解，但仇恨的种子早已埋下，根本不可能轻易化解。

之前马腾助曹操对抗袁氏，未尝没有借助曹操的力量压制韩遂的想法，他担心如果不与曹操合作，那么与自己素有仇怨的韩遂将会成为曹操的臂助，届时曹操便很有可能偏袒韩遂压制自己了。

这种想法应该伴随了马腾很久，据《三国志·马超传》记载，"后腾与韩遂不和，求还京畿"，可知他愿意入朝的相当重要的一个理由就是向曹操示好以对抗韩遂。

他希望以自己为纽带与曹操结好，使马超得到更多的支持，只不过他还是低估了曹操，因为曹操从没想过在韩、马两股势力之间扶植一个打压另一个，而是要将二者一并铲除，马腾的盲目之举最终葬送了自己。

赤壁之战后，曹操再次将目光转向关中，而马超、韩遂等凉州军阀的势力便成了他最大的阻碍。

据《三国志·周瑜传》，早在赤壁之战前，周瑜就对形势做出了精准的判断，他认为"今北土既未平安，加马超、韩遂尚在关西，为操后患"。结果他的话确实应验了。

不过曹操虽有彻底平定凉州之心，但在实际操作上却采取了另一种策略，建安十六年（211）三月，曹操突然下令让钟繇发兵南征盘踞汉中的张鲁。

对此，高柔提出："今猥遣大兵，西有韩遂、马超，谓为己举，将相扇动作逆，宜先招集三辅，三辅苟平，汉中可传檄而定也。"

高柔认为发兵入关必会逼反马超和韩遂，不如先安定三辅，三辅安定后就可不费一兵一卒和平招降张鲁。

按《三国志·高柔传》记载，"繇入关，遂、超等果反"，这似乎验证了高柔的先见之明。

然而问题却不是那么简单，因为这是曹操一次深远的谋划，张鲁虽然是他的目标，但却不是近期目标，曹操醉翁之意不在酒，他真正想要图谋的是马超和韩遂。

胡三省在《资治通鉴》的注解中说道："操舍关中而远征张鲁,伐虢取虞之计也。盖欲讨超、遂而无名，先讨张鲁之势以速其反，然后加兵耳。"一下就阐明了曹操此计的精髓。

此时的汉献帝虽然早已沦为曹操的傀儡，但曹操名义上仍是汉臣，马超作为他的同僚并无反迹，贸然出兵讨伐是得不到大义名分的。而张鲁则不同，早在刘焉时期，张鲁就破坏栈道，公然与朝廷对抗，讨伐张鲁是名正言顺的。

出兵汉中必然要经过关中，而大军进入关中则必然会刺激马超，这一点曹操也是早就想到了的。曹操不怕马超造反，他要的就是马超因恐惧生疑而起兵，这样便有充足的理由名正言顺地发兵将其剿灭了。

这样只进行一次军事行动，便能解决两个潜在的威胁，这便是胡三省提到的"伐虢取虞"之计。

事情的发展与曹操的预期完全相同。当时曹操命夏侯渊等出河东，摆出与钟繇合兵一处共讨张鲁的姿态，虽然马超的根基在凉州而不在关中，但曹操大军西征仍使其万分恐慌，他根本无法判断曹操的真正目标是什么。

在面临外部巨大压力的情况下，曾经积怨颇深的韩、马两家只得再度联合起来。

这一年，马超与韩遂、侯选、程银、李堪、张横、梁兴、成宜、马玩、杨秋十部人马共同起兵，联军拥兵十万，齐聚潼关，准备将曹操的势力挡在关东，规模宏大的渭南之战由此拉开了序幕。

联军虽然兵力强大，曹操本人也说"关西兵精悍"，对他们的战斗力颇为忌惮，但联军有一个致命弱点，便是没有一个明确的核心，作战时缺乏统一的指挥。

据《三国志·荀彧传》记载，早在曹操尚未平定河北时，荀彧就评价说"关中将帅以十数，莫能相一"，如今正好得到了应验。

据裴注《三国志·张既传》引《魏略》记载，联军起兵后，马超推举韩遂为都督，并说："前钟司隶任超使取将军，关东人不可复信也。今超弃父，以将军为父，将军亦当弃子，以超为子。"

在马超这段话中，他着重提出了两点，第一是关东人不可信，因此请韩将军不要受其蛊惑；第二则是他牺牲很大，因为这次起兵时他已经做好了"弃父"的准备，作为实质上的人质，马腾断无生理，因此韩遂也要"弃子"，即放弃在朝中的质子，决不能动与曹操私下媾和的念头。

虽然马超说得慷慨激昂，但其背后似乎有着不寻常的意味。

据裴注《三国志·张既传》引《魏略》记载，当时阎行劝韩遂，"不欲令与超合"，而韩遂却说："今诸将不谋而同，似有天数。"

阎行对与马超联合一事颇为反对，而韩遂却说诸将立场一致，似乎是上天注定，因此不愿反对。从中可以看出，似乎韩遂有被马超胁迫的迹象。而且除韩遂外，其余八部人马大多已被马超拉拢，韩遂不敢违背众意，以天数作为托词，大概就有此意。也许正因如此，阎行才不愿与马超合作。

裂痕就此埋下，这为联军在后来战斗中的失利埋下了祸根。

第二节　战渭南联军兵败

面对联军的强大攻势，曹操命曹仁都督诸将前往潼关阻击，为了避开敌军锋芒，曹操特意交代："关西兵战斗力强悍，一定要坚守不出。"

由于曹操主力部队尚未集结完毕，一时无法支援，这就导致双方在战场上的实力对比悬殊。

此时曹军在关中地区的部队除了曹仁的少量兵马，就只剩下钟繇所部及夏侯渊的援军了，但这部分人马的作用是诱饵，实力想必有限，能固守待援就已经是极限了。

正因为如此，曹操才叮嘱曹仁不可出战，目的一是要等待主力集结，二是消磨联军锐气。

建安十六年（211）七月，曹操大军终于集结完毕，可就在临出征之前，有不少人却说关西兵强悍，且擅使长矛，不以精锐部队做先锋的话，则难以抵挡，对战争前景相当不看好。

可曹操却极为乐观，他回答道：

> 战在我，非在贼也。贼虽习长矛，将使不得以刺，诸君但观之耳。（《三国志·武帝纪》）

在曹操看来，战争的主动权始终牢牢地掌握在他手上，对手只能被动应付，联军虽然擅使长矛，只要让他们刺不出来就可以了，这就是孙子兵法中所说的"善战者，制人而不制于人"。

经过一个月的征程，曹操大军于八月份抵达潼关，两军在潼关对峙。

今天陕西潼关县以北黄河南岸处有一片叫作麟趾原的台地，汉代潼关即坐落于此，它背靠秦岭余脉，面朝黄河，素以雄奇险峻著称，乃是中原与关中交通的咽喉要道。

之前，马超为了将曹操挡在潼关以东，以便一口气吞下关中，始终对钟繇未做理会，只要能达到主要的作战目的，钟繇迟早是瓮中之鳖。

随着时间的推移，战局似乎正在向着对联军有利的方向发展，由于十部人马并非同时抵达潼关，联军的后续部队正在源源不断地赶到前线。

然而，每当一部人马抵达时，曹操却都面露喜色，这令众将疑惑不已。

曹操解释道：

> 关中长远，若贼各依险阻，征之，不一二年不可定也。今皆来集，其众虽多，莫相归服，军无适主，一举可灭，为功差易，吾是以喜。（《三国志·武帝纪》）

在他看来，若联军分兵据守各要害，将其剿灭就要花很多功夫了，如今敌军齐聚一处，且无统一指挥，完全就是一群乌合之众，可以将其一举消灭，这样反而更省力。

曹操当然不是盲目自信，他早就为这场战争进行了明确的规划，而决胜的关键并不在潼关的正面战场，而是在侧翼的河东。

为此，曹操早就做了相应的安排，他派徐晃屯于汾阴（今山西万荣县西南）以镇辅河东，为打开侧翼战场做着准备。

为了万无一失，曹操特意将徐晃召至潼关，询问联军在黄河沿线布防的情况。徐晃则自信满满，在他看来，此时大军虽兵临潼关，但联军对本方的真实意图毫不知晓，甚至没有分兵守住黄河上的重要渡口蒲坂津，可知他们何其无谋。这时若能给自己一支精兵，待渡过蒲坂津后截断敌军后路，则可大获全胜。

这正是曹操所希望的结果。后来战争胜利结束后，众将都对曹操的部署迷惑不解，他们问道："当初贼兵据守潼关，北线空虚，为何大军不直接从河东进攻冯翊，反而后来才将主力北渡黄河进行大范围迂回呢？"

对于这个问题，曹操进行了精彩的论述，他说：

> 贼守潼关，若吾入河东，贼必引守诸津，则西河未可渡，吾故盛兵向潼关；贼悉众南守，西河之备虚，故二将得擅取西河。（《资治通鉴·卷六十六》）

如果我们直接前往河东，敌军必然去守黄河上的渡口，那样就很难有渡河西进的机会了，因此才要做出鏖兵潼关的假象，使敌军在黄河西岸的重要渡口守备空虚，如此才能攻入河西。

其实联军并非都是无能之辈，曹操的策略已经被马超察觉了，当他发现曹军在蒲坂津活动频繁时，立刻判断对方有西渡黄河的征兆，于是他立刻去和韩遂商议。据裴注《三国志·马超传》引《山阳公载记》记载,当时马超建议道:"宜于渭北拒之,不过二十日,河东谷尽,彼必走矣。"

马超准备抽调部分兵力北渡渭水进行防守,在他看来,河东地区粮草供应不上,只能坚持二十日。

然而,韩遂却说:"可听令渡,蹙于河中,顾不快耶!"他认为应该放任曹军渡河,同时击其半渡。

韩遂的想法还是略显天真了,按后续的战况,当联军前去阻击徐晃时,对方早已渡河完毕了,马超消耗战的方案才更稳妥一些。联军内部没有统一指挥的致命弱点在这一刻暴露无遗。

最终马超的方案未能成行,联军仅派了五千人前去阻击,其效果可想而知。而后来曹操在听说此事后也感叹道:"马儿不死,吾无葬地也。"

徐晃的计划得到了批准,曹操命他和朱灵率四千精兵从蒲坂津西渡黄河,当徐晃过河后正修建阵地时,于夜间遭到了凉州军将领梁兴所率领的五千人马的袭扰,经过一番交战,徐晃击退梁兴,顺利在黄河西岸站稳脚跟,也为曹军主力进入河西打下了基础。

可就在进展一片顺利之时,马超却凭借个人勇武让曹操陷入了重大危机。

当时曹操正要北渡黄河,沿着徐晃开辟的路线将主力调往河西,在渡河的时候,曹操下令大军先行,他和许褚带领一百多名亲卫在黄河南岸殿后。

马超敏锐地发现了这次机会,他当即率领步骑万余人,对曹操发起猛攻,一时间箭如雨下。

可这时曹操却还坐在胡床上,许褚见形势危急,对曹操说:

"贼兵势大，如今我军已渡河完毕，您也要尽快离开了。"说罢便与张郃等一同扶着曹操上船。

由于马超攻势甚猛，士卒们肝胆俱裂，全都争着上船，眼见船只将因超重而倾覆，许褚当机立断斩杀攀附在船舷上的士卒，同时用左手举起马鞍为曹操遮挡箭矢。

当时船工已经中流矢而死，许褚用右手推着船前进，再加上校尉丁斐急中生智放出牛马诱使敌军哄抢，这才得以成功起航。

由于河水湍急，曹操的船只向下漂流了四五里之远，马超的骑兵在岸上穷追不舍，不断用箭矢射击，众将见状皆惶恐不安，好在曹操福大命大，最终化险为夷。

据《三国志·许褚传》记载："是日，微褚几危。"若不是许褚，当日曹操很可能就要殒命于黄河南岸了。

这次惊险事件算是整场战斗中的一个小插曲，之后曹军西渡黄河，与徐晃合兵一处后沿着河道南下，直达渭口（渭水汇入黄河的河口）。

此时战争已经进入最后的阶段，联军连连受挫，只剩下渭水这最后一道防线，只要被曹军突破，将再无坚持下去的可能。

于是曹操在各处广设疑兵，并暗中在渭水上架设浮桥，准备趁着夜色渡河。

九月，曹军顺利渡河，随后于渭水南岸结营。

联军见状立刻发起反击，可这时曹军伏兵突然杀出，将其彻底击溃，至此联军的最后一道防线也被突破。

关于这次渭水之战还有一则小故事，据《曹瞒传》记载，当时曹军每次渡过渭水后，都会遭到马超骑兵的冲击，因此总是无法成功结营，这时娄圭献计以水灌沙子，修筑冰城，终于使曹军在渭水南岸站稳了脚跟。

对于这则史料，裴松之提出了异议，他认为渭水之战发生在九月，尚未入冬，天气应该没有冷到会结冰的地步，看来曹军能成功南渡渭水，主要还是依靠曹操事先设置的伏兵。

实现南渡渭水的战略目标后，曹操改变了之前积极进攻的策略，开始坚守不出，联军屡次求战不得，气势日衰，逐渐露出了败象。

见战局越发不利，马超、韩遂等只好割地求和，并送出人质。

对此，贾诩提出可以答应下来，但却只是假意答应而已。曹操又问具体计划如何，只听贾诩说道："无非是离间他们。"曹操顿时心领神会。

当时，曹操与马超、韩遂等于阵前会晤，身旁除了许褚没有带任何护卫。

马超自恃勇武，打算暗中偷袭，当时他看向曹操身旁，怀疑此人是素有勇名的许褚，于是便问："您的虎侯在哪里？"曹操指了指许褚，只见许褚怒目而视，马超最终未敢轻举妄动。

然而，曹操与韩遂会面后，马超坐不住了。

曹操与韩遂是故交，二人交谈时不论军事，只说京城旧事，而谈到投机之处居然拍手欢笑起来，这场景令马超顿时心生怀疑。

马超最担心的就是韩遂与曹操私下媾和，早在开战之前他就隐晦地警告过韩遂，如果韩遂暗中联合曹操一同对付他，自己可就死无葬身之地了。

于是马超质问韩遂道："曹操都说了什么？"

韩遂回答："什么都没说。"这令马超更加怀疑。

过了几天，曹操亲自给韩遂写了一封信，但信中却多有涂改。

此事为马超所知后，联军之间的信任彻底崩溃了，曹操见时机已经成熟，于是发动了最后的决战。

曹操先以轻兵挑战，待敌军上钩，便用精锐虎豹骑从背后夹击，此战曹军大获全胜，成宜、李堪等被当场斩首，联军顿时土崩瓦解，四散逃亡。

其实，当曹操主力进入河西后，联军仍有最后一次机会。

据《三国志·武帝纪》记载，当时曹操是"连车树栅，为甬道而南"。

所谓甬道，是一种带有围墙的通道。当初楚汉相争时，汉军曾修筑甬道，目的是取得敖仓囤积的粮草，因此甬道最大的作用就是运粮，而围墙的作用是防止敌军的袭扰。

而曹操这次修建的是简易的甬道，用车辆和树栅代替围墙，防御力必然非常有限。如果联军能用骑兵进行袭扰，或许曹军的进展将被大幅延缓，可惜联军过于保守，直接让出了渭北之地，最终陷入被动。

渭南之战充分显示了曹操高超的军事指挥艺术，兵法有云："兵无常势，水无常形，能因敌变化而取胜者，谓之神。"曹操在指挥作战时灵活机动，反观联军不仅没有统一指挥，其应对策略也太过僵化，岂有不败之理。

曹操在后来点评此战时说"兵之变化，固非一道也"，这正是他能赢得战争胜利的精髓。

第三节 卷土重来侵凉州

曹操在渭南大败以马超、韩遂为首的联军后,关中地区基本被平定下来。

据《三国志·武帝纪》记载:"遂、超等走凉州,杨秋奔安定,关中平。"他们并没有被彻底消灭,而是向西北撤退,伺机恢复实力。

马超、韩遂退到凉州,曹军暂时鞭长莫及,而驻守安定的杨秋却仍然滞留在陇东,曹操决定一鼓作气将其消灭。其目的一是彻底扫平关中除去后顾之忧,二是为日后平定陇右增加一个可选的进军路线。

从关中通往陇右大体有三条路线,最南端是路途最近却最为险峻的陈仓狭道,中间的是最适合大军行进的陇山道,而北端则是路途较为遥远的萧关道。

当时陇山道已经被夏侯渊打通了,而盘踞安定的杨秋正好位于萧关道上,如果能打通萧关道,将来马超想守住陇山防线就更困难了。谁也想不到的是,马超最终却并非因为陇山防线失守而丢掉凉州。

曹军进兵神速,九月渭南之战结束,十月就包围安定,杨秋势单力孤只好投降。

曹操对马超、韩遂等西凉军阀的策略就是分化瓦解,如今马超是主要敌人,那对于杨秋自然就要拉拢了,他也成为曹操要树立起的一个榜样、典型，不仅得到赦免，还被重用。在后来百官劝曹丕称帝的上表中，杨秋的排名甚至在同为降将的张辽和张郃之前。

不过接下来，曹操却没有继续趁热打铁进攻陇右，而是把夏侯渊留在长安镇守，自己则领兵回邺城去了，这又是怎么回事呢？据《三国志·杨阜传》记载："太祖追至安定，而苏伯反河间，将引军东还。"由此可见，曹操此举在明面上的解释就是冀州发生苏伯、田银之乱，需要回去稳定局面。

但是真实的原因却并非如此，苏伯、田银只是不入流的小角色，并没有太大威胁，很快就被曹仁消灭，这样看来，曹操完全没必要亲自回去。

因此只有一个解释，那就是曹操有更重要的事要做。

果不其然，建安十七年（212）正月，曹操还朝后，立刻逼迫天子赐予他赞拜不名、入朝不趋、剑履上殿的特权。

同时，曹操又修改了行政区划，他将河内郡荡阴、朝歌、林虑，东郡卫国、顿丘、东武阳、发干，钜鹿郡瘿陶、曲周、南和，广平郡任城及赵国襄国、邯郸、易阳等县全部分割出来并划给魏郡，这样便大幅扩充了自己选好的领地，为将来称公建国做着一系列准备。纵观建安十七年，除年底发兵南征孙权以外，曹操几乎整整一年都在忙这件事，这才是他急忙赶回的真正原因。

曹操如此迫不及待，虽然确实让他在篡位之路上迈进了一大步，但这却为日后凉州的动乱埋下了隐患。

要知道"马儿不死，吾无葬地也"可是他亲口说的，可他为了自己的大事转眼之间就将其忘在脑后了。

对于曹操这个决定，时任凉州参军的杨阜表示了反对，他认为"超有信、布之勇，甚得羌、胡心，西州畏之。若大军还，不严为之备，陇上诸郡非国家之有也"。

马超是韩信、英布那样的人物，而且在羌胡之中很得人心，如果现在不能斩草除根，以后再想平定陇右可就难了。

杨阜的观点是非常合理的，只不过他还没摸透曹操的心思，因此曹操虽然表面上赞许了他，实际上却依旧我行我素。

马超在陇右很快恢复了一定的实力，除得到羌胡援助之外，他又和汉中张鲁结为同盟，张鲁派大将杨昂助战，于是，在建安十八年（213）年初，马超对陇右诸郡县发动了全面进攻。

首先沦陷的就是上邽，当地人任养自作主张开城投降，据《三国志·杨阜传》记载，当时"陇上郡县皆应之，惟冀城奉州郡以固守"，其余诸郡县也纷纷投向马超，只有凉州治所汉阳郡的冀县还在坚持抵抗。

之前劝曹操继续攻打陇右的杨阜就是冀县本地人，他无奈之下只好亲自带兵上阵。杨阜组织了一千多人，与马超激战了大半年，虽然敌军尚未破城，但冀县已经到了崩溃的边缘。

为挽救危局，凉州刺史韦康派上邽县令阎温出城去向夏侯渊求救。

当初阎温在上邽就反对投降马超，于是偷偷跑到冀县，可此时马超将冀县围得水泄不通，阎温只得趁夜色掩护潜水出城。

次日，马超军发现城中有人出来，于是立刻派兵追赶，终于在显亲（今甘肃秦安县西北）将其截住。

当被捕的阎温被押上来时，马超亲解其缚，先是劝诱他投降，并告诉冀县守军将不会有援兵到达，之后又威胁他若不配合就立刻将其处死。

阎温假意答应下来，马超便用车载着他来到冀县城下。阎温等的就是这一刻，只见他向着城内大声喊道："大军不超过三天就到了，大家坚持住啊！"城内守军纷纷为之垂泪，并祝祷他万岁。

马超恼羞成怒，责问阎温道："你不要命了吗？"阎温则闭口不言。

当时马超久攻冀县不下，因此仍盼阎温回心转意，助他劝降冀县，于是问道："城中故人，有愿意听命于我的吗？"可阎温依旧毫不理会。

见马超真动了怒，阎温大义凛然地说："事君之道有死无贰，而你却令我出不义之言，我岂是苟且偷生之人？"遂为马超所杀。

阎温之死成了压死骆驼的最后一根稻草，凉州刺史韦康等人见求援失败，又不愿荼毒百姓，打算开城投降。

参军杨阜却坚决反对，可尽管他苦苦劝谏，无奈人微言轻，韦康还是向马超屈服了。而杨阜只好假意顺从，暗中寻找机会。

区区冀县让马超浪费了七八个月的时间，虽然之前达成了协议，但他却在盛怒之下令杨昂杀死韦康，这一背信弃义之举给日后留下了重大隐患。

马超的考虑或许是因为韦康是京兆人，在陇右没有根基，因此杀了也无妨，他只需拉拢本地人即可。

不过韦康虽然不是凉州人，但韦氏在当地并非无根之萍，他的父亲韦端就长期担任凉州牧，据裴注《三国志·荀彧传》记载，韦端"从凉州牧徵为太仆，康代为凉州刺史，时人荣之"。

可见韦康的凉州刺史一职也基本算是继承来的。

另外,杨阜在官渡之战前就是韦端的老部下,他和韦氏有很深的交情,韦康被杀,杨阜必然深恨马超。

不过马超思虑不周,根本没考虑到这些,他只是把杨阜的从弟杨岳抓起来做人质,而仍然在用杨阜。

其实闹到目前这个局面,并非坐镇长安的夏侯渊不来援救,他在平定了关中乱贼刘雄以及马超余党梁兴后,确实是出兵了的,只不过还没等他赶到冀县,韦康就已经撑不住投降了。

冀县在上邽西北方向,而上邽已经落于敌手,那么夏侯渊若想解救冀县就肯定无法走陈仓狭道了,因为上邽就卡在陈仓狭道与陇山西侧的出口处,如果走这条路,就必须要先拿下上邽才行。

而萧关道路途太过遥远,兵贵神速,没必要白白浪费时间,因此夏侯渊肯定会走陇山道。

无奈马超早有防备,以逸待劳之下,在距离冀县二百余里处击败了夏侯渊的援军,而这时夏侯渊也得知了冀县已投降的消息。此时再战已然无益,再加上之前平定的汧氐再次造反,于是他便决定打道回府了。

所谓汧氐就是汧水流域的氐人,而陇山道正是沿着汧水开辟的一条路,汧氐一旦生乱,夏侯渊的后路就被切断了,因此他不得不回去。

而这样一来,也就宣告着夏侯渊不可能再收复冀县了,甚至整个汉阳郡都已经被他放弃,现在杨阜只能展开自救了。

马超对杨阜观察了一段时间之后,发现他并无异动,于是逐渐对其放松了警惕,这就给杨阜的复仇创造了机会。后来杨阜妻子病逝，于是他向马超告假出城举办葬礼。

此事得到了允许，不过杨阜办丧事是假，实际目的是要去见一个人。

这个人就是杨阜的表兄姜叙。杨阜自小在姜家长大，姜叙之母是杨阜的姑姑，两家非常亲密。当时姜叙正屯兵于历城，杨阜看上了他手中的军队，正好可以利用。

一见面，杨阜就对他们母子俩痛陈利害，并表明马超滥杀无辜，不得人心，因此必将失败。姜母对此深以为然，她对儿子表示：

> 咄！伯奕，韦使君遇难，岂一州之耻，亦汝之负，岂独义山哉？汝无顾我，事淹变生。人谁不死？死国，忠义之大者。但当速发，我自为汝当之，不以余年累汝也。——裴注《三国志·杨阜传》引《列女传》

韦康遇害，你也有责任，你应和杨阜共举大事，不必顾及母亲。

一个反马超集团就这样初步形成了，而马超也即将为他胡乱杀戮的不智举动付出沉重的代价。

成功拉拢姜叙后，杨阜又派从弟杨谟偷偷去冀县给做人质的杨岳送信，让他做内应。

除此之外，杨阜还联络了同乡姜隐、赵昂、尹奉、姚琼、孔信，武都人李俊、王灵，以及安定人梁宽，南安人赵衢、庞恭等，最终组成了一个庞大的反马超联盟。

不得不说，杨阜闹出了这么大动静，马超居然一无所知，此人的行事之疏漏令人难以置信。

这位赵昂也值得一提，因为他有个厉害的妻子。赵昂之妻王异有勇有谋，不输男子。当初马超包围冀县时，她就亲自身披铠甲来到前线，辅佐赵昂守城。

韦康投降后，赵昂夫妻二人只好也暂时顺从马超，但聪明的王异却有着自己的绝妙计划。

她利用自己女性的身份，从马超的妻子这边入手，与她建立了良好的个人关系。王异在此基础上又建议他们要重用当地人才，只有这样才能与曹操抗衡，以此保留下将来起事的有生力量。杨阜能够得到马超的信任并最终将其击败，王异厥功至伟。

更令人敬佩的是，王异的儿子赵月已经被马超送到张鲁那里去做人质了，一旦她起兵响应杨阜，赵月必死无疑。赵昂对此表示忧虑，但王异却坚持忠义当先，凉州人的血性令人敬佩。

姜母和王异只是众多反马超人士中的缩影，马超在凉州的不得人心可见一斑。

这时候马超几乎已经拿下凉州东部，又击退了夏侯渊的援军，自以为高枕无忧，便开始骄傲自满起来，自封征西将军，领并州牧，督凉州军事。

刚有点小的成就就如此大意，最后的失败也是意料之中的事。

一切准备就绪后，杨阜和姜叙于九月在卤城起兵，这个卤城正是后来诸葛亮大破司马懿的那个地方，位于姜叙大本营历城东北方不远处。

杨阜的策略就是引蛇出洞，让马超亲自率兵来救，只要这样就能达到目的。

历城和卤城都是汉中通往陇右的要道——祁山道上的必经之处，一旦被切断，那么马超和张鲁之间的联系就会被彻底断绝，因此绝对不容有失。这时赵衢又在一旁挑唆，于是马超不出意外地中计了。

马超一出兵，正中了杨阜的下怀，杨阜当初在冀县留下的内应杨岳就派上用场了。杨岳被梁宽、赵衢等救出，众人关闭冀县城门后，迅速进攻马超府邸，将其家眷全部拿下。

马超久攻卤城不下，又听闻冀县后院起火，有家难回，无奈之下只好向南进攻历城。

当时姜叙的军队主力在卤城，历城比较空虚，因此很快被马超攻下。

历城之战中，姜叙之母为马超所擒，这位深明大义的女子痛斥马超道："你这个背叛父亲的逆子、杀害刺史的恶贼，天下岂能容得下你，你不早死，有何脸面见人！"

马超闻言恼羞成怒，当即将她杀害，之后为了泄愤还把历城付之一炬。

杨阜闻讯从卤城回师来战马超，在付出了七个宗族兄弟战死的惨重代价后，终于取得了胜利，马超兵败势穷，只好往汉中投奔张鲁去了。

对于张鲁来说，之前一直选择支援马超就是出于唇亡齿寒的心理，现在马超在陇右已经站不住脚了，失去了作为外援的价值，张鲁开始对他重新定位，希望他变成自己手里的一把对抗曹操的尖刀，就像当初刘备之于刘表一样。正好马超的妻儿在冀县全被杀掉了，张鲁打算借此机会把女儿嫁给马超来拉拢他。

但有人劝张鲁说："马超这人自私到了极点，连自己的父亲都不顾,一个女儿能笼络住他吗?"张鲁于是打消了这个念头。不过对于马超提出的借兵重夺陇右一事还是要支持的,毕竟放任曹操平定雍凉的话,下一个遭殃的就是汉中了。

建安十九年(214)春天,马超率领从张鲁处借到的军队再犯凉州,兵锋直指祁山。

祁山就是诸葛亮北伐时包围过的那个祁山堡,只要占据这里,除非汉中方向来攻的敌军兵力有极为明显的优势,否则难以在不攻占祁山堡的情况下继续北上。

王异早有先见之明,和赵昂一起提前领兵驻守,马超被阻挡在这里,企图迅速重夺陇右的算盘落空了。

尽管如此,祁山堡也难以长期抵挡马超,毕竟汉阳郡本地的军事力量有限,姜叙做了两手准备,在抵抗的同时派人前往夏侯渊处求援。

一年前夏侯渊败于马超之手,虽然此战并非丢失冀县的直接原因,但对于此前未逢一败的夏侯渊来说也是奇耻大辱。

这一次关中一带的反抗势力已经被彻底平定,汉阳郡的本土势力又明显倾向朝廷,如今天时地利人和尽在掌控,夏侯渊决定火速出击,洗刷一年前的耻辱。

第四节 夏侯渊虎步关右

建安十九年(214)春,马超得到了张鲁的援军后卷土重来。上一次凉州人依靠自己的力量赶走了马超,可这次是无论如何也抵挡不住了。

首先凉州本地军力并不强大,之前马超凭借仅仅一万多人就能横扫陇右,其中上邽不战而降,冀县也是龟缩不出,这充分说明当地军事力量的薄弱。再加上杨阜在和马超的决战中损失极为惨重,短时间根本无法恢复实力。

另外,当时马超战败是吃了没有防备的亏,冀县后院起火是他万万没想到的,这次他肯定不会轻易上当了。

经过综合考虑,姜叙等人认为必须要向朝廷求援了,求救对象自然还是最近的关中夏侯渊部。

军情万分紧急,但夏侯渊军团的内部却发生了分歧,诸将都认为不该轻易发兵,而是要先向曹操请示,估计是一年前的失败让他们产生了心理阴影。

这个方案明显太过中庸,诸将这么说当然可以,反正他们也不必承担责任,只需求稳即可,但是夏侯渊不行。

曹操东归后,留下夏侯渊负责雍、凉地区的防务,如今虽然关中基本平定,但陇右的局势却异常危急,相当于他并没有很好地完成任务,作为当地最高负责人,这样的表现肯定是不合格的。

夏侯渊在败给马超前是常胜将军,现在肯定希望一雪前耻,他指出:如今魏公身在邺城,如果前去请示,一来一回就是四千里,那样根本来不及援救姜叙,所以非得立即行动不可。

夏侯渊判断可以一战主要有两个原因。第一个原因是,去年的失败是因为本方是劳师远征,而马超则是围点打援,以逸待劳,他们可以守在穿越陇山的通道上养精蓄锐,迎战自己一方的疲兵,岂有不胜之理?

但这次则不同,马超目前连祁山堡都没有攻下,被阻在祁山道的途中，己方若发兵相救，可以轻而易举地穿越陇山，到达上邽和冀县。到时候即使祁山堡丢失，自己也可以据城而守，届时攻守之势互易，居于劣势的就是马超了。

如果到时祁山堡没有丢失，自己便可以率军南下进驻卤城。那里虽然离祁山堡已经很近了，但马超却很难全力打援，因为他必须分兵包围祁山堡，否则就会陷入腹背受敌的境地，而出兵少了又打不下卤城，所以他除退兵之外别无选择。

第二个原因就是，经过一年多的奋战，关中的反抗势力基本覆灭，自己已经彻底没有后顾之忧了。

有了以上这两点优势，夏侯渊有充分的把握击退马超。

夏侯渊是个行动派，他立即令张郃率五千兵马先行，自己指挥辎重部队紧随其后。

运粮是夏侯渊的老本行了，当初官渡之战爆发后，他就担任过这一职责，及时将后方军粮运往前线，解决了燃眉之急。

不要小看运粮这项职责，正所谓兵马未动，粮草先行，粮草是军队的根本。夏侯渊能在维持极高行军速度的同时，还能保证军粮供给，这的确不是寻常将领所能做到的。

至于具体行军路线，由于事态紧急，夏侯渊选择了最近的陈仓狭道。这条路虽然艰险，大军难以通行，但是少量部队通过还是没问题的，先锋张郃顺利完成了任务。

其实，说这条路近，也是相对而言，因为从长安出发，经陈仓狭道前往上邽，路途也要八九百里。

夏侯渊以进军神速而闻名，传闻他领兵可以三日行军五百里，六日行军一千里。

这当然是夸张的说法，张郃的五千人是一支步骑混合部队，骑兵不可能甩下步兵走得太快，再加上道路艰险，因此即使这支部队是曹军中的精锐，行军速度的极限也就是每日五十里，否则绝对会出现大量掉队的情况。

另外，姜叙派人求救也需要时间，这样一来，等张郃的五千人先头部队出现在陇右的时候，距离马超开始围攻祁山堡至少也要二十天以上。尽管如此，曹军到达的时间还是比正常早了十天左右。

曹军先锋这么快就到达陇右的消息足以令马超震惊，按他原来的计划肯定是拿下祁山堡后步步为营，在上邽一带守株待兔。

这大体是后来诸葛亮第四次北伐时所采用的战略，唯一的区别是诸葛亮兵力更多，可以分兵包围祁山堡而不一定要将其攻下。可马超兵力没有那么多，他又不想无功而返，那么唯一的选择就是分兵去上邽以东阻击张郃。

不过，马超犯了一个错误，他带去迎战张郃的只是数千名来自羌胡的杂牌军，虽然与张郃兵力相当，但战斗力却不可同日而语。

这时候马超应该带着张鲁的正规军北上，抓住夏侯渊的主力还未赶到的这个时间差，全力击溃张郃，然后将夏侯渊的部队阻截在陈仓狭道里，这也是他唯一的机会。

不过这种方案风险是很高的，让正规军前往阻击，那么杂牌军肯定要守后路，一旦出了什么闪失，比如再被姜叙偷袭，马超就会陷入腹背受敌的绝境，毕竟凉州人在立场上无比敌视马超，之前他也吃过大亏，因此确实不敢冒险。

最终的结果也不出意外，这些羌胡杂牌军士气低迷，战意全无，马超自忖难以抵挡曹军，竟不战而逃了，所有军械辎重也留给了张郃。

至此，马超第二次进犯凉州的行动彻底破产，而前后只持续了三十天左右。能够顺利逼退马超，果断行动的夏侯渊功不可没。

等夏侯渊主力赶到后，马超已经彻底退往汉中了。至此，汉阳郡诸县纷纷平定。

不过，一波未平一波又起，在关中战败后撤回凉州的韩遂不甘寂寞，打算卷土重来。

关于韩遂此行的目的，我想要么是为了协助马超重夺陇右，要么就是想从中分一杯羹，而后一种可能性更大。

首先，韩遂与马超二人早先就中了曹操的反间计而互相猜疑，在这种背景下很难重新合作。

其次，如果韩遂真的有心相助，那么前一年马超形势一片大好的时候他就应该采取行动，但他并没有这样做，想必是觉得无利可图吧。这次马超和陇右本土势力正处于僵持中，韩遂正是瞅准这个机会，打算前来占些便宜。

韩遂的大本营金城郡距离上邽同样也是八九百里，和长安差不多，但他却没有夏侯渊急行军的本事，等他赶到时，马超早就撤退了，而汉阳郡也全都处于夏侯渊的掌控之下。

当时韩遂已经到达上邽以北的显亲（今甘肃秦安县西北），而且他并非孤军奋战，兴国氏王阿贵、百顷氏王杨千万以及长离羌都是他的盟友。

夏侯渊欲速战速决，于是立即进攻显亲，不过韩遂却没有与夏侯渊交战，而是撤到略阳（今甘肃省秦安县陇城镇）去了，不仅如此，还走得很急，把军粮都留给了夏侯渊。

韩遂此举应不是不战而逃，因为他所前往的略阳并不在来路上，而是在显亲以东，正好位于从关中通向陇右的陇山道上。

此举一是可以做出要截断夏侯渊与关中补给线的姿态，二是有可能策反之前曾有过叛乱前科的汧氐。至于留下军粮应该也是故意为之，为的是让夏侯渊的部队进行哄抢，同时给自己争取时间完成部署，这样便可以拖慢对手的节奏。

那么韩遂如此行动，就不怕后路被断吗？毕竟夏侯渊还有陈仓狭道的补给线，而韩遂只有一条补给线。

其实韩遂敢于这么做，主要依仗的就是阿贵和杨千万两位氐王，之前此二人一直是从属于马超的，如今马超已走，他们便改换门庭投效韩遂了。

其中兴国氐王阿贵所据守的兴国城，就是一座重要据点，只要此城在手，就不怕后路被断。而杨千万的根据地本在武都仇池山（今甘肃西和县一带），现在特意赶来助战，又增强了兴国城的防守力量。

夏侯渊率军追至距略阳二十里处，但关于接下来的行动，军中又出现了分歧，有人认为应该立即进攻略阳，也有人说应该转过头去攻打兴国城。

攻打略阳目的直接，就是为了击溃韩遂，而攻打兴国城则是为了截断韩遂的归路。

这两种意见虽然都有道理，但却都不是最优选。

攻打略阳并不容易，当初两汉之交时，来歙仅以两千人防守略阳，竟能抵挡隗嚣数万大军，此城岂是可以轻易攻下的？

而兴国城也不遑多让，阿贵在此经营多年，根深蒂固，再加上有杨千万助战，攻打兴国城的难度并不比攻打略阳低多少。

也就是说，如果选择以上两种方案，曹军难免要陷入一番苦战，还不一定能获胜。

此时夏侯渊展现出了他高超的战略眼光，他提出了第三种方案。《三国志·夏侯渊传》记载："渊以为遂兵精，兴国城固，攻不可卒拔，不如击长离诸羌。"

所谓长离诸羌就是长离水流域的羌人（今称羌族人，全书同），长离水即今天渭水的支流——葫芦河，是一条南北流向的河流，距离韩遂所在的略阳很近，对于长离羌来说这是个致命威胁。

兵法有言："诸侯自战其地者，为散地。散地则无战。"

所谓散地作战，就是在本土周边作战，一旦战事不顺，士卒便可能因为顾念家中情况而逃亡，夏侯渊此计正好命中了长离羌的软肋。

长离羌并不具备兴国城那样坚固的据点，因此他们的据点很容易失守，如今长离羌中又有不少人在韩遂军中，一旦听闻大本营遭到偷袭，他们必然会回救，这是人之常情，韩遂肯定也无法约束。

如此一来韩遂若是不管羌人，孤军防守略阳，那就更容易被攻破；若是跟着羌人回援，则被迫与曹军进行野战，到时候夏侯渊就可以以逸待劳，等他们上钩。

计划已定，夏侯渊立刻兵分两路，部分兵力防守辎重，自己则亲率一支轻兵奇袭长离羌的大本营。

战事的后续发展和他预想的完全一样，韩遂果然跟羌人一起回援，夏侯渊迫使敌军进行野战的目标实现了。

由于夏侯渊只有一支轻兵，在兵力上不如对手，因此军中有人畏战，希望结起硬寨打持久战。

这种观点虽然也有些道理，但却和之前定下的作战方针相悖，夏侯渊施行围魏救赵战法，就是希望在野战中击溃对手，从而实现速战速决的目的，毕竟曹军从关中赶来，补给线长，且连续行军作战一个多月，打持久战是不利的。

而韩遂方面，真正有战意的大概也就只有他自己的部队，羌人散地作战，根本不可能出多少力，很快就会一哄而散，这样一来夏侯渊在兵力上的劣势就被抹平了，这也是他自信的由来。

果不其然，开战后曹军迅速将韩遂击溃，略阳也一鼓而下，而两位氏王的军队见状斗志尽丧，很快兴国城便被夏侯渊攻陷，兴国氏就此覆灭。

而杨千万则侥幸捡回一条命，只身投奔马超去了，其余部众尽皆降曹。

至于韩遂，他见大势已去，也一溜烟跑到西平郡（今青海省西宁市）去了。

纵观整场战役，韩遂无时无刻不在被夏侯渊所调动，战局对他极为被动。他其实有更好的选择，那就是不管羌人的动向，而自己坚持单独行动，进攻夏侯渊的辎重部队。

因为不光韩遂在分兵，夏侯渊也分兵了，而留守辎重的那部分兵力无疑是战斗力更弱一些的。

至于羌人军队，使其自生自灭即可，如果能快速拿下曹军辎重，夏侯渊在补给不足的情况下很可能就要退兵了。

不过话说回来，韩遂要是有这种胆略，也就不会落到这个地步了。

击溃韩遂后，夏侯渊一鼓作气北上高平（今宁夏固原市），击溃匈奴屠各（即休屠）部，得到大量补给。这个此时尚被中原随意蹂躏的小部落，数十年后竟发展成足以覆灭西晋帝国的庞然势力，真是令人唏嘘不已。

凉州东部平定后，夏侯渊马不停蹄领兵西进。不过在进攻退往西平的韩遂前，首先要铲除面前的一个拦路虎，那就是盘踞在枹罕（在今甘肃临夏县附近）的宋建。

此人地盘不大，排场却不小，不仅设置百官，还有自己的年号，更是自称河首平汉王，公开对朝廷进行挑衅。

可惜宋建的实力匹配不上他的野心，夏侯渊仅用一个多月就将这个经营了三十多年的政权彻底消灭，这时距离夏侯渊从长安发兵不到十个月。

接下来就是对韩遂发动最后的打击了，夏侯渊令张郃率军北渡黄河，沿着湟水逆流而上，经过河湟谷地，直捣西平。

当地羌人见状尽数投降，而韩遂穷途末路之下，甚至女婿阎行都打算用他的首级去做投名状了。

好在韩遂还有个忠心的部下成公英，此人劝阻了韩遂逃往益州的打算，并建议他充分利用以往在羌人中的人脉和威信，暂时蛰伏，伺机东山再起。

韩遂最终被同情他的羌人庇护起来，一年后竟重整旗鼓，在羌胡协助下发兵数万攻打阎行，可惜出师未捷身先死，没能造成什么威胁，至此凉州动乱彻底平息。

据《三国志·夏侯渊传》记载，曹操下令说：

宋建造为乱逆三十余年，渊一举灭之，虎步关右，所向无前。仲尼有言："吾与尔不如也。"

夏侯渊的战绩得到了曹操的高度评价。

在这两年的时间里，夏侯渊进军神速，以不多的兵力彻底平定了关中和凉州的反抗势力，的确当得起曹操"虎步关右"的赞誉。

诚然，夏侯渊是一位智勇双全的名将，但他那一往无前的作战风格却是一把双刃剑，在连战连捷的同时，也逐渐暴露出巨大的隐患，这也为他的死埋下了伏笔。

第五节　曹操亲征取汉中

凉州平定后，曹操再无后顾之忧，如今夺取汉中的计划可以进行了。为此，曹操马不停蹄地整军备战。建安二十年（215）三月，曹操亲率大军讨伐张鲁。

不过在开始讲述这场战争之前，有必要先为大家介绍一下汉中这块地区。

众所周知，汉中自古就是益州北部门户，可为何到了今天，在行政区划上却属于位于关中的陕西省呢？

按说在进行区域划分的时候，依据"山川形便"更便于治理，而汉中和巴蜀都位于秦岭以南，秦岭这道天然分界线明显隔绝了关中和汉中。

在这一因素的影响下，汉中无论是气候、饮食，还是文化和语言等都比较接近于巴蜀而非关中，因此这就更令人迷惑不解了。

其实恰恰是这个原因导致了汉中和巴蜀最终的分离，因为在乱世中巴蜀和汉中一旦合为一体，占据这两块地区的割据势力就极难讨伐了，这是中央政府所不能允许的事。

所谓"天下未乱蜀先乱，天下已治蜀未治"，益州是中国最容易发生割据的地区之一，因此，对于中央政府来说，直接对益州内部进行分割就是遏制割据的最佳选择了。

汉中被划给关中是从元朝开始的，此后昔日的天下第一大州——益州也就雄风不再了。

将汉中分割出去除了要削弱益州的实力以外，汉中本身那极其重要的地理位置也是一大原因。甚至可以说，汉中就是中国西部的交通枢纽。

从汉中出发，向北翻越秦岭即可到达关中，向东经过东三郡便会到达荆州南郡，向西北方向经过武都又能到达陇右，而向南翻越大巴山则将进入巴蜀。

当初诸葛亮提出的《隆中对》就是建立在拥有汉中的基础上的。如汉中不在掌控中，何谈"将益州之众出于秦川"呢？而且，益州和荆州两支军队也很难互相呼应，两路出兵的钳形攻势也只不过是空中楼阁了。

另外，对于意图平定巴蜀的中原政权来说，夺取汉中也是重要的先决条件。因为若想进入巴蜀，除了由汉中南下以外，只有从荆州南郡方向沿着长江逆流而上。

虽然后一种方案也确实有过成功的案例，比如岑彭、吴汉灭公孙述，但对于曹操来说却没有任何参考价值，因为现在荆州南郡并不在他手里，于是汉中无论对于曹操还是刘备来说，都是极为重要的。

对于张鲁这样一个夹在两大势力之间的小势力来说，左右逢源是很难的，若想不被吞并，就必须倒向较弱的一方以合力对抗更强者，只有这样他才有生存下去的价值。

但曹操来得实在太快，而向刘备求援也并不现实，毕竟双方在明面上还是敌对状态。况且刘备还有过背叛盟友的黑历史，刘璋的覆灭近在眼前，自己若赶走了曹操却招来了刘备，一样没有好下场。张鲁不得不考虑这些，因此他不得不单独面对曹操的讨伐。

目前曹操大军整装待发，他该经过哪条路线前往汉中呢？

从关中通往汉中有很多条路线，自西向东分别为陈仓道、褒斜道、傥骆道和子午道。

其中子午道太过艰险，不适合大军通行。而褒斜道也无法通过，据《三国志·刘焉传》记载，当初刘焉有割据巴蜀之志，于是"遣鲁为督义司马，住汉中，断绝谷阁，杀害汉使"。这条路早就被张鲁破坏了。

当初张良建议刘邦烧毁的就是褒斜栈道，因此，汉军还定三秦之战时选择走陈仓道。这次曹操面临的也是这种局面，只不过进攻方向相反而已。

其实除陈仓道以外，还有傥骆道可以走，不过曹操最终没有选择它，其中主要有两点原因，第一，傥骆道虽然距离更短，但行军条件不如陈仓道；第二，曹操希望顺带拿下武都，从而打通陇右和汉中的联系。

武都在汉中以西，通往关中的陈仓道和通往陇右的祁山道都要经过这里，此地也是氐人活跃的地区。

当初马超为祸凉州时，当地氐人部落纷纷相助马超，其代表人物便是百顷氐王杨千万。

如今马超和杨千万纷纷战败逃亡，兴和氐王窦茂便成了武都地区最强的氐族势力，成为曹操南下的拦路虎。

仅凭窦茂肯定抵挡不住曹操的脚步，曹操令张郃、朱灵为先锋，将拦路的氐人一一击溃，道路畅通后，曹操亲率大军，于四月进兵河池（今甘肃徽县一带）。

河池是陈仓道上一个极为重要的地点，因为此地位于陈仓道和祁山道的交会处，也是连接关中、陇右和汉中三个板块的枢纽。

氐王窦茂自然也清楚这里的重要性，因此他将全部军队一万多人集中起来，试图在此做最后的抵抗。不过如此螳臂当车之举也最终让他步了兴国氐王阿贵的后尘，在一个月后覆灭。

紧接着，曹操又令徐晃进攻桛和仇夷山的氐人。所谓仇夷山就是仇池山，也叫百顷山，是杨千万逃亡后百顷氐的残余势力；而桛这个地方虽然很难考证，但估计应该也在武都境内。

至此，曹操已经彻底扫灭了武都诸氐，通向汉中的道路被打开了。

这一次张郃再次担任先锋，领五千人马开路，曹操率主力紧随其后。七月，曹军逼近阳平关，这也是汉中所能依靠的最后一道门户了。

第六节　张鲁归降汉中定

面对日益逼近的曹操大军，张鲁惶恐不安，这个割据汉中二十多年的政权终于迎来覆灭的倒计时。

张鲁出身于一个道教家族，他的祖父张陵就是五斗米道的创始人，这个五斗米道还有一个更有名的称呼，也就是天师道，与张角的太平道并驾齐驱，是汉末道教的两个主流宗派。

张陵后来前往益州传教，并在当地扎根，到了张鲁这一代，他凭借自己母亲的关系搭上了益州牧刘焉，从此走上人生巅峰。

据《三国志·刘焉传》记载："张鲁母始以鬼道，又有少容，常往来焉家。"张鲁的母亲善于养生，一把年纪了还保持着少女的容颜，因此和刘焉极为亲近，两家走动频繁，而刘焉也爱屋及乌，任命张鲁为督义司马，前往汉中平乱。

《三国志》虽然没有明言，但是对此事的描述还是极为暧昧的，张鲁之母极有可能是通过自己的姿色得到了刘焉的宠爱，从而给自己的儿子争取了一个好前程。

如此推测并非没有依据，刘焉死后刘璋即位，他上位后没多久就将张鲁的母亲和弟弟杀掉了。虽然表面上给出了一个张鲁骄纵放肆、对刘璋不够恭顺的理由，但仔细想想，这个理由还是有点站不住脚。

张鲁领兵在外，贸然杀其家眷，岂不是要逼反张鲁？刘璋虽非雄主，但也不至于做出这样的不智之事，正确的做法应该是用张鲁的家眷来要挟他。

刘璋这么迫不及待地下手，可能有一个原因，那就是对张鲁母子有着极深的恨意，至于恨意的来源，我想应该是刘璋认为张鲁母子曾在他父亲面前邀宠吧，其实这也是人之常情。

事实上，就算刘璋没有下杀手，他和张鲁也没有可能修复关系，顶多只能让张鲁投鼠忌器而已。

刘焉是张鲁和刘家关系维持下去的桥梁，在他死后，张鲁和刘家可以说就形同陌路了。益州之内，一山不容二虎，双方迟早要兵戎相见，绝没有调和的余地。

总之，在刘璋动手之后，双方就彻底走向了对立面，之后张鲁击退了刘璋数次进攻，逐渐在汉中站稳脚跟，建立了一个政教合一的政权。

后来有人劝张鲁称王，不过他的智囊阎圃却很有眼光，他劝道：

> 汉川之民，户出十万，财富土沃，四面险固；上匡天子，则为桓、文，次及窦融，不失富贵。今承制署置，势足斩断，不烦于王。愿且不称，勿为祸先。（《三国志·张鲁传》）

汉中四塞之地，民殷国富，足以自保。如今您统治稳固，不如务实一些，何必贪图虚名而招致祸端。这样一来您就能建立齐桓、晋文一样的霸业，就算不行，最差的结果也是窦融。

这位阎圃确实有远见卓识，在没有绝对实力的前提下贸然称王，绝对是要自取灭亡，那位"河首平汉王"宋建就是个鲜活的例子。

而他所举出的窦融这个例子，也是颇具深意。这位窦融在两汉之交时期历仕于王莽和刘玄，后来也成了割据一方的诸侯，但在刘秀逐渐显露出一统天下的趋势后，他也就顺势归降，成为东汉开国功臣。

现在天下最强的势力无疑是曹操，他就好比是当初的刘秀，阎圃提到窦融，意思就是让张鲁以后在合适的机会降曹，以保荣华富贵，张鲁对此深以为然。

就这样，汉中在张鲁的治理下，逐渐成为一片远离战争的乐土。不过这二十多年的平静，终于要被曹军的铁蹄打破了。

此时曹操大军压境，已经杀到汉中西面的门户阳平关，张鲁见状已经毫无战意，当初阎圃的那番话再次涌上心头，他已经打算投降了。

不过张鲁的弟弟张卫却不同意，领着几万兵马想要抵抗。

这里就让人产生疑问了，因为张鲁对汉中是有绝对控制权的。如前所述，他"承制署置，势足斩断，不烦于王"，也就是无王之名而有王之实，张鲁的弟弟按说没有力量违背他的意思。

因此，笔者认为实际情况是在张卫提出反对意见并阐明理由后最终说服了张鲁，这样推断的主要理由就是战后张卫并没有被清算，根据明代作品《汉天师世家》的记载，他还得到了封赏，被封为昭义将军。

如果张卫真的是违抗张鲁的命令擅自行动，曹操为了表彰张鲁，肯定会处理他这个反面典型。所以唯一的解释就是张卫与张鲁是共进退的，曹操既然赦免了张鲁，就没道理再处理张卫。

虽然根据《魏晋世语》的记载，曹操在进攻受阻打算撤兵时，西曹掾郭谌以张鲁早就已经遣使投降为由劝阻曹操，但这不太符合逻辑，可信度不高。因为如果确实如此的话，曹操没道理会有撤兵的意图，而是应该继续坚持。况且《三国志》也明确记载张鲁是在阳平关失陷后才投降的。

而张鲁同意先抵抗一番的原因，也并非他认为自己能挡住曹操的兵锋，他还没有这么盲目自信，他的目的应该是要经过有限规模的抗争来证明自己的实力和价值，让曹操高看他一眼。

如果他打定主意死硬到底，那就应该像后来的诸葛诞一样散尽财富招兵买马，而不是将府库封藏起来。

最后的战斗开始了，张鲁的弟弟张卫是一名颇有才能的武将，他清楚阳平关的重要性，因此屯兵山上并修建了一座阳平城以巩固防守，准备抵抗曹军，无奈他运气实在太差。

这是曹操第一次来汉中，他对此地山川地理形势不够了解，之前听凉州从事和武都地区的降将说阳平关可以轻易攻下，但实际上却完全不是那么回事。

曹操命令发起进攻，但张卫的军队据险而守，曹军不得寸进。见没有进展，曹操命夏侯惇和许褚将山上的兵马带回来，同时也做出撤退的假象迷惑敌军。

这时有一支部队由于位置太靠前，没接到曹操的撤军命令，反而误打误撞闯入了张卫的军营。

本来这支部队孤军深入，是要自投罗网了，但没想到却阴差阳错立下了奇功，张卫的军队见到他们后居然一哄而散。这又是怎么回事呢？

原来夜半时分，竟然有数千头麋鹿冲入了张卫的军营，导致军中发生了最为可怕的夜惊。

阳平关守军在一片慌乱之下，正不知所措，这时又见到一支敌军闯入军营，以为曹兵已经破城，心惊胆战之下，自然是溃不成军。

辛毗和刘晔将这个情况告诉夏侯惇与许褚，二人开始还不敢相信，直到夏侯惇亲眼所见才无话可说，于是立刻将军情报告曹操，曹操令解㦦、高祚对张卫发起夜袭，张卫见大势已去，只好投降。

张鲁收到阳平关失守的消息，也觉得无法坚持下去，打算向曹操请降，结果又是阎圃出来献策。阎圃说：

> 今以迫往，功必轻；不如依杜濩赴朴胡相拒，然后委质，功必多。（《三国志·张鲁传》）

现在投降的话，属于被迫投降，肯定不会得到曹操的看重，不如南下巴中，投靠当地夷人杜濩、朴胡，然后再投降，那样说明在汉中还有足够的实力，才会被曹操看重。

这一计策极为高明，因为巴中更接近刘备的势力范围，曹操短时间肯定难以进攻巴蜀，到时候只能来招降，那样张鲁就不是被迫投降而是主动投诚，性质就大不同了。阎圃提出这个建议，说明他抓住了讨价还价的关键，即提升自己的价值。

张鲁依计行事，临走前又拒绝了部下关于烧毁府库的建议，曹操进入南郑后见府库完好无损，对张鲁的态度大为赞赏。

流亡巴中的张鲁成为曹操和刘备双方都想争取的对象，不过这次阎圃虽然建议张鲁选择曹操，但也没说投靠刘备不可，而是让张鲁自己作决定。阎圃之所以没有说得太明确，是因为他其实对于张鲁投降哪一方并不是非常在意，毕竟他就是巴西郡安汉县的大族，投降刘备的话，正好也能返回故乡入仕。

而张鲁这次非常果断，随着那句"宁为曹公作奴，不为刘备上客"的名言，张鲁的前途命运就此敲定。张鲁降曹这个决定还是非常明智的，因为他在曹操那里也并非做奴仆，作为正面典型，曹操给了他极高规格的待遇，封为镇南将军、阆中侯，食邑万户。

在魏国，什么样的人才能做万户侯呢？答案是只有平原侯曹植一人而已，而曹彰在曹操时代也只有五千户封邑。

至于曹魏宗室成员，夏侯惇封邑是两千五百户，曹仁是三千五百户，而曹洪则只有两千一百户，由此可以看出张鲁这个万户侯的分量有多重。

除此以外，曹操还和张鲁联姻，他让儿子曹宇娶了张鲁之女。这位曹宇就是在魏明帝托孤时短暂露了一次脸的那位燕王。

按裴松之的说法，《三国志》中曹操诸子列传的排列顺序是"以母贵贱为次，不计兄弟之年"。由此可见在曹操的众多夫人中，曹宇的生母环夫人按照地位高低的顺序，是排在第三位的，仅次于卞皇后和刘夫人。不过，排在前面的刘夫人所生的曹昂和曹铄都已经去世，而同为环夫人所生的曹操最喜爱的儿子曹冲也已经去世，因此曹宇和他的同母兄长曹据在魏武诸子中的地位是仅次于几个嫡子的。

曹操让曹宇这样地位较高的儿子去联姻，也是对张鲁价值的一种肯定，毕竟后来曹操迁移汉中人口时，也离不开张鲁的协助。

张鲁能得到这样近乎完美的结局，离不开阎圃的谋划，曹操也对阎圃表示嘉奖，封为列侯。另外阎圃还得到了一份特殊的赏赐，即当初被马超抛弃的庶妻董氏，令人哭笑不得。

此后阎圃在曹魏仕途一帆风顺，曹丕登基前，他已经做到建节将军、平乐亭侯，他的孙子阎缵也是西晋名臣。

曹操经过数年的奋战，终于成功拿下了关中、陇右和汉中三大关键地区，至此他的触手已经深入益州。那么刘备这些年又有何动向呢？

第二章 刘备入川

第二章 刘备入川

第一节 刘焉避祸据益州

在《三国志·蜀书》中,第一篇并不是刘备的先主传,而是刘焉、刘璋父子的刘二牧传。

陈寿之所以这样安排,是因为在他看来,蜀汉的核心在益州,而刘备得到益州则是源于刘璋。

坐拥巴蜀、实力不俗的刘璋,为何却轻而易举丢掉了基业呢?

其实,刘璋手下忠臣良将为数不少,也一度给刘备造成了巨大的麻烦。但与此同时,也有相当一部分人在刘璋尚掌握主动权时便早早背弃了他,成为刘备这个未来益州新主的座上宾。

如此巨大的割裂状态,在三国时期的其他政权中是很罕见的,这也是刘备能够取得益州的根本原因。至于为什么会发生这种情况,还得从当初刘焉割据益州说起,在那个时候,祸根便已埋下。

刘焉是汉景帝之子鲁恭王刘余之后,另一位在汉末叱咤风云的宗室诸侯刘表也同出这一系。

虽然刘焉和刘备一样都与当今皇室血脉相隔甚远,但刘焉的仕途却顺利得多。他历任洛阳县令、冀州刺史、南阳太守、宗正、太常等职，官至九卿高位。

由于刘焉多年为官的足迹遍布地方和中央，国家的现状他一清二楚。这些年外有凉州羌乱和黄巾之乱，内有宦官和外戚互相倾轧，看似强大的帝国已经千疮百孔，到了大厦将倾的地步。

未雨绸缪是刘焉一贯的行事特点，据《三国志·刘焉传》记载，他在中平五年（188）向朝廷建议说："刺史、太守，货赂为官，割剥百姓，以致离叛。可选清名重臣以为牧伯，镇安方夏。"

如今刺史、太守所用之人多因为收受贿赂、盘剥百姓而众叛亲离，因而无法平定地方暴乱。不如选用朝中的清正重臣，让他们去担任地方州郡长官，并改刺史为州牧，如此方能安定天下。

我们常说大汉十三州，其实确切地说应该称为十三刺史部，这个刺史部并非单纯的行政区域，更多的职能是监察区域。

不过刺史的职权也比较有限，并不能总揽地方军政大权。

随着东汉末年的动乱，原有的刺史部体制已经无法适应新的形势，于是，刘焉才认为需要用州牧取代刺史，而刺史部也将正式转变为地方最高级别行政单位——州。

刘焉所言并非没有道理，有限的职权无法将资源进行彻底的统筹，因此也无法支持有效的军事行动。

然而，这一方案却是一剂毒药，濒死的东汉王朝即使明知是饮鸩止渴也只能将其服下。虽然长期的战乱已经让地方有了割据化的倾向，但这次有了朝廷的正式授权，量变终于引发了质变。

虽然这一转化并不是短期内完成的，中间经历了一个过程，但毫无疑问，刘焉正是那个叩开动乱大门的人。

刘焉此举并非单纯的为国分忧，他是有私心的。刘焉的政治嗅觉异常敏锐，他预感到朝中将有一场血雨腥风，于是便顺势自请为交趾牧。作为十三州中最为偏远的一个，交州和朝廷的联系也最为脆弱，刘焉选择了这里，大概是想做下一个南越王了。

然而尚未议定成行的时候，一个叫董扶的人却私下对他说益州有天子之气，刘焉一听便动了心。恰逢益州刺史郤俭横征暴敛，弄得民怨沸腾，这下正好给了刘焉一个理由，他说服朝廷允许他出任监军使者兼益州牧，前去蜀地将郤俭逮捕治罪。

刘焉是个极有想法的人，为何董扶单凭三言两语就能劝他改了主意呢？

其实，事情并非那么简单，史书中简短的文字背后隐藏着有关后来益州政局走向的重要信息。

据《三国志·刘焉传》记载，当刘焉如愿以偿得到朝廷任命后，董扶自请为蜀郡西部属国都尉，太仓令赵韪也主动辞官追随刘焉，而这两个人成了刘焉入蜀后的左膀右臂。

董扶是益州广汉人，据《益部耆旧传》记载，董扶师从益州大儒杨厚，精研《欧阳尚书》，声名显赫，连大将军何进也举荐他为侍中，可见董扶有着极大的影响力。只不过他的出身却比较一般，可能是出自中小家族。

赵韪则是巴西安汉县人，据《华阳国志》记载，他应该出自当地一个大姓赵氏。

虽说董扶和赵韪都是益州有头有脸的人物，但跟另一个家族相比就有点小巫见大巫了，这个家族就是大名鼎鼎的蜀郡赵氏。

蜀郡赵氏从赵戒登上三公之位后开始崛起，成了益州第一流的世家大族。除此之外，赵氏家族还和蜀郡当地的大家族联姻。据《华阳国志》记载，蜀郡江原县的大族常氏就是赵氏的姻亲，于是，蜀郡大族们就这样形成了巨大的关系网。

对于走马上任的刘焉，蜀郡赵氏怀着非常复杂的情绪。

当时赵氏的赵谦、赵温兄弟和常氏的常洽虽然都在中央任职，但他们自然不会忽视对地方的经营，毕竟那里才是他们的根基，所以益州的稳定是他们共同的诉求，从情理上来讲，他们需要有人出面稳定益州的乱局。

然而，这些大家族终究还是希望自己成为益州的掌控者，如果这个朝廷空降下来的州牧太过强势，那就不是他们所希望的了，而这便成为益州大族和刘焉日后发生矛盾的根源之所在。刘焉早有割据一方的意愿，他怎么可能愿意唯益州大族马首是瞻呢？因此，双方发生冲突是迟早的事。

至于董扶和赵韪，他们都出身于益州的普通家族，门第和蜀郡赵氏无法相比。为了提升自己家族的地位，他们很自然地和刘焉走到了一起。当初赵谦为了拉拢董扶曾经举荐过他，但董扶却称病不受，可见他们之间或许早有一些不和谐之处。

因此，这次便由董扶出面和刘焉交涉，以谶纬之说劝他自请出镇益州，而他们二人则作为后援，为刘焉对益州的统治铺路，这或许便是他们之间进行的一桩政治交易。

刘焉深知方今天下大乱，割据一方并非易事，掌握一支可靠的武装力量是重中之重，而这就需要董扶和赵韪协助了。

此时益州的经济中心和政治中心都在成都平原，而主要军事核心则另有所在，其一是四川盆地西部山区的羌人；二是东部巴地的賨人，当时亦称"板楯蛮"。

第二章 刘备入川

从董扶和赵韪跟随刘焉入蜀后的官职来看，他们正是负责军事方面的工作。其中董扶担任蜀郡西部属国都尉，这正是羌人活跃的地区；赵韪作为巴郡本地人，他后来做到州帐下司马，想必也是一直担任故乡巴地的武官，通过自己在当地的影响力和人脉为刘焉招募武装力量。

就在刘焉入蜀的当年，板楯蛮起兵叛乱，朝廷派别部司马赵瑾将其平定，刘焉和赵韪便借此机会对其加以控制，从此开始了对巴地的经营。

而刘焉对益州的接管也果然如预想的那样，并不轻松。当时益州贼寇马相、赵祗等在绵竹打出黄巾旗号，纠合苦于徭役的百姓作乱，一两天就聚众数千人。他们起兵后杀死绵竹县令李升，兵力一下就扩充到一万余人；紧接着又攻克雒县，益州刺史郤俭也成了刀下亡魂；随后转入蜀郡、犍为一带，一月之中连破三郡。马相自称天子，归附者数以万计，声势大振。

出现这样的突发事件，对刘焉算是有利有弊，虽然还要花力气平乱，但至少叛军帮他除去了竞争对手郤俭。

然而，还没等刘焉自己动手，问题就已经被解决了。

当时益州从事贾龙率领部曲数百人在犍为郡东部招兵买马，得到一千余人后对马相发起进攻。马相兵力虽多，但都是乌合之众，于是很快兵败逃亡。动乱平息下来后，贾龙立刻前去迎接刘焉赴任。

根据《英雄记》记载，这位贾龙就是蜀郡本地人，而从后续的表现来看，贾龙和蜀郡赵氏有着千丝万缕的联系。因此，贾龙出兵相助刘焉便可以理解了，这是以蜀郡赵氏为首的大族在向刘焉示好，此时，他们对刘焉的野心尚一无所知。

刘焉和益州大族的蜜月期确实没有维持多久，在关东诸侯起兵讨董时，刘焉并未参与，而是选择隔岸观火。随后，犍为太守任岐自称将军，与从事陈超发兵攻打刘焉。

史书中进行这样的描写，似乎有一种因为刘焉不讨董卓而引起二人不满的暗示，然而，这很可能只是一种表象，这次任岐之乱的背后另有原因。

刘焉入主益州后，将治所迁到绵竹，对叛乱兵民进行招抚，他虽然极力实行宽大政策，但背后却别有他图。

当时刘焉对张鲁母子异常宠信，于是便任命张鲁为督义司马，驻守汉中。结果张鲁一到任就破坏山间栈道，又杀死汉朝使臣，而刘焉则上奏朝廷说是米贼（五斗米教教众）截断山道，因此无法通行。

张鲁的底细，刘焉自然是一清二楚的，不过他依然派张鲁去汉中，可见张鲁的所作所为都是他授意的。刘焉之所以要这样做，就是为了截断巴蜀和朝廷的联系，将益州变成他治下的独立王国。

这下以蜀郡赵氏为首的益州大族终于明白刘焉的胃口有多大了。

不过此时他们的日子也不好过，当时车师王派了一个王子来汉朝侍奉天子，学习中原文化，结果这个王子好的没学，却经常为非作歹，目无法纪。身为司隶校尉的赵谦忍无可忍，便将其明正典刑。

这下可惹了大麻烦，当时董卓已经入京，而车师王子备受他的宠爱，见亲近之人被杀，这位权势滔天的权臣怎肯善罢甘休？然而，赵谦及其家族毕竟名声太大，将这样的人杀害影响实在太坏，于是董卓只好暂且隐忍下来没有处理赵谦，只是将他的一名下属都官从事杀掉泄愤。

但这件事还是给赵谦敲响了警钟，董卓有所顾忌跟自己家族的势力是有很大关系的，这为他们争得了很多政治利益。可如今刘焉却截断道路，摆出一副独霸益州的姿态，这严重影响了在京中的益州大族们与家乡的联系，从而极大地损害了他们的利益。

之后，刘焉又借故斩杀益州豪强王咸、李权等十多人，借严法以树立威信，其本质就是在震慑益州大族。

这下赵谦再也无法无动于衷了，发起叛乱的任岐和贾龙一样也是蜀郡人，因此任岐之乱背后很可能便有益州大族的影子。

任岐并没能掀起什么风浪，没过多久就被刘焉平定了。之后，董卓又授意赵谦，让他说服贾龙，使其再攻刘焉。

此时董卓已经为孙坚所败，被迫放弃洛阳，或许他此举便是想把益州作为自己的一条后路吧。

然而，此时的刘焉早已今非昔比，在董扶和赵韪的协助下，他有了一支强大的武装力量。能征善战的羌兵一上阵，贾龙便溃不成军，赵谦策划的两次针对刘焉的军事行动均以失败告终。

就这样，刘焉凭借充分的准备顺利渡过了统治益州初期这两次比较严重的危机。

在之后的日子里，刘焉的野心越发膨胀，益州已经尽在掌握，裂土封王似乎也只是时间问题了。

不过刘焉已经高兴不了多久了，很快，一次突如其来的打击就把他的美梦砸了个粉碎。

第二节　兴亡成败东州士

基本控制了益州后，刘焉野心更甚，他一方面打造天子车驾，欲行僭越之事，另一方面开始密切关注朝中的局势，准备伺机而动。

为了策应自己的行动，刘焉早就安排长子刘范、次子刘诞和幼子刘璋在京中任职，跟随自己在益州的只有三子刘瑁。

然而，后来刘焉刚到益州不久，就发生了外戚和宦官火并以及董卓入京等事件，这些突发情况让刘焉有点始料未及。

而随着董卓挟持皇帝迁都长安并不断祸乱朝纲，刘氏三兄弟心中越发不安，皆有南下投靠父亲的想法，因此拒绝了董卓的征辟。再加上后来发生的贾龙之乱背后也有董卓在活动，双方关系更是紧张，于是，董卓一怒之下将刘范兄弟三人下狱，关押在郿坞之中。不过，刘焉毕竟割据一方，董卓对他投鼠忌器，最终没敢加害其子。

随着不久之后董卓被杀身亡，朝廷进入了被李傕等人控制的时期，刘氏三兄弟随之恢复了自由身，而刘焉则打算抓住这个机会介入朝廷的斗争。

兴平元年（194），征西将军马腾和李傕发生矛盾，随后双方大打出手。

得到这一消息后，刘焉立刻授意刘范紧急联络马腾，准备来个里应外合，偷袭李傕。为表示诚意，刘焉还派了五千叟兵助战。

对局势洞若观火的刘焉非常清楚,仅仅局限于益州一隅是没有前途的,正如当年的公孙述,即使建号称帝也难逃覆亡的命运,因此必须要积极出击。这次如能击溃李傕入主关中,大业指日可待。

只可惜理想和现实的巨大差异给了刘焉重重一击,不仅马腾战败被迫退回凉州,刘范也因阴谋泄露当场被杀,之后刘诞也遭株连,只有幼子刘璋逃过一劫。

当初刘璋被董卓释放后仍在长安担任奉车都尉,起事之前,刘焉担心三个儿子都在长安不够稳妥,便托病召刘璋来益州。于是刘璋便自请去看望父亲,得到了汉献帝的允许后,他立刻动身,最终一去不返。

刘焉的先见之明确实让他的政权多延续了将近十年之久。

连续两个儿子死于非命,这令刘焉悲痛不已。然而屋漏偏逢连夜雨,绵竹又遭遇了一场诡异的天火,不仅城市被严重损坏,刘焉苦心打造的车驾也被烧得荡然无存。

无奈之下,刘焉只好将治所移至成都,在双重打击之下,他在当年就一命呜呼了。

刘焉的野心终于化为了泡影,随着他的离世,各种不安定因素重新浮出水面,益州的乱局又开始了。

在益州最大的世族蜀郡赵氏衰落之后,益州次等世族大多和刘焉保持合作,而在这一过程中不断崛起的赵韪逐渐成为其代表,取代了原蜀郡赵氏的地位。

当初赵韪主动辞官跟随刘焉南下,其野心已经暴露无遗,随着自身实力的扩张,他已经蠢蠢欲动,刘焉之死对他来说就是一个契机。

在赵韪看来，刘璋性格温和、宽仁，更容易控制，于是便和治中从事广汉人王商一同上表朝廷，推举刘璋接替父职。

据《华阳国志》记载，这位王商出身的王氏家族是广汉郡郪县的大姓，可见这些益州本土世族们在刘氏父子权力更迭中依然起到了不小的作用。

此时控制朝廷的李傕集团内部矛盾极大，根本无力顾及益州之事，因此便顺水推舟，承认刘璋袭领益州牧。

赵韪的目的虽然达到了，但他想不到的是自己终究还是看走了眼，刘璋虽然在诸葛亮这等大才的高标准下是个"暗弱之主"，但却也远非赵韪可以轻易控制的。

从刘焉时代开始，赵韪便主管益州东部巴郡的军事，而他的另一个职责就是对抗荆州刘表。刘表和刘焉两大集团素有矛盾，虽说刘表自己也不怎么干净，但这并不妨碍他上报朝廷指责刘焉图谋不轨，两家由此结怨。

刘璋继位后，集团内部发生了一次小规模叛乱，叛乱失败后，主谋沈弥、娄发、甘宁等逃至荆州，双方矛盾加剧；赵韪则因为要防备刘表的缘故在巴郡逐渐做大，且他在益州世族中的地位也日益提高。来自内外的压力令刘璋如坐针毡。

像刘氏家族这样的外来者，对本地世族完全打压是不可能的，如不能与他们取得合作，根本无法统治益州；但过于放纵同样不行，那样会威胁自身的统治，这个尺度非常微妙。

面对赵韪这等新兴家族的威胁，刘璋并非没有反抗能力，这主要得益于父亲刘焉留下的遗产。刘焉这一生始终在未雨绸缪，虽然靠着董扶和赵韪拉拢了羌人和板楯蛮的武装力量，并平定了叛乱，但这股力量并不完全掌握在他手中，而且在长期看来这将是一个隐患。因此，刘焉打算培植一支完全忠于自己的武装，在这样的背景下，大名鼎鼎的东州士登上了历史的舞台。

在汉末的动乱中，南阳和关中先后有数万户人家为了躲避战乱前往益州避难，刘焉将他们收编做自己的亲信，即东州士，也叫东州兵。

据《华阳国志》记载，东州士便是当初刘焉平定贾龙之乱的主要力量，这与《英雄记》称刘焉平定此乱靠的是青羌兵的记载并不一致。笔者认为还是应该以《英雄记》为准，因为在贾龙之乱时期，东州士很可能尚未成形。

刘焉入蜀早期，外部流入益州的人口应该是较为有限的。之所以这么说，第一是当时刚刚发生黄巾余党马相、赵祇之乱，益州并不平静，也不具备避乱的条件；第二则是因为南阳和关中发生大规模战乱的时间点与此并不相符。

董卓死后，其手下部将发生大规模混战，这才是关中灾难真正的开始。南阳虽然是黄巾之乱的主要地区，但那是中平元年（184）的事，彼时距刘焉入蜀还有数年之久。

南阳经历的下一次浩劫则在袁术统治时期，当时袁术在南阳横征暴敛，民怨沸腾，最终在与刘表的交战中失败，而那已经到初平二年（191）了。

总之，南阳和关中流民大批逃入益州应该在刘焉统治中后期，这也是东州士开始初具规模的时间点，他们大概率是赶不上参与平定贾龙之乱的，至少也不是这次战役中的主力。

建立了东州士后，刘焉终于拥有一支比较可靠的力量了，这也是他给刘璋留下的最大的遗产。赵韪之所以在刘焉去世后无法自立，有相当重要的一个因素就是东州士不受他的控制，只听命于刘氏父子。

然而，凡事总是有利有弊，东州士虽然够忠诚，但纪律性较差，他们在益州侵扰百姓，弄得怨声载道，刘璋则由于对其过于倚仗而无法严管。

赵韪本来就心怀贰志，东州士与益州人的矛盾则为他提供了一个契机，由此引发了益州新一轮的动乱。

取代了蜀郡赵氏成为益州大族的领袖后，赵韪所能调动的资源越来越多，他一方面重金贿赂刘表向其请和，解除后顾之忧；另一方面拉拢了大批益州大族，借着东州士胡作非为激起民愤的机会，于建安五年（200）发起了一场几乎席卷了益州大部分地区的叛乱。

除赵韪本人所在的巴郡之外，蜀郡、广汉、犍为三郡也纷纷响应，刘璋只能被迫固守成都，他的统治一时间岌岌可危。

养兵千日，用兵一时，这下到了东州士发挥作用的时候了。

此时的东州士和刘璋的利益已经完全绑定在一起了，他们清楚自己这些年的所作所为，一旦刘璋失败，他们将迎来愤怒的益州人的严厉报复，因此，除了死战到底别无出路。

最终，东州士没有辜负刘氏父子两代人的厚待，他们一鼓作气击溃了叛军。成都之围解除后，刘璋对赵韪发动了反击，将其围困在江州。

这个当初在自己看来不足为惧的宽厚之主竟然能够逆转绝境，这大大出乎了赵韪的预料，此时赵韪已经众叛亲离，手下庞乐、李异等将纷纷反戈一击，将其杀死，刘璋也度过了他统治期间的第一次重大危机。

赵韪之乱的平定，使益州本土世家大族的力量遭到了进一步削弱，这恰恰为刘璋与其顺利合作打下了基础，由于益州世族中已经没有可以明显威胁他统治的力量存在，反而加深了双方的合作。

如张任、张肃、黄权、郑度、张裔、王累等，他们始终没有抛弃刘璋，将忠诚保留到了最后一刻，可见刘璋在统治中后期和益州人的关系已经基本缓和，双方已经达成了平衡。

然而，东州士集团却在逐步发生着变化。

东州士是一个不断发展的集团，其早期主要成员基本来自关中和南阳的流民，他们身份较低，为了生存只能依附于刘氏父子，因此忠诚度较高。在这一阶段，他们主要活跃在战场上，这些早期东州士中几乎没有能担任要职的，这也是他们大多出身底层的一个体现。

随着时间的推移，东州士开始逐步吸纳一些出身中上层的士人，这些人的籍贯虽然并不局限在关中和南阳，但也被归入东州士群体之中，他们逐渐成了东州士的主导者。比如李严、孟达、法正等大名鼎鼎的人物就是其中的代表。

后期东州士的成分和早期东州士相比已经发生了改变，而这就导致他们的追求也有所不同。底层人的主要追求是生存，在此基础上则是更高质量的生存，体现在实际中就是肆意妄为，这便是刘璋早期东州士大肆侵扰百姓的原因；上层东州士则有更高层次的追求，尤其是在政治上，他们是希望得到话语权的。

不过，和本土世家大族的不同之处在于，作为外来者，他们在益州当地的利益相当有限，因此，他们希望在主君的领导下从益州出击并衣锦还乡。

也即，这些外来士人对自己所处的平台是有一定要求的，如果这一平台令他们觉得难以施展自己的抱负，尤其是还有外界因素干扰的情况下，便很有可能动起改换门庭的心思，因为对他们来说，仅仅守土自保是远远不够的。

对于这种人，单纯用道德和利益是无法约束的，主君必须体现出可以驾驭他们的能力才行。

刘璋虽不能说昏聩，但至多算个守成之主，在强者如云的汉末舞台上缺乏竞争力。赵韪只不过是个小角色而已，仅仅战胜他是远远不够的。因此，后期东州士在逐渐向中上层转化后，已经开始有了一定的叛逆倾向。其中一个很明显的例子就是庞羲。

庞羲出身于司隶河南郡，其家族和刘焉世代交好，当初李傕清算刘范兄弟时，庞羲将他们的子侄营救出来并带往益州，后来又和刘璋结为儿女亲家。

有了这样的身份，庞羲自然算是东州士中的高层人物，刘璋起初对其也非常信任，继位后和张鲁关系破裂，便让庞羲做巴西太守抵抗张鲁，与此同时也有牵制赵韪的作用。

尽管如此，庞羲和刘璋之间还是生出了嫌隙，正如《三国志·刘璋传》所说，二人"情好携隙"。

庞羲因在当地招募賨人武装，引起了刘璋的猜忌，于是在赵韪之乱中，庞羲所部几乎没有任何动静，这就是一种不团结的体现。

之后，刘璋为了维稳一直没有刺激庞羲，毕竟他已经逼反了张鲁，再逼反庞羲的话麻烦就大了。

后来刘璋与刘备交战时，霍峻仅率数百人死守葭萌城（今四川广元市昭化镇），刘璋则命扶禁、向存等率一万余人由阆水

（今嘉陵江）逆流而上，结果围攻一年而不能下。

此时庞羲所在的巴西阆中正好就在阆水沿岸，他若真的忠心不二，完全可以派兵助战，可他依旧选择作壁上观，若说庞羲没有投降刘备的想法，恐怕谁都不会相信。根据《华阳国志》记载，庞羲甚至还派出功曹迎接张飞，他很可能早就和刘备暗中联系了。

真是成也东州士，败也东州士，刘璋因东州士而起，坐稳了益州之主的宝座，然而乱世中德不配位之人注定难以长久，刘璋到底还是没有孙权那样的权谋手腕，他一度依仗的东州士最终成了自己的掘墓人。

第三节　张松献策引祸端

建安十三年（208）秋，江陵城内的曹操行辕迎来了一位客人。

此人名叫张松，乃是刘璋帐下别驾从事，这次他来拜见曹操，带来了益州方面极大的善意。

这已经不是刘璋第一次联络曹操了，蜗居益州的刘璋一直在观察中原的局势。

早在曹操发起南征之前，刘璋就曾派阴溥前往许昌对曹操表示敬意。曹操为表示回报，给刘璋封了个振威将军。

之后，刘璋又派张肃给曹操送了三百叟兵和一些其他礼物，双方始终保持着一定友好联系。

刘璋之所以要这么做，是因为他的统治并不稳固。在平定了赵韪之乱后，虽然益州世家大族的势力遭到了一定打压，但他曾经十分倚仗的东州士却逐渐成了新的不安定因素。

在东州士吸纳了大量赴蜀士人并逐渐上层化以后，刘璋略显平庸的能力就越发难以驾驭他们了，庞羲在巴西郡的阳奉阴违就是最明显的体现。

在这种背景下，刘璋亟须得到朝廷的支持，这是他稳固统治的必要手段。

于是，刘璋便派张肃之弟张松前往荆州，不仅向曹操表示臣服，而且还愿意接受一定程度的征调。

虽然张松有才学有见识又精明果断，但曹操见张松五短身材，其貌不扬，言行举止又放荡不羁，心中还是略有几分不喜，毕竟其兄长张肃容貌甚佳，当时给曹操留下了不错的印象。

当然，这并非曹操冷遇张松的主要原因。张松的表现或许不算个合格的外交官，但他代表的不是其个人，其背后的刘璋的态度是最重要的。问题是刘璋虽然多次遣使前来拜见，但是他的诚意却非常有限。

据《献帝春秋》记载，早先朝廷听闻益州发生动乱，派五官中郎将牛亶为益州刺史，并征刘璋入朝为官，刘璋未予理会。

刘璋统治期间益州发生的最大的一次战乱自然是建安五年（200）的赵韪之乱，此时的朝廷已经为曹操所掌控，这便是曹操对刘璋的第一次试探。刘璋毕竟割据一方，不可能舍掉这一切到许昌去做个富家翁。

在之后的日子里，曹操势力越发强大，他平定河北后几乎一统北方，但刘璋只是派人简单祝贺一下或者送些薄礼，至于最关键的遣送人质则绝口不提，在曹操看来，这完全不是臣服的态度。

再加上曹操这些年进展异常顺利，在巨大的成功之下他越发骄狂，自然也就不把张松放在眼里。

张松确实才学过人。一次宴会上，主簿杨修将曹操所著兵法拿给张松，结果张松一边饮酒一边阅览，须臾之间便可通篇背诵，展现出过目不忘的本领。

杨修对此暗暗称奇，认为张松很有能力，于是便劝曹操留他做官，曹操没有答应。曹操的冷落让张松甚为不满，从此他便绝了投效曹操的念头。

张松虽然出自蜀郡成都的大姓张氏，但他却像是益州世家大族中的一个异类。

赵韪之乱后，益州本土势力和刘璋暂时达到了平衡，一方面益州世家大族遭到削弱，另一方面刘璋的施政策略也比较符合他们的利益。

刘璋作为一个守成之主，虽然在汉末乱世的大环境下终究难以生存，但是他那保境安民的宗旨却给益州带来了和平和安宁，这对于主要利益集中在本土的益州世家大族来说是非常可贵的。

然而张松却不同，他非常不安分，而且还和东州士法正走得特别近。

张松的想法应该和当初辞官跟随刘焉的赵韪类似，眼下虽然稳定，但他并不满足，还是希望争取更高的地位，而这只有在引入外来势力时才可能实现。

恰好此时曹操在赤壁大败，于是张松便趁着这个机会对曹操大肆诋毁，劝说刘璋断绝和他的往来，同时又建议刘璋和刘备建立关系。至于使者的人选,张松举荐了好友法正。

起初法正并不愿接受,因为他也不清楚刘备是个什么样的人,最后在张松的劝说下才勉强答应下来。

于是,刘璋便派法正前往荆州与刘备结好,之后又让法正和孟达送去数千兵卒帮刘备抵御曹军。

这一去不要紧,法正一下就为刘备的风采所折服。

之前我们曾说到,东州士由于自身的政治抱负,对刘璋越发不满,两相对比之下,刘备远远胜出,这才是他们所苦苦追寻的明主。

法正返回成都后,在和张松的交谈中大肆夸赞刘备的雄才大略,于是两人密谋商定,准备共迎刘备入川。只不过他们一时还找不到机会,只能继续等待。

机会终于来了,随着建安十六年(211)曹操发起西征,之前远离战火的益州终于感受到了切身的压力。而刘璋又听说曹操将派遣钟繇等率军前来汉中讨伐张鲁,这则传闻让他更加恐慌。

为了这一刻,张松已经等了两年多,他敏锐地抓住了这个机会,在最合适的时候向刘璋献上了准备已久的那套说辞。

张松劝刘璋道:"曹操兵力强大,天下无人能敌,如果他夺得张鲁的汉中,然后再利用其钱粮物资南下攻取巴蜀,将无人可以抵御。"

刘璋闻言一脸愁色道:"我也正为此事担忧,但苦于无计可施。"

真是要什么来什么,张松趁势说出了他的最终目的:"刘豫州与您同宗,又是曹操的死敌,此人善于用兵,如果请他讨伐张鲁,则张鲁必败,而张鲁败则益州强,到时即使曹操亲自领兵前来，又能奈我何？"

张松此番言论准确抓住了刘璋的心理，在刘璋杀死张鲁的家眷后，双方已经成了不死不休的仇敌。

虽然目前张鲁的威胁还非常有限，但如果他得到了曹操的支持就不一样了。

如今，刘璋投靠曹操已经不可能了，但张鲁却是可以的。届时，若是张鲁作为曹操的先锋南下，刘璋战败后的凄惨下场可想而知，他不得不早做打算。

见刘璋已经有所动摇，张松又劝道："现在州中将领庞羲、李异等人都居功自傲，且心怀异志，如不能得到刘豫州相助，益州将面临外有强敌、内有骚乱的困境，最终必定败亡。"

这番话便是压死骆驼的最后一棵稻草，虽然曹操和张鲁的威胁实实在在，可若是益州内部齐心协力，凭借多年的积累以及险峻的地形也未尝不能一战，只可惜实际情况却并非那么乐观。

这些年庞羲等人的阳奉阴违，刘璋全都看在眼里，但他只能维持现状而根本无力解决，到时候面临强大的外敌，这些人能指望得上吗？他们不反戈一击就不错了。

而引入刘备虽不能说完全没有后患，但这已经是没有办法的办法了，凭刘璋自身的实力，他只能在众多不安定因素之间维持平衡，若想压制他们则远远无法办到，而刘备的到来或许可以实现这一点。

另外，当时的刘备声誉还是相当不错的，按诸葛亮的话说，正可谓是"信义著于四海"。

当初刘表去世后，刘琮擅自降曹，刘备本有机会和借口对其发动攻击，但他最终没有这样做。无论出于什么原因，这对刘备的形象来说都是个极大的加分项，想必刘璋认为刘备也不会辜负自己。

如刘备能击败张鲁，届时便可以让他驻守汉中，这样一来，二人不仅可以和平共处，又能让他作为抵抗曹操的屏障，就如同当初刘表将刘备安置在南阳新野一样，实乃一举两得之事。

想到这里，刘璋越来越觉得张松之策言之有理，于是便请出之前曾与刘备有过一面之缘的法正，令他再次出使荆州。

此计一出，州中大哗，主簿黄权率先站出来反对。

黄权是巴西阆中人，出自当地大姓黄氏。和大多数益州本土士人一样，黄权并不希望战火烧向他的家乡。后来他赞同征讨汉中，主要也是为了守土，毕竟汉中作为益州的一部分，是北面重要的屏障。而对比之下，他在夷陵之战中的态度则非常保守。

刘备是什么样的人黄权一清二楚，作为多年来站在反曹第一阵线上的人物，他们之间是不可能有调和矛盾的余地的。虽然刘备在才智武略方面远胜刘璋，但以他为主的话，等待着益州的必然是无休止的战争，这不是黄权希望见到的。

于是黄权劝谏说："左将军刘备素有勇名，现在请他入蜀，若以属下之礼相待，必不能令他满足；而若以宾客之礼相待，则一国不容二君。若客有泰山之安，则主有累卵之危。现在不如守紧边境，等待时局的稳定。"

黄权这一席话的核心便在"若客有泰山之安，则主有累卵之危"，对此，他是深有体会的。对黄权来说，他是主而东州士是客。当年"客安主危"之事已经发生过一次了，他不希望同样的事情重演。只有二者实力平衡方能和谐，若引入刘备，则相当于"客"的力量得到了巨大加强，这对益州本土势力更加不利。无论是为刘璋还是为他自己谋划,让刘备入蜀都是不利的。

可惜这番金玉良言刘璋一个字也没听进去,之后王累倒悬于城门,以死相谏,刘璋仍然不为所动。

刘璋还是太过理想化了。当年刘备势单力孤,寄寓荆州时期自然安分守己,可如今随着赤壁之战的胜利,刘备实力剧增,这就绝不是刘璋所能驾驭的了,只不过当时他并没有这个觉悟。

法正一行终于上路了,他带着四千人马前往迎接刘备,又赠送了巨量财物。

这次见到刘备后,法正知道自己人生的转折点到了,自己离开故乡扶风来到益州已经有十余年了,却始终无所作为,如今他已经年近不惑,实在不能继续这样蹉跎人生了。

于是,刚一见面,法正便开门见山地献策道:"凭将军的天纵英才,正当利用刘璋的懦弱;张松乃益州干才,可让他在成都为内应,然后将军借助益州的富庶和险要的地势来成就霸业,实乃易如反掌。"

刘备听后连连点头,之前张松也曾暗中前来拜见刘备,给他留下了深刻的印象。

当时刘备问他蜀中地形、兵马钱粮等情况,张松一一作答,又将山川地势尽数画下来,益州的虚实已经彻底暴露在刘备面前。

如今一切已在刘备掌握之中,他再无疑虑,《隆中对》的宏图伟略尽在眼前,跨有荆益的远大目标已不再是梦想。

于是,刘备便令关羽和诸葛亮等留守荆州,他亲自带数万士卒西进,由此踏上了征服益州之路。

那么刘璋就真的如此心宽,不怕开门揖盗,被刘备来个鸠占鹊巢吗？

其实刘璋并非完全没有防备，刘备在溯长江西上到达江州后，便沿着垫江水（嘉陵江入长江前的一段）前往垫江（今重庆合川），随后沿着涪水（今涪江）来到成都北面的涪县，可见刘璋始终没让刘备进入他的核心地区成都平原。

刘备抵达涪县后，双方在此相会，这次刘璋也率领步骑兵三万多人前往，只见车驾幔帐，光耀夺目，气势上完全不逊色于刘备。

双方在涪县大肆饮宴，一时间宾主俱欢。

而就在宴会进行得如火如荼之时，暗中却涌动着阵阵杀意。

第四节　刘备入川收人心

涪县的宴会在和谐友好的气氛中进行着，两军将士已经欢聚了近百日，然而这样的景象有些人看在眼里却急在心里。

这个人就是张松，此时此刻他是内心最紧张的人，毕竟他是背叛刘璋的主谋，事情拖得久了难免夜长梦多。

于是张松便让法正暗中前来通知刘备，表示动手的时机已到，可刘备却丝毫不为所动。

另一个着急的人则是庞统。这次刘备入蜀时文武臣僚如关羽、诸葛亮等都留守荆州，跟在他身边的人才并不多，而庞统则是其中最突出的一个。

作为荆州名士，庞统很早就有了极大的名气，而他本人也眼界极高。当初刘备让庞统做耒阳县令，他看不上这个小官，最后因消极怠工而被免职。结果鲁肃听说此事后专门来信向刘备说明让庞统做县令是屈才，而诸葛亮也持同样的看法。

这下刘备开始对庞统此人感到有些兴趣了，于是便召见他做了一番深谈，结果庞统的才学见识深深打动了刘备，最后被任命为治中从事，作为州长官的机要秘书，可见刘备对他相当器重。

据《三国志·庞统传》记载，刘备对庞统"亲待亚于诸葛亮"，而二人的职务也同样是军师中郎将，可见信任程度之深。此番入蜀便由庞统跟随，担任刘备的首席谋士。

在刘备帐下，庞统虽然和诸葛亮并驾齐驱，二人在荆州又有卧龙与凤雏之称，看似不分高下，但其实他们属于不同类型的人才。

庞统最为擅长的就是谋划，陈寿在《三国志·庞统传》的结尾处评价他与荀彧类似，是很有道理的。

当初张松和法正暗中邀刘备去取益州，面对这个千载难逢的良机，刘备却一时没能下定决心，而正是庞统的一席话说服了他。庞统劝道："荆州荒凉残破，人才出走殆尽，而且东有孙权，北有曹操，若想成就鼎足之势，恐难实现。如今益州富庶，可凭此成就大事。"

庞统主要表达了两个意思，其一是荆州经过多年战乱已经残破不堪，再加上大量人才投靠曹操，不足以凭此和曹孙两家抗衡；其二则是益州恰好能弥补这一缺陷。

不过，当时刘备尚未下定决心推翻自己一直以来忠厚长者的人设，表示自己多年来的立足之本就是任何事都和曹操对着干，因此不愿为了益州失信于天下。

庞统一听就明白了，还是心理包袱过重，于是又劝道："现在是讲究变通、权谋的时代，过于拘泥无法成就大事，兼并弱小早在春秋五霸的时候就是常态了。将对方的国土夺取后用心治理，推行仁政，以此回报天下，等大局稳定之后再厚待原主，又有什么违背信义的呢？"刘备这才被说服。

庞统对于时局有着清醒的认识，荆州可以作为扩张的前沿基地，但却无法作为支持长期军事行动的大本营，夺取益州已经势在必行。等到涪县大会时，庞统发现刘备似乎又想要打退堂鼓，他明白自己必须尽快站出来了。

于是庞统献策道："乘今天会面之机，可突然袭击将刘璋擒获，这样将军不需劳师动众即可将益州收入囊中。"

刘备却说："我刚入别国，恩德威信尚未建立，这种事是不能做的。"

此时刘备的心态比当初赤壁之战前已经有了一定的变化，当时刘琮已经降曹，刘备率军南撤经过襄阳时，诸葛亮劝刘备立即发动进攻，如此荆州可得，但刘备却表示他不忍为此事。

当然这只是一个明面上的说法，实际上曹军侵略如火，刘备担心可能根本来不及攻打襄阳，但至少他还是做了些表面功夫的。而这次刘备拒绝的理由已经变了，他并不反对行此背信弃义之事，只是因为初来乍到，未得人心，所以才有所顾虑，就算搞一次鸿门宴，成功擒获刘璋，但控制整个益州仍是一件难事，这种心态和当初已经有很大不同了。

平心而论，刘璋对刘备仁至义尽，给他的待遇是极佳的。自率军入蜀以来，刘备一路上宾至如归，虽然刘璋对其不是完全没有防备，但那也是人之常情。此时的刘备已经抛去了心理压力，他没有在此时采纳庞统之策，只觉得时机尚未成熟罢了。

这才是真正的刘备，他的本质始终是一个乱世枭雄，若刘备真的那么敦厚，他是绝对活不长的。

一直以来刘备确实名声甚佳，早年间他任平原国相时期大行仁政，乐善好施，又宽待下属，连刺客都不忍行刺，后来在荆州携民渡江的义举更是为他积累了大量的政治信誉。

但同时我们应该注意到，刘备这种好的一面主要为社会中下层所广泛认可，而在上层中并不能完全吃得开。

虽然刘璋这般略显天真之人会对刘备倍加信任，但绝大多数人对刘备是否真是忠厚之人还是持怀疑态度的。据《英雄记》记载，当初刘备在徐州时，吕布手下诸将劝吕布说刘备"反覆难养"，因此要尽早图谋。

彼时还是建安初年，在大多数人印象里刘备还是那个义救孔融的君子，但他的本质已经在一定程度上暴露了。后来，刘备在寄寓荆州时期，刘表虽然表面上对其信任有加，但实际上却加以防备。据《三国志·先主传》记载，当时刘表是"疑其心，阴御之"，这是因为刘表清楚，刘备其实和他是同一类人。

下一个看透了刘备的人是周瑜，据《江表传》记载，在他临终前给孙权的上书中提到"刘备寄寓，有似养虎"，可见周瑜对他的忌惮。

如果只有一个人作出这样的论断，那确实可能是误判，但有这么多人看透了刘备的本质，那就绝不是偶然了。而且从后续发展来看，他们的判断是完全正确的。

其实这些都是乱世中的生存法则，虽然不值得称道，但也不必指摘。

此后刘备的发展也确实如他们所料，无论是夺取益州、拒还荆州还是擅自称王称帝，这些事都是水到渠成的，刘备在合适的时机势必会抛去仁义的外衣，至于权衡的标准则全看利益得失。

那么涪县大会这个时间点是否合适呢？笔者认为是合适的，庞统的计划完全值得一试。

刘备积累了那么多年的好形象只能蒙蔽底层人，而上层人物大多还是能识破其真面目的，虽然刘璋尚被蒙在鼓里，但他治理益州近二十年，也经历过一些大风大浪，并不完全是昏庸无能之主，日子久了，他自然会看清刘备的为人。

虽然刘备的设想很好，他希望先在益州收买人心后再动手，但这却很难实现。

当初在刘表手下时他就是这么暴露的。据《三国志·先主传》记载，当时"荆州豪杰归先主者日益多"，这才引起了刘表的猜忌，如今他在刘璋的地盘上故伎重演，难道就不会引起刘璋的警觉吗？而且刘璋手下有不少人都给刘备做了内应，双方难免要暗中传递消息，这样的事拖得越久暴露的风险就越大。从事后看来，这就是事实。

与其到时再和刘璋决裂，还不如趁其不备先下手为强，一旦将刘璋控制下来，他手下的势力大概率会土崩瓦解。

东州士中大部分人已经与刘璋离心离德，从庞羲、法正、孟达等人的表现便可以清楚地看到这一点。

益州人虽然大多反对引刘备入蜀，但在主君为人所制的情况下，也只能被迫接受这个现实，一方面是投鼠忌器，另一方面他们绝大多数人在当地有家有业，没有必要为虚名舍弃这一切。

当初刘备在拒绝进攻襄阳时就吃过一次亏了，当时刘琮已经不得人心，据《三国志·先主传》记载，"琮左右及荆州人多归先主"，如果刘备动手，襄阳城内很可能是不缺内应的，刘备已经白白错过了一次机会，而这回他仍在犹豫。

退一步说，即便当时未能成功又怎样呢？其结果无论如何也不会比后来当阳大败更糟糕了。

而这次也是一样，即使让刘璋逃脱，双方当时就在涪县兵戎相见，这也是预料之中的事。毕竟后来二刘反目后，刘备一样要对涪县、绵竹和雒县等几个要地逐步攻略，而此时动手相当于已经攻下了涪县，这样不是事半功倍吗？

总之，刘备入蜀苦战了近三年，其本人是负有一定责任的。

回到此时，刘备终究还是没能采纳庞统之策，双方暂时维持了和谐友好的气氛，之后刘璋推刘备行大司马，领司隶校尉；刘备则推刘璋行镇西大将军，领益州牧。

涪县大会结束后，刘璋带兵回了成都，而刘备则按原先的约定北上，准备征讨张鲁。为此，刘璋不仅给刘备补充了军队，又赠送大量军械辎重，表现出了满满的诚意，而刘备一到葭萌关就开始收买人心，消极怠工。

就这么耗了近一年，等到建安十七年（212）冬，曹操率大军南下征讨孙权，刘备便借此事联系刘璋说："如今东吴危急，我们两方本互为唇齿，关羽也在青泥为乐进所牵制，若不相救形势必危，而张鲁则不足为虑。"此外还要求刘璋继续增兵万人并索取大量财货。

此举令刘璋萌生了怀疑，一年的时间刘备不光毫无动静，如今却继续要兵要钱，而且还是为了东吴之事，这不是摆明把自己当成冤桶吗？刘璋当时尚未做好和刘备反目的准备，只好勉强答应，不过其中打了折扣，仅给了四千兵马，刘备索要的财物也只给了一半。

听说刘备要走，张松这边更是坐不住了。当初在涪县大会时劝刘备动手他就毫无反应，现在竟然一走了之，自己长期的筹划岂不白费了吗？于是张松立刻提笔给刘备写了一封信，询问为何在大事可期之际反要离开。

不巧的是，此事为张松的兄长张肃所知，他担心弟弟的叛逆之举祸及自己，于是向刘璋检举。

这下刘璋终于明白过来了，便再也不抱有幻想，先是杀掉张松，随后下令各关隘将领的文书都不准再送达刘备处，双方彻底反目。

如今双方开战已成定局，前次错过机会后，庞统虽觉可惜，但眼下也没有后悔的余地了，于是他再次出来劝说，并献上了上中下三策。上策——暗中挑选精兵，昼夜兼程急行，抄小道奇袭成都；中策——设计擒拿刘璋白水关守将杨怀、高沛，兼并其军，随后南下攻打成都；下策——退回白帝城，联络荆州兵马，然后步步为营攻取益州。

其中上策最激进，虽然风险大，但收益也大，一旦成功便可在最短时间内夺取益州。毕竟此时阴谋刚刚暴露，刘璋尚未做好准备，偷袭是有一定胜算的。

而下策虽然保守，也最没效率，但从另一个角度来看，这却是最能保住刘备信誉的一个策略。刘备集团可以声称是刘璋过河拆桥，要将他们赶出益州，自己才被迫反击。虽然这是歪曲事实，但在外界看来确实很像是刘璋将刘备驱赶到了白帝城。

如果刘备选择上策，可以说是有益无害，最差的结果无非是重新回到步步为营发动进攻的路线上来；若选择下策，虽然势必会用时缓慢，但毕竟可以保住多年来仁义君子的人设不会崩塌。

可惜的是，刘备偏偏选择了中策。

第五节　二刘反目大战起

建安十七年（212）年底，葭萌城内刘备的行辕中，只见两名武将被五花大绑，他们面如死灰，似乎已经预知了自己接下来的悲惨命运。

此二人便是刘璋麾下白水关守将杨怀和高沛，这次刘备采纳了庞统的中策，诈称荆州有急，需班师回救，并做出收拾部队离开的假象。二将闻言大喜，以为即将送走心腹大患，于是便来相送，结果却踏进了鬼门关。

白水关在葭萌城以北，如果南下进攻成都的话，白水关守军便是巨大的隐患，不得不先作打算。如今与刘璋反目的心意已决，由不得刘备心怀半分慈念，随着他一声令下，杨怀、高沛二将便被推出斩首。

随着主将被杀，白水关守军群龙无首，而刘备又扣押了他们的家眷作为人质，众将士无奈只好归降，这下刘备便免去了后顾之忧。

听说刘备已经动手，成都城内的刘璋焦急万分，之前他无论如何都想不到刘备竟会翻脸无情，而众臣的劝谏他一个字都听不进去，如今残酷的事实摆在眼前，形势的发展已经超出了他的预料，他却没有相关预案。

正在刘璋无可奈何之时，益州从事郑度献上一计，成了他最后的救命稻草。

郑度说："左将军孤军远征，兵不满万，百姓亦未归附，全靠临时征调民间粮草支撑，因此严重缺乏物资。目前上上之策便是把巴西、梓潼两地的百姓全部迁往涪水以西，把当地田亩、仓库里的粮草全部烧掉，然后筑起高垒，深挖壕沟并以逸待劳。无论对方如何挑战，我们都坚守不出，如此时间一久，敌军自然断粮，不出百日便会自行退走。届时我军大举出击，刘备必为我所擒。"

这一计策其实并没有多么高深，概括来讲就是坚壁清野，但这对孤悬在外的刘备来说却是威胁最大的。

当初刘备入蜀时兵力就已经不少，在得到刘璋资助后总兵力则多达三万余人，郑度所言"兵不满万"并不属实，然而这反倒成了刘备的麻烦。

如今成都方面的供给必然已经断绝，单靠就地征粮的话很难填补这个缺口，更别说对方坚壁清野了，因此郑度之策确实精准地瞄准了刘备最大的软肋。

正因为如此，消息一传来，刘备便感到异常愤恨。

无奈之下，他询问法正该如何应对，没想到法正却说："刘璋最终不会采纳郑度的计策，将军不必担忧。"

法正对刘璋的判断果然精准，他最终拒绝了郑度的建议，而给出的理由竟是：

> 吾闻拒敌以安民，未闻动民以避敌也。（《三国志·法正传》）

战争是残酷的，为避免人口和物资为敌人所掠夺，将百姓迁至后方是那个时代的常规做法。在危急时刻不先想着趋利避害，反而拘泥于旁枝末节，这不是仁义而是迂腐。

据《华阳国志》记载，郑度便是广汉郡人，很可能出自新都县的大姓郑氏，而刘备与刘璋交战的主战场就在广汉郡。可以说，为了让刘璋取得最后的胜利，郑度不惜牺牲自己家乡的利益。而他故意将刘备的部队说少，就是为了坚定刘璋的抵抗信心。

连郑度都能下这个决心，刘璋还有何可顾忌的呢？

不过从另一个角度看，刘璋这优柔寡断的一面或许确实令他难以在这个乱世中生存，但同时也是他可以争取到益州本土势力支持的原因。

刘璋继位后，刘焉时期大肆压制益州本土势力的政策已经逐渐减少，而赵韪之乱后东州士侵凌益州人的行为也逐渐被杜绝。因此，在大部分益州人看来，刘璋统治益州是符合他们的利益的，这便是在刘备与刘璋的战争期间益州人的抵抗反而远比东州士激烈的原因。

最终刘璋还是没有采纳郑度之言，而是将其罢免，刘备的危机就这么解除了。

建安十八年（213），刘备大军继续南下，以黄忠、卓膺为先锋大举进攻涪县，很快将这座防备空虚的城池占领。

刘璋闻讯命刘璝、泠苞、张任、邓贤等前来阻击，但皆为刘备所败，诸将随后退守绵竹。

涪县城中的刘备正志得意满，这是他在成功收编白水关守军后取得的又一场重大胜利，在他看来刘璋军不堪一击，成都似已门户大开，自己全据巴蜀指日可待。

想着《隆中对》中跨有荆益的目标即将实现，自己多年的奋斗终于要开花结果了，年过五旬的刘备异常欣喜，于是便开始大摆庆功宴。

宴会上，刘备对身边的庞统说："今日之会，可真令人愉悦啊。"

没想到庞统却没有阿谀奉承，反而不合时宜地说了句："伐人之国而以此为欢，那我们便不是仁义之师了。"

喝得酩酊大醉的刘备见庞统如此扫兴，于是勃然大怒道："武王伐纣时照样载歌载舞，他们难道不是仁义之师吗？既然你如此出言不当，那就赶快离席吧。"

结果庞统也没再多说，便拱手告退了。

这话刚一说出口，刘备就有点后悔了，自己怎么成了不纳忠言的昏聩之主？于是立刻将庞统请了回来。

庞统回来后仍然闭口不言，只是自顾自地吃喝。刘备见气氛有点尴尬，便主动打破了沉默，问道："刚才的谈话，究竟是谁对谁错呢？"

庞统回答："君臣皆有错。"刘备闻言大笑，随后宴会在欢乐的气氛下继续进行着。

然而问题却并没有解决，此时的刘备虽然展现出了他宽厚大度的一面，但庞统的劝谏他却一个字都没听进去。

所谓"以伐人之国为欢则不仁"云云都是说辞，庞统真正想表达的意思是现在不是欢饮的时候，乘胜追击才是大事，想全取益州仍任重道远。

当初曹操是怎么败于赤壁的？抛去水土不服，无非两点，一是骄傲轻敌，二是贻误战机，这两点现在刘备都占了。若非刘璋过于软弱且益州内部不稳，他的结局不一定会比那时的曹操好。

要知道兵贵神速，这是进取益州最重要的一点，否则等曹操将关中和凉州平定后介入益州之争，形势就将变得极为严峻，而这正是后来真实发生的事。

刘备在这分秒必争的紧要关头没有抓住战机反而大摆宴席，岂不是本末倒置了吗？

这种心态很快就带来了恶果，虽然绵竹守将李严和费观未加抵抗就轻易投降了，但紧接着，刘备就遇到了入川征途中最难啃的骨头。

作为成都北面的门户，雒县是刘璋的最后一道防线，倘若雒县失守，成都将完全暴露在刘备大军的面前。

有了之前的惨痛经历，刘璋接受了教训，他已经明白东州士是不可靠的，于是便派儿子刘循主持雒县防务。

在雒县之战初期，刘备尚有一定优势。当时张任在绵竹失守后又撤到雒县，如今退无可退，便主动出击，在城北雁桥（今四川广汉市鸭子河上某处）与刘备大军相遇。

一番激战后，张任兵败被擒。刘备本想招降这位忠勇之将，却被严词拒绝，最终刘备无奈，只好下令将其斩首。

自张任战败后，刘循便清楚己方在野战中绝不是刘备那百战精兵的对手，唯有固守坚城才有一线生机，而雒县从此便成了刘备的噩梦。

为了尽快解决战斗，刘备多次下令攻城，却丝毫没有进展。

这下刘备终于明白过来，刘璋并非那么不堪一击，自己虽然在野战中优势明显，但攻克坚城仍是一件困难的事。之前能够轻松拿下涪县是因为当地空虚，而攻克绵竹则是因为守将主动投诚。如今雒县守军死战不降，刘备就开始头疼了。

没过多久，刘备又遭到一次重大打击。在一次攻城作战中，庞统亲临前线进行指挥，不幸被一支流矢命中，很快不治身亡，年仅三十六岁。

这闻名荆楚的智谋之士是刘备的宝贵财富，他的死给本就人才匮乏的刘备集团造成了重大损失。

望着庞统的尸身，刘备黯然垂泪，不知此时他会不会想起不久前涪县酒宴上庞统的话呢？若是再快一点，或许刘璋便不会有在雒县组织防务的时间，而庞统也就不会英年早逝了。

然而坏消息还不止这一个，因为刘备的后方也要出问题了。

见刘备大军被阻于雒县城下，刘璋又重新看到了希望，于是他作出了新的战略部署，而这险些让刘备死无葬身之地。

刘备主力南下进攻成都后，留下霍峻驻守葭萌城，由于此地位于后方，刘备只给霍峻留下几百士卒。

葭萌城空虚的情况首先为张鲁所知，他命杨帛以共同守城为由赚开城门，其实是想兵不血刃夺得这一蜀道上的军事重镇。

结果这一伎俩根本瞒不过霍峻，他当即回绝了杨帛的无理要求。

很快，刘璋也发现了刘备这一弱点，于是命扶禁、向存等率一万余人进行大范围迂回，沿着阆水进兵葭萌城。

此时的形势急转直下，对刘备来说已经万分凶险，前方进攻雒县难有进展，后方又危在旦夕，一旦葭萌城失守，刘备将遭遇两面夹击，有全军覆没之危。

这下刘备是真的急了，他一方面敦促手下继续对雒县加强攻势，另一方面立刻派人前往江陵请求后方支援。

虽然留守荆州的诸葛亮、张飞和赵云闻讯后第一时间发兵西进，但两地毕竟相隔太远，而远水不解近渴，这支援兵无法解除眼前的危机。

此时的局面便是与时间赛跑，是刘备先攻克雒县还是刘璋先攻克葭萌城，哪一方先得手便会令对方万劫不复，而从表面来看，刘璋无疑是占据优势的一方。

然而现实却令人大跌眼镜，霍峻在葭萌城创造了一个军事奇迹。

霍峻是南郡枝江人，在刘表死后归顺刘备，虽然之前名声不显，但这次葭萌之战却让他一战成名。

面对自己二十倍以上的敌军的围攻，霍峻竟然坚守了几乎一年之久。而且他还趁对方不备出城袭击，将向存斩杀，直到最后，刘璋这支部队都没能攻克葭萌城。

霍峻的坚守意义极为重大，他成功为刘备争取了时间，可以说，夺取益州一战，将霍峻列为首功也不为过。

战后，为了嘉奖霍峻的功勋，刘备将广汉郡北部单独分出一个梓潼郡，以霍峻为梓潼太守。只可惜他仅仅为官三年就病逝于任上，年仅四十岁。

由于霍峻的奋战，刘备度过了最危险的时期。建安十九年（214）夏，刘备在经过了近一年的苦战后终于攻克了雒县。

如今成都以北已经无险可守，荆州方向的援军也即将抵达，但刘备若想取得最终的胜利，仍需一个契机。

第六节　降刘璋西川易主

就在雒县的战事进行得如火如荼之时，不远处的汉中也受到了影响，平静之下，一股暗流正在涌动。

这不安定因素的根源来自马超，在被赶出凉州且试图借助张鲁的力量卷土重来的计划失败后，他只好被迫寄寓汉中。

然而，张鲁这里也没有他的容身之地了，在张鲁看来，马超终究是个隐患，万一被他来个鸠占鹊巢，到时悔之晚矣，毕竟刘璋这一反面教材近在眼前，张鲁不得不防。

于是，马超的处境越来越危险，因为将来一旦曹操南征汉中，张鲁在抵挡不住的情况下，极有可能把他这个曹操深恶痛绝的人杀掉以作为请降的投名状。

此时张鲁的手下杨白已经开始谋划对马超不利的事了，马超必须要早做决断。北上投降曹操显然是不可能的，在曹操看来，"马儿不死，吾无葬地也"，再加上父亲的血海深仇，降曹绝没有半点可行性。若想鸠占鹊巢夺取汉中，恐怕实力亦有所不足，因为此时马超经过多次战败，嫡系兵力大概已经所剩无几。

当初张鲁派杨昂协助他进犯凉州的时候，马超兵力合计也只有一万多人，那么他本部兵力至多也就几千人。而在败退回汉中后，麾下的人马只怕就更少了。此时张鲁已经对他有了防备，马超想要作乱几乎是不可能的。

就在这时，一个人的到来给马超提供了一个新的选择。此人便是刘备帐下的李恢，这次他作为使者前来和马超结交。

李恢是南中的益州郡人，出自当地大姓李氏。虽然如此，李恢却和大多数益州人不同，他并不支持刘璋。而李恢之所以持有这种立场，和他早年的经历有关。

当初李恢任益州郡督邮，他的姑父建伶县令爨习因为违法，导致李恢遭到牵连而被免官。可就在这时，一个人改变了他的命运。当时益州郡太守董和认为爨习是当地的豪强大族，于是反对免去李恢的官职。

这位董和是东州士的代表人物之一，当初他在成都县令任上时因执政严苛，引起了当地豪强大族的不满，刘璋为了安抚他们，将他调任益州郡太守。虽然表面上官升一级，但从政治中心被调往偏远的南中地区，实属明升暗降，恐怕从那时开始，董和便对刘璋有所不满。

这次董和挽救了李恢的仕途，相当于对他进行了一次拉拢，后来还推荐他去州府做官，有了这层关系，此后李恢持有类似东州士的政治立场也就不足为奇了。

在前往成都赴任的路上，李恢听到了战争爆发的消息，他并不看好平庸的刘璋，再加上受到了恩主董和潜移默化的影响，他最终决定不去上任而直接投靠刘备。

一路上李恢冒充刘璋的使者，冲过了层层关卡，最终在绵竹见到了刘备。刘备对这位历尽艰辛、长途跋涉前来归降的人才大为赞许，将拉拢马超的重任交给了他。

这对于马超来说正是雪中送炭，他若想生存下去就必须坚持反曹，但自己又没有立锥之地，寻求其他势力的庇护是必然的。而当今天下反曹最坚定的人恐怕就是刘备了，如今益州之战已经接近尾声，刘备取代刘璋已经成为定局，他是马超最好也是唯一的选择。

当下刘备草创基业，正是用人之际，而将来曹刘交锋时，他在羌氐中的威望又能发挥作用，因此双方一拍即合。

马超立刻给刘备方面写信请降，之后立即动身。不过，他若想走金牛道光明正大地前往蜀中是不可能了，毕竟张鲁早有防备。因此马超兜了个大圈子，经过武都氐人的地盘，这才成功辗转南下。

此时成都以北最后一座门户雒城在坚守一年之后陷落，刘备大军已经兵临成都城下。

另外，荆州方向诸葛亮、张飞和赵云率领的援军也已经赶到，双方合兵一处，成都被围得水泄不通。

面临如此困境，刘璋却没有立刻投降，或许是城中的三万人马和可用一年的粮草给了他一定的信心，而绝大多数军民也有强烈的抵抗意愿。但少数人却在为自己做着打算，如蜀郡太守许靖就打算偷偷溜出城去投降，但事情败露后，刘璋却并没有杀他，理由竟然是大敌当前情有可原。此时刘璋的内心应该是非常煎熬的，或者说他应该在为投降与否而做着激烈的心理斗争。

对于东州士与自己离心离德的现状，刘璋不会不清楚，连许靖这样受到重用的东州人尚且如此，何况是其他人呢？

如果刘璋打定主意抵抗下去，那对于许靖这种不忠者肯定要立即斩首以震慑其他图谋不轨之人。刘璋选择放过他，只能说明他自己也倾向于投降，只不过还没下定决心。

需要说明的是，刘璋在同一件事上对不同人的处理态度大不相同。据《华阳国志》记载，时任蜀郡督邮的朱叔贤因为密谋出城投降刘备遭到诛杀，之后刘璋又将其妻赏赐给手下兵将，最终这个刚烈的女子选择自杀明志。

朱叔贤是广汉郡人，而广汉大姓中并无朱氏，因此朱叔贤属于那种并无太深厚背景的人，他的选择也只代表他个人的态度。

刘璋不敢对大名鼎鼎的许靖动手，却拿朱叔贤这个小角色开刀，足以体现出刘璋既不甘心认输，又没有决心抵抗的矛盾心理。

对于刘璋的想法，刘备心知肚明，于是索性配合他，对成都围而不攻，给刘璋一个考虑的时间，像他这样心志不坚定的人，在外界的巨大压力下不用主动进攻就会先行崩溃。

而另一方面，刘备也是为了要等那个人。

在包围成都一月有余后，马超终于赶到，据裴注《三国志·马超传》引《典略》记载，刘备听到这一消息后大喜道："我得益州矣。"可见马超在整个计划中的重要作用。

刘备做了一个安排，他没有让马超直接前往成都城下，而是先派人将其拦住，并暗中给了他一支人马，让他带着这支军队抵达成都城北。

马超的到来是压死骆驼的最后一根稻草，刘璋这下彻底没指望了。

这时候刘备又派简雍进城劝降。这个人选得非常巧妙，当初刘备刚刚受邀入川的时候，随行的简雍就和刘璋颇为投缘，他是刘备手下最适合与刘璋沟通的人选了。

果不其然，简雍顺利打破了刘璋的心理防线，二人相谈甚欢，还同乘一辆车出城。

逼降刘璋是马超一生中为数不多的高光时刻，刘璋听说威震西陲的马超来讨伐他，因此才会投降，这也是后世对马超的普遍印象。

表面看来确实如此，刘备围城几十天，刘璋始终不降，而马超赶到后没几天，刘璋就投降了，再加上刘备听闻马超到来后大喜过望的表现，这似乎是毫无疑问的事。

不过仔细想来，事情却似乎并没有那么简单。马超之前的战绩非常上不得台面，除在羌胡中有些威信以外，实在没什么过人之处。

之前杨阜说马超有"信、布之勇"，这实在是太过誉了，别说韩信是他无论如何也赶不上的，就是英布也强过他许多，杨阜这么说的原因只是为了让曹操重视而已。

这样一个战绩勉强算是平庸的人，却让刘璋因胆怯而开城投降，岂不是很奇怪吗？

其实真正的原因或许并不复杂，破解其中奥秘的关键就在于刘备暗中给马超增兵的举动。按说若是为了威慑刘璋，让马超直接前往城下即可，何必要多此一举呢？刘备真正的目的应该就是要隐瞒马超势穷来投一事，反而制造出马超率大军来援的假象。

当时成都已经被围，刘璋基本得不到外界的情报，也就是说马超从张鲁处逃出来这件事是他不知道的。这时候马超率大军来到城下，刘璋一定想不到是马超前来投奔刘备，反而很有可能会认为是张鲁派马超来讨伐他。

要知道刘璋和张鲁可是有着血海深仇的，如今刘璋穷途末路，张鲁闻讯落井下石再正常不过了。

刘璋越想越怕，到时候一旦城破，为了答谢张鲁相助之情，刘备将自己交给对方处置也是大有可能，届时就是夷族之祸了。

而刘备这边就好说话多了，虽然此人背信弃义颇为可恨，但他毕竟让法正写信表达过一定的善意，想必落到刘备手里至少能保全身家性命吧。

刘璋的心路历程应该大体如此，他真正怕的是张鲁和刘备一起讨伐，怕的是落在张鲁手里结局凄惨，而并非忌惮马超的"威名"。

面对令人绝望的局势，刘璋心如死灰，他感叹道："我父子在益州二十余年，对百姓没有施加过什么恩德。现在百姓蒙受战火三年之久，埋骨荒野，都因我所致，我于心何安啊。"说罢便出城请降。

经过近三年的苦战，刘备终于得到了他梦寐以求的益州。

刘璋投降后，刘备把他迁往荆州公安。这个地点很有讲究。益州是肯定不行的，毕竟这里有一些刘璋的旧部，让他留下难以放心，万一刘璋有个三长两短，世人肯定会认为是刘备下了黑手，到时候就有口难辩了，因此还是使其远离自己为佳。让刘璋待在公安，正好可以受到关羽的监控。

关羽的大本营江陵和公安只有一江之隔，刘璋在这个地方应该是万无一失的，但刘备没想到的是，刘璋最终还是脱离了他的控制，这是后话。

刘焉、刘璋父子的时代落幕了，而巴蜀之地从此成为刘备的大后方，也成了他与曹操、孙权争霸天下的坚实后盾，跨有荆益的宏图得到了初步实现。

虽然结果是好的，但过程其实相当不完美，刘备这次西征中的失误为后续发展造成了深远的不良影响。

依照庞统之计，刘备本可能更早些结束这场战争，但因为他的犹豫和拖沓，战争持续了近三年之久，同时还失去了庞统这位宝贵的人才。

试想一下，刘备若能早一年结束战争，便有机会趁曹操和孙权在合肥至濡须（安徽省中部河流，今称运槽河）一线相争时抢先夺下汉中。如此一来，后续军事部署的展开便要灵活主动得多。

益州之战旷日持久的另一个严重后果就是导致刘备必须从荆州抽调兵力支援，从而使荆州的力量过于薄弱。而诸葛亮、张飞和赵云的离开，使关羽身边可以辅佐他的人才大为减少，这也为日后丢失荆州埋下了隐患。

至于外交方面，刘备同样有着重大失误。

虽然孙权对于益州也有想法，但自从周瑜去世后，这一计划就宣布搁浅了。随着借荆州（南郡）的进行，孙权基本也不再打益州的主意，而是将主要精力转向淮南。

但这并不是说孙权就心甘情愿将夺取巴蜀的机会拱手让给刘备了，他始终在监视着刘备的动向。

之所以这么说，是因为在益州之战中，孙权也是出了兵的。这种观点恐怕会颠覆一些人的认识，但实际上确有其事。

据法正给刘璋的信中显示，在张飞平定巴东后，孙权派他的弟弟以及李异、甘宁等率兵作为后续部队入蜀。

如果说法正可能是虚张声势对刘璋进行恫吓的话，后面这则记录便无可争议了。

根据《三国志·吴书》记载，建安十六年（211），吕岱率二千人欲将张鲁诱往汉兴寋城，张鲁担心孙权想截断道路，没有答应。

汉灵帝时期，右扶风分出了一个汉安郡，据分析这可能就是汉兴郡，也就是说汉兴郡位于关中。

在南阳为曹操所掌控的情况下，从荆州前往关中必然要经过汉中，吕岱能够跋山涉水来到这里，说明张鲁并没有对其进行阻拦。但他仍担心吕岱给他来个引蛇出洞，等离开了老巢，再被截断退路可就万劫不复了。也就是说，张鲁不仅忌惮孙权，同时也在防备他。

张鲁的担心或许正是孙权的真实想法，他也希望在益州分一杯羹，于是便盯上了汉中，从而做一次尝试。只不过孙权的计策没能瞒过张鲁，便将吕岱召回了。

吕岱东归时，在白帝城遇到了吴范，当时吕岱表示刘备所部伤亡惨重，损失近半，无法攻克益州。

既然吕岱如此说，证明他东归前曾前往交战前线探查究竟，他应该是目睹了雒城之战惨烈的战况，才判断刘备难以建功，而这也证明吕岱此次西行的另一个目的就是作为孙权方在刘备军中安插下的耳目。

尽管吕岱的判断并不准确，但这足以证明孙权对刘备取得巴蜀的警惕。

在听到吕岱的回复后，孙权一度还以此来责难之前预言甲午年（214）刘备将取得益州的吴范。可以想象，当收到刘备真的大功告成的消息时孙权是何等心情。

然而，刘备似乎并没有将此放在心上，在取得益州后也没有对孙权进行相应的安抚，反而越发强势，最终为联盟的破裂埋下了伏笔。

第三章 合肥之战

第三章 合肥之战

第一节 湘水划界再"结盟"

建安二十年（215）冬，在刘备取得巴蜀一年之后，曹操也彻底拿下了汉中。

不过在此期间，刘备除试图招降张鲁以外，几乎毫无作为，这又是怎么回事呢？

原来这段时间刘备在东线遭遇了重大危机，而此事的祸根早在数年前就已经埋下。

赤壁之战后，周瑜经过与曹仁长期的艰苦作战，终于拿下了南郡。此时荆州的形势大概是：曹操拥有荆州北部的南阳以及江夏北部地区；孙权占据荆州中部的江夏大部和南郡江北地区；而荆南的南郡江南地区以及零陵、武陵、桂阳和长沙四郡则是刘备的地盘。

虽然孙权在刘备的势力范围内也进行了一定的渗透，但总体还是比较收敛。

在这个时候，刚刚走上人生巅峰的周瑜，心中酝酿出一个极为大胆的方案。周瑜的计划，简单来说就是全据长江，两分天下，具体施行就是向西吞并益州的刘璋和张鲁。

之所以敢于制定这个非常激进的计划，周瑜的底气就是东吴占据了江夏和南郡的大部。也就是说长江中下游皆为东吴所有，而且自东向西已经连成一线，此时若想更进一步，就应该逆流而上，将长江上游也收入囊中。

周瑜的进取心虽然值得肯定，但他这个计划却是非常冒险的。

首先，据《三国志·周瑜传》，周瑜判断曹操"新折衄，方忧在腹心，未能与将军连兵相事"，可这个结论与事实是有所偏差的。因为曹操在赤壁之后的三年中有两次大规模出兵，分别是建安十四年（209）进兵合肥以及建安十六年（211）进兵关中，并不存在周瑜所说的情况。

其次，周瑜认为可以轻而易举地"得蜀而并张鲁"，这也有些过于自信。刘备在已经进入四川盆地，相当于跨越了第一道天险的情况下，仍然鏖战了近三年才拿下巴蜀，而曹操逼降张鲁也用了大半年。

周瑜毕竟能征善战，其军事指挥水准胜过刘备，在三年内完成他的战略目标倒也不是完全不可能，只不过在刘备势力尚存的前提下，越过刘备出兵西川这一策略仍然是相当冒险的。

孙权对这个计划倒是很有兴趣，但他不想单独行动，而是希望和刘备共同出兵。

这一计划在刘备集团中引起了争议，据《三国志·先主传》记载，当时有人认为可以与孙权合作，因为"吴终不能越荆有蜀，蜀地可为己有"。但这些人明显低估了孙权，他只不过是想让刘备做自己的马前卒罢了，因为如果真有诚意的话，应事先对取得益州后的战果分割作出约定才对。

针对孙权的阴谋，荆州主簿殷观指出："若为吴先驱，进未能克蜀，退为吴所乘，即事去矣。"一下就阐明了和孙权合作的隐患。之后他又给出了解决方案："今但可然赞其伐蜀，而自说新据诸郡，未可兴动，吴必不敢越我而独取蜀。如此进退之计，可以收吴、蜀之利。"

您想要进攻益州，我们坚决赞成，但我们也有我们的困难，因此不便出兵相助，这样一来又把风险还给了孙权。

刘备集团不上套，这下孙权就没办法了，虽然说南郡的核心地区江北江陵一带掌握在他手中，出兵益州也并非"越荆取蜀"去攻占一块飞地，但他却也无法放心把自己的后背交给别人，哪怕是自己的盟友。

孙权的主要顾虑就是公安在刘备掌控中，公安和江陵实在太近了，只有一江之隔，一旦大军出动，江陵空虚，此时难保刘备不会出兵偷袭。

就这样，第一次出兵益州的计划在双方的互相猜忌之下胎死腹中了。

而裴注《三国志·先主传》引《献帝春秋》则提供了另一则史料，当时孙权派周瑜统领水军西进，结果为刘备所阻，而且他还对周瑜说："汝欲取蜀，吾当被发入山，不失信于天下也。"最终孙权只好放弃。

这一说法应该是不太可信的，首先当时刘备的实力还不足以和孙权抗衡，这样公然对抗实属不智。不如依照殷观之计，在不反目的情况下仍能保住自己的利益。

另外这条引自《献帝春秋》的材料对当时刘备军事部署的相关记录也非常不可靠，据载，当时具体部署为"关羽屯江陵，张飞屯秭归，诸葛亮据南郡，备自住孱陵"。

其中刘备驻孱陵（即公安）没有问题，而"张飞屯秭归"则无法确定。不过"关羽屯江陵"就很奇怪了，因为江陵本是周瑜的地盘，此地是在鲁肃任都督时才借给刘备的。

至于"诸葛亮据南郡"则更是莫名其妙，江陵、秭归和孱陵都是县，而南郡则是郡，上述三县都属于南郡。这样一来，主君驻扎在一个县，而下属占了整个郡，这样的描写给人一种此书作者地理概念混淆的感觉。

不久后周瑜病逝，第一次荆州危机也就这样有惊无险地过去了。此次危机虽然没有掀起什么波澜，但为后来的第二次荆州危机埋下了伏笔。

鲁肃接替周瑜后，在他的主张下，东吴的策略发生了一定改变，最终将整个南郡借给了刘备。

孙权这样做的原因大概除鲁肃提出的扶植刘备共同对抗曹操以外，也有孙权已经彻底放弃了西取益州这一想法的因素存在。毕竟有刘备在一旁虎视眈眈，无论西征还是北伐都难以全力以赴。

另外，拥有南郡的一方还要承受曹操南阳方向的军事压力，因为南郡的门户襄阳还在曹操手中。至于在东线合肥，孙权所承受的压力就更大了。

这样一来，继续将南郡控制在手中对孙权来说意义就没有那么大了，将其借给刘备，要好过两面受敌。

但到了建安十九年（214），形势又发生了变化。此时刘备已经取得巴蜀，反观孙权却一无所获，当初弱小的刘备势力如今已经发展到可以和孙权分庭抗礼的地步了。

孙权无法接受这个现实，只好愤恨地骂道："猾虏乃敢挟诈！"随后派诸葛瑾为使者前往刘备处讨还荆州诸郡。

如果单单讨回南郡，对于东吴来说益处并不是很大，因为当初借给刘备的也只是南郡江北部分，就算要还，长江南岸的公安也是没有道理归还的。

所以即使收回当初的吴属南郡，也只不过相当于形成了一个突出部，不仅难以利用它作为出击的跳板，还需要加强兵力去防守，而且会因此与刘备交恶，实在有些得不偿失。

相反，南郡对于刘备来说却是至关重要的，因为它是刘备两块地盘荆州和益州的连接处，如果失去了南郡，荆州和益州的联系就被切断了，刘备是万万不可能放弃的。

孙权清楚这一点，因此他并没提出索回南郡，而是在荆南四郡上做文章，希望得到长沙、零陵和桂阳，在他看来这应该是一个双方都可以接受的方案。

对于孙权来说不仅可以得到一些回报，还不会影响同盟关系，而对于刘备来说，也保持了领地的完整性和连贯性，这一方案还是有一定诚意的。

不过刘备却推辞说："等我取得凉州后，就会交付荆州。"这就彻底激怒了孙权。

孙权提出的条件并非没有商量的余地，即使刘备去讨价还价，比如只还一到两个郡是否可以等，至少说明刘备有谈判的诚意。

而刘备的回答在孙权看来只能说明刘备在践踏他的尊严，也藐视了他的智商，毕竟刘备连汉中都没有得到，取凉州更是遥不可及，事实上蜀汉直到灭亡也没能取得凉州。更何况，就算刘备取得凉州又待如何，到时候难保他再次借故推脱，比如"须得长安，方还荆州"云云。

此时，孙权已经有些心态失衡了，刘备简直在戏耍自己，他认为必须要给对方一个教训以解心头之恨。其实这种想法也是人之常情，对绝大多数人来说，当发现昔日落魄之人爬到自己的头上，心中对他的痛恨会远远超过看到一个本来就有钱有势的人在作威作福。

不过，孙权不是普通人，他是一个政治家，不应该以常人的思维来行事，在政治家的立场中，利益必须要在个人情绪之上。

如果他希望继续维持同盟，那么即使刘备有不义之处，他也必须要忍，因为同盟是一切利益的根本，失去同盟则会被强敌各个击破。

如果不想在分割战果时产生冲突，那么就要想办法扩大战果。正所谓失之东隅，收之桑榆，暂时放弃矛盾，相互配合共抗曹操，到时从刘备这里失去的，便可以再从曹操那里夺回来。

倘若不愿容忍，非要和刘备反目的话，则应该立刻去向曹操称臣，和他一起夹击刘备，等消灭刘备后，虽然曹操会变得更强，但自己至少也能分一杯羹，可以增加一些将来对抗曹操的资本，这也不失为一种合理的选择。

可惜孙权做出了第三种选择，他既咽不下这口气，又没有彻底下定决心撕毁同盟，这就在同盟间留下了不可修复的裂痕，也给日后的战略布局埋下了重大的隐患。

孙权见求三郡不成，便自己任命了三郡官吏并使之前去赴任，结果随即为关羽所驱逐。孙权大怒，命吕蒙督鲜于丹、徐忠、孙规率兵两万进攻三郡，使鲁肃率兵一万进兵巴陵（今湖南岳阳市一带），孙权本人则坐镇后方陆口（今湖北嘉鱼县一带），第二次荆州危机全面爆发。

从这一部署也可以看出，孙权的本意只是威慑而并非和刘备全面开战，否则的话应该大军直扑江陵，争取尽快切断荆州和巴蜀的联系，这样威胁会大得多。

刘备闻讯立刻出兵五万至公安，在此期间，长沙、零陵和桂阳三郡都已失陷，刘备遂令关羽领兵三万进逼益阳，其战略目的应该是围魏救赵，威胁巴陵的鲁肃部，逼迫吕蒙回救。

东吴也不甘示弱，吕蒙、鲁肃合兵一处，与关羽在益阳相据，双方的冲突进入相持阶段。

其实，这时候冲突已经基本宣告结束了，双方实力相当，一旦大规模开战谁也没有必胜的把握，更何况双方的初衷也并非如此，事情到了这一步，解决问题只需要一个台阶而已，只不过目前谁都不想先示弱。

单刀会上，双方唇枪舌战，但依旧没能谈出个结果，而最后成为解决问题关键的竟然是曹操。

不得不说，曹操选择进攻张鲁的时机真是非常巧妙，这一期间孙刘两家爆发冲突，无暇他顾，使曹操在毫无干扰的情况下拿下了汉中。

这下刘备是真的坐不住了，张鲁已经被赶到巴西，汉中尽数为曹操所有，再不和孙权重归于好，大本营巴蜀将受到曹操的威胁。另外，刘备也是更加被动的一方，他在荆州地区并没有什么优势，而且三郡已经被东吴拿下，领地丢失已成既定事实，各方面因素都由不得他不低头。

在一番讨价还价之后，双方恢复了同盟，孙权也退了一步，将零陵交予刘备。

最终形成的局面是东面长沙、江夏、桂阳三郡归孙权，西面南郡、零陵、武陵三郡归刘备，这就是著名的"湘水之盟"。

之后，刘备火速赶回蜀中，准备迎接曹操的兵锋，而孙权也重新把注意力转移到了东线，第二次荆州危机到此为止。

危机就此结束了吗？远远没有。孙刘联盟至此已经名存实亡了，湘水之盟只不过将冲突推迟了几年而已，当矛盾再也无法化解的时候，等待双方的便是一场不死不休的血战。

在这场闹剧一般的冲突中，其实双方谁都没有做好全面战争的准备，双方都在期待着自己占些便宜而对方先让步，这样使矛盾被一步步激化，而最终还是在外部力量的威胁下才暂时偃旗息鼓。

另外，在重新结盟一事上，孙刘两家也同时犯下了重大错误。刘备错在没有吸取教训，过度看重盟约，最后疏于防备；孙权则错在轻易签约，为日后的毁约制造了道义上的障碍。

其实联盟到了今天这一步，双方都有着不可推卸的责任。

孙权虽然确实为刘备提供过帮助，但初衷是想利用他，使其成为对抗曹操的先驱。而刘备在接受了帮助的同时，却没能给予孙权一定的回报，也没能在情绪上对其进行安抚，最终激化了矛盾。

双方的目的都不够纯，也都缺乏诚意，而且互相猜忌，这样的联盟岂能持久？

其实，只有靠共同的利益才能够将联盟维持下去，除此以外别无他法。而在没有共同利益的时候就要去创造共同利益，但这需要双方相互理解和配合，实现起来并不容易。

刘备和孙权虽然都是一世英杰，但他们的格局终究还是差了一点，这也为二人的事业高度设定了一个天花板。

第二节 孙权起兵攻合肥

第二次荆州危机以刘备的退让而告终,而孙权也没有逼迫太甚,双方偃旗息鼓。

这其实也是双方达成的一个默契,毕竟曹操实力太强,如今大敌当前,两家都没有做好彻底撕破脸的准备。

虽说双方都知道这个盟约并不可靠,只是在共同面对曹操的威胁时不得已签订的,但至少短时间内还是具备一定的约束力的,于是孙刘两家暂时重新回到共同抗曹这一路线上来。

对于刘备来说,汉中已经被曹操所得,张鲁成为丧家之犬,那么解决北面汉中方向的压力对他来说是当务之急。对于孙权来说,暂时放弃南郡,也就证明他暂时放弃了在荆州方向的扩张。

从荆州南部前往荆州最北部的南阳郡,一般有两条通道,从南郡出发沿着沔水北上,即可抵达襄阳,而过了襄阳就能进入南阳盆地。襄阳本属南郡,当初曹操征服荆州后,单独把襄阳从南郡分出来设了一个襄阳郡,这里也成为魏属荆州最南端的门户,保卫着南阳的安全。而从江夏出发前往南阳,虽然可以通过涢水(今府河)到达随县(今湖北随州市),但之后就没有可以利用的水道了,只能通过陆路行进,而这样一来东吴水军的优势就发挥不出来了,无疑是事倍功半。

当然,通过水路溯着沔水逆流而上也是一种方案,但是那样一来就难免要经过刘备的势力范围,这明显是不现实的,就像当初孙权不可能跨过刘备占据的南郡去进攻益州一样。

因此,谁占有南郡,谁才拥有在荆州方向发动北伐的资格,这也是《隆中对》里提到的"将荆州之众以向宛、洛"的先决条件。

这样看来,孙权方面短时间内显然是不打算在荆州方向做文章了。

另外,以曹操的视角来看,在南郡之战结束后的这些年里,他的策略基本是两面出击,东线越巢湖攻打濡须一线,西线则进攻雍凉和汉中,至于中线荆州方向则采取收缩防御的策略。

也就是说,在建安二十年(215)下半年,荆州这个曹、孙、刘三方势力交织在一起的斗争焦点,反而变成了风暴之眼,处于一种奇妙的平衡之中。

于是孙权的扩张方向便只有东线一种选择了,如今曹操身在汉中,让刘备去承担抗曹的主要压力,而自己则面对的是相对空虚的淮南,实乃天赐良机。

孙权虽然打得一手好算盘,但他万万想不到的是,这只不过是他的美好幻想。

在分析孙权这次北伐的具体过程之前,我们有必要先对江淮一带的水文地理情况做一个详细的介绍,因为这关系到孙权将如何选择进军路线的问题。

一般来说,从扬州方向发动北伐,有两条进军路线可供选择。

第一条路线就是从建业出发东行至广陵郡江都县(今江苏扬州市江都区),然后经过中渎水北上可以直达淮水流域。

这个中渎水也就是大名鼎鼎的邗沟,春秋时期,吴王夫差为

第三章 合肥之战

了北上争霸修建了这条运河，它将长江和淮河两大水系连通起来，至今仍是京杭大运河的重要组成部分。

但实际上邗沟却很难成为中原和江东争夺的主要地区，其中原因有二。

第一点，邗沟从建成到东汉末年已经经过了七百年左右的时间，有些河道已经淤塞了。事实上，在隋朝大运河开通之前，邗沟都不是贯通江淮两大水系的主要通道。

当然这条水路并不是完全不能通行，后来在黄初五年（224）和黄初六年（225），曹丕两次经过这条路线南下广陵，只不过这两次军事行动均未获得半点战果，反而因冬季河道冰冻而陷入危机，因此没有任何实际参考意义。

而真正的原因则是第二点，邗沟汇入长江的地点广陵郡江都县以及汇入淮水的地点末口（今江苏淮安市北）分别处于两条河的下游。

淮水的几条主要支流，自西向东分别为汝水、颍水、涡水和泗水。其中最东面的泗水汇入淮水的地点泗口与邗沟汇入淮水的地点末口非常近，都在今江苏淮安市一带，只不过泗口更偏西一点。

也就是说，当江东的水军顺着邗沟北上时，一旦中原的军队在淮河下游布防，封锁住河道，那么无论江东水军再怎么精锐也难有用武之地，根本无法深入中原，而是会被堵截在涡水以东。

而反过来也是一样，假如中原的军队沿着邗沟水路并进，南下进入长江一线，那么从广陵出发进攻建业的话，是需要逆流而上的，这谈何容易？

事实上，南京城历史上也绝少被从下游攻破，一般常规战术还是要顺江而下,先攻占上游的采石矶(今安徽马鞍山市一带)才行。

不过,如果邗沟的军事意义这么鸡肋的话,吴王夫差何必要耗费大量人力物力去修建它呢?夫差当然不会做无用功,因为邗沟的军事意义并不在于进取中原,而是在于攻略齐地,这便是中原政权几乎不需要防御江东水军沿着泗水北上进犯的原因。

泗水并非发源于中原,而是发源于齐地。春秋时期吴国水师进入淮水后,沿着泗水北上,很快就能到达鲁国。

当时,楚国被吴国打得元气大伤尚未完全恢复,晋国也因为六卿势力逐渐坐大而日益衰弱,而秦国只能称霸西戎并未深入中原,只有齐国仍保持较强的实力,成为吴王夫差霸主路上最主要的对手。

公元前486年邗沟建成后,吴国在短短几年内多次伐齐,最终在艾陵之战中大获全胜,为后来的霸业奠定了基础。

不过春秋时代的主题是争霸而不是消灭对手,在战争中取胜即可,不需要也不可能一战灭国。而东汉末年则不同,双方进行的是一场你死我活的争斗,进攻的目的也是夺取敌国领土及人口。

对于孙权来说,进攻曹操的青徐方向意义并不大,因为这会把战线拉得过长,江东在没有将战线推进到淮南寿春一线之前,根本不具备直接进攻青徐的客观条件,因为这会将漫长的侧翼暴露给对手,补给线将随时被切断。

总而言之,沿着邗沟北上的路线是孙权不可能选择的,这样一来,他唯一可能的进军路线就只有另一条了——合肥,这个贯穿了魏吴两家几十年博弈的焦点,这个孙权一生的痛。

第三章　合肥之战

那么合肥的地位为何如此重要呢？这还得从合肥的历史以及地理位置说起。

合肥历史悠久，早在秦代就已经立县。到了汉代，这里更是贸易发达，当时其经济地位是如今长三角的发达城市所不能比的。

据《史记·货殖列传》记载："合肥受南北潮，皮革、鲍、木输会也。"所谓"输会"，即交通枢纽之意，这个称呼在史记中是合肥独享的，其余商业城市都没有被冠以此名。

这是由合肥的地理位置决定的，因为合肥位于长江和淮河间的重要水道上。

从淮水出发，进入寿春以东的淝水，再经过阎润水、枝水和施水，即可到达巢湖。而经过巢湖东南方的濡须水，便将进入长江一线。这条路线是当时南北交通的主要干线，畅通程度要胜过东面的中渎水，因此，在淮南，寿春无疑是第一大城市，而合肥紧随其后。

从战国到西汉初期，被称为都会的有邯郸、蓟、临淄、陶、睢阳、吴、寿春、番禹和宛九城，另外还提到的大型商业城市有十二座，分别是雍、栎阳、咸阳、长安、杨、平阳、温、轵、洛阳、江陵、陈、合肥。

这就类似于古代一线城市和二线城市的概念，合肥虽然是二线，但其"输会"的地位是独一无二的，因此可以视为二线城市之首。

过了西汉初期，史书中对合肥的定义又有了提升，虽说汉书对合肥的介绍和史记几乎相同，但有些细微的区别。

据《汉书·地理志》记载："寿春、合肥受南北湖，皮革、鲍、木之输，亦一都会也。"这里将合肥和寿春放在并列的位置上，说明到了汉代，合肥得到了长足的发展，已经跻身为当时一线城市的行列，这一时期是合肥在历史上经济地位最高的时候。

到了三国时代，合肥第一次被赋予了军事意义。这是不曾有过的新局面，其原因则是合肥成了魏吴两国交锋的最前线，谁能占据这里，谁就能控制整个江淮水道。

俗话说："守江必守淮。"在古代，中原地区的水网非常发达，可以轻松将中原（北方）的大量人力物力投入到淮水一线。

南方政权在国力上难与中原抗衡，如果只能将防线收缩到长江流域，那就等于放任中原政权肆无忌惮地将兵力和物资调集到前线，从而被迫在广阔的正面战场上与之进行全线对抗，陷入一种完全比拼国力的不利局面。

以弱抗强时力拼并不是好的选择，而是要争取在局部化解对方的优势，这样才有一战之力。因此，对于南方政权来说，"守淮"并不是说要守淮水，而是要守淮水到长江的通道。只要这条通道在手，中原就算实力强大也很难将全部力量展开，这就相当于弥补了己方的劣势，南北双方也将重新回到同一起跑线上来。

若想守住这条通道，寿春首当其冲。

自古北军南征，寿春都是一个无法忽视的地点，它扼守着北军南下的几乎唯一有效的通道，而合肥则是这条黄金通道上重要的据点。

中原政权要攻克寿春是一件很难的事情，后来淮南三叛时诸葛诞能轻松拿下寿春是因为当时城中尽是老弱，而精兵则全被毌丘俭和文钦调走了。而之后司马昭围攻寿春时，大战足足进行了十个多月，若非当年淮南地区爆发了罕见的旱情，鹿死谁手尚未可知。

因此，南北双方的优劣相互比较起来，其实不相上下。

中原水网发达利于漕运，南方更是畅通，从长江到寿春的水路非常畅通，在物流方面不相上下。

另外淮南一带河流湖泊众多，再加上暴雨频繁，实际上对于北方军队来说并不是那么友好，因此南方政权有非常充足的条件可以依托寿春和北军周旋。

总之，寿春就是江淮通道的北面门户，只要寿春在手，南方政权可保无虞，甚至在国势强盛之时，南方政权也可以以此为据点进取中原。

但遗憾的是，目前寿春却并不掌握在孙权手里，这对他来说压力就很大了。只是寿春被曹操掌控也就罢了，偏偏寿春以南另一个重要地点合肥也在曹操手里，这就更让他忧虑了。这简直就是曹操在孙权头上悬了一把利剑。

孙权想要取下悬在头上的这把利剑，则必须攻占寿春。但那毕竟是个远期目标，当务之急还是要先取合肥，然后以此为跳板，再徐图寿春。

其实孙权有这个念头已经不是一天两天了，早在赤壁之战的那一年，他就开始图谋攻取合肥了。那是孙权第一次在这里遭遇挫折，当时孙权攻城月余却徒劳无功，在曹操派出援军后只好黯然撤兵。

之后，孙权将进攻目标转向荆州，而对合肥方向则转为守势，并且还在濡须水上修建了濡须坞以防备曹操的进攻，结果这一守就守了将近七年。

虽然曹操曾在建安十八年（213）突破到了濡须口，但由于曹操并未拥有可以与东吴抗衡的强大水军，很快就撤兵了，没有对孙权造成太大威胁。不过这件事却给孙权敲响了警钟，曹操虽然暂时还没有强大的水军，难以长期入侵长江一线，但以北方强大的实力，这是迟早的事。到时候如果再被曹军突破到濡须口，东吴将会被拦腰切成两段，届时江夏、豫章与江东的联系也会断绝，那就是灭顶之灾了。

另外，通过此事也说明，只靠濡须坞防御还是太被动了，只有拿下合肥才更稳妥，为了能一劳永逸，彻底摆脱眼下的危机，出兵合肥势在必行。况且，此时合肥守备力量空虚，只有区区七千人，这正是一个取得突破的千载难逢的良机。

高高的点将台上，孙权看着面前一眼望不到头的士卒，心中志得意满，他或许在想："有如此强兵，合肥焉有不破之理？"

但他想不到的是，不久之后，自己就会在这里遭遇人生中最惨痛的一次失败。

第三节　三将同心拒强敌

建安二十年（215）八月，孙权率十万大军进至合肥，著名的合肥之战拉开了序幕。

这已经不是孙权第一次进攻合肥了，曹操理应有所防备，但他为何敢只留下不到万人守城呢？

原因就是这里有一根定海神针，他化不可能为可能，最终实现了这以一敌十的奇迹，他便是传奇名将张辽。

第三章　合肥之战

张辽祖籍是并州马邑（今山西朔州市），这里就是汉武帝时期那个著名的马邑之谋的发生地，而且巧的是，张辽的祖先正是马邑之谋的主角聂壹。

不过由于马邑之谋功败垂成，聂氏一族并未因此飞黄腾达，而是消失在了历史的长河之中，等到了张辽这一代，竟然因为避祸而被迫改姓，由此可见他的境遇之落魄。

张辽年轻时候的仕途非常不如意，先后辗转于丁原、董卓和吕布手下，直到三十岁这年才得遇明主，加入了曹操麾下，此后张辽屡立大功，逐步晋升为荡寇将军。

尽管如此，张辽身上还是有一处硬伤，那就是他的成分问题。张辽并非宗室将领，光凭这点就低人一头了，因为他永远无法与诸夏侯和曹氏将领相比；另外，他这个降将的身份也对自己在曹操阵营中的发展产生了制约。

可能有人会说，徐晃和张郃也是降将，但这一身份并未对他们造成什么影响。确切地说，徐晃和张郃的情况跟张辽还有些不同。

当初徐晃早早就在劝说主君杨奉投靠曹操了，而张郃是在官渡之战进行到白热化阶段胜负未分的时候投降的，也就是说他们并不是在穷途末路的情况下被迫请降，这对曹操来说属于雪中送炭。

张辽就不一样了，据《三国志·张辽传》记载："太祖破吕布于下邳，辽将其众降。"可知张辽投降的时间点晚于吕布的败亡，也就是说张辽是走投无路被迫投降的。在这个时候投降，本钱就非常有限了，很容易被同僚轻视，而日后的地位自然也就低了一等。

正是这个原因，使得徐晃和张郃投降的时候立刻就被封为都亭侯（属于彻侯，军功第二十级爵位，最高级），而张辽投降的时候却是获封关内侯（军功第十九级爵位），这就是差距。

张辽虽然身份有些许敏感，但他确实有才干，在外姓诸将里算是数一数二的，因此这无法阻挡他步步高升。但从另一个角度来看，这也把张辽置于了一个木秀于林、风必摧之的境地，容易遭人嫉恨。

在曹操南征荆州之前，就已经开始出现这种苗头了。当时于禁驻扎在颍阴（今河南许昌市南部），乐进驻扎在阳翟（今河南禹州市），张辽驻扎在长社（今河南长葛市）。而据《三国志·赵俨传》记载，当时"诸将任气，多共不协"，全靠赵俨从中协调，才没酿出祸端。

这两个和张辽发生龃龉的人中，乐进是曹操帐下的老部下，而于禁虽然最初是鲍信的部下，但是以鲍信和曹操的亲密关系，于禁也算得上是曹操的铁杆班底了，这两个人无疑都比张辽根正苗红得多。

眼见张辽这个有着黑历史的降将功勋越立越多，已经到了跟自己平起平坐的地位，乐进和于禁心中肯定是不服气的。

当然他二人至多也就是对张辽有些看法而已，还不至于跟他发生什么无法化解的矛盾，而另一位曹操手下的宿将李典，说和张辽有着深仇大恨也不为过。

李典所属的李氏一族，从他的从父李乾这一辈，就开始带着家族部曲跟随曹操东征西讨，资历是非常深的。后来曹操东征徐州时，兖州遭到吕布的偷袭，一时间情况万分危急，最终留守后方的李乾因为拒绝投降而被杀害。这就导致李典跟吕布结下了血仇，虽然张辽并非首恶，但他难免会迁怒于这个吕布的旧将。

如今曹操让张辽镇守合肥，却给他搭配了素有旧怨的乐进和李典，这并不寻常。此三人之间不和这一点，曹操不会不清楚，如此安排恐怕另有深意。

仔细推敲一下，其中主要原因很可能就是曹操始终没有百分之百地信任张辽，不敢让他独掌兵权，而这一结论的根据就是此战的主将其实并非张辽，而是乐进。

表面上看张辽在合肥之战中大放光彩，很多人都认为他才是此战中的主将，而乐进和李典只是两个配角，其实这完全是误解。

在官职和地位方面，乐进并不低于张辽。乐进于兴平元年（194）就因功获封广昌亭侯，张辽于建安十一年（206）才因功加封为都亭侯。论爵位双方都是亭侯，论官职都是六品杂号将军，论权力都是假节。根据《宋书·百官志》的记载，乐进这个折冲将军地位还在张辽的荡寇将军之上。战后乐进晋升为三品右将军，而张辽则是四品征东将军，可见至少在明面上，官方还是认为乐进的功劳要大于张辽。

那么，结论就显而易见了，岂有主将功劳小于副将的道理？

由此看来，张辽是要受到乐进的节制的，居于从属地位，而张辽想必也有这个觉悟。

这其实已经不是第一次了，当初讨伐昌豨的时候，张辽就要受夏侯渊的节制；后来讨伐陈兰，虽然让张辽做了主将，但却给他身边安排了一个地位官职接近的张郃来制约他。

总之，曹操始终都没有让张辽完全掌握兵权，比起张辽，曹操肯定更信任更早跟随自己的乐进。

从上面这些事实可以看出，曹操虽然可以放心地在军事上依仗张辽，但却会在明里暗里对他进行一些制约，不让其独掌兵权。

如今曹操的意图就是让最可靠的乐进作为合肥的最高指挥官掌控全局，这样内部便绝不会生乱。因为乐进可以协调矛盾较深的张辽和李典二人的关系，而能力最强的张辽则可以尽情发挥他的军事才干，这样的安排也算考虑周全。

很快，孙权的十万大军便以泰山压顶之势包围了合肥，最后的考验终于来了。

当初曹操临走前给护军薛悌留下一封锦囊妙计，嘱托说等敌军兵临城下后再看，这次时机已到，众人便将锦囊打开，只见上面写道："等孙权到达后，让张辽和李典领兵出战，乐进守城，薛悌作为护军不可上阵作战。"

从这一安排也可以清楚地看出几人的地位高下，乐进坐镇大本营自然是主将；外出作战的张辽和李典无疑是副将；薛悌作为护军是将领属官，主要职责是参与军事谋划。

当时诸将却对曹操这一安排不甚理解，在他们看来，孙权的军队是己方的十倍以上，据城死守还有一线生机，出城交战岂不是自寻死路吗？他们的想法并非没有道理，此时出城作战就是散地作战，一旦战事不顺，将士们由于交战地点距离家乡太近很容易开小差一哄而散，所以正确做法是坚壁清野，这样就变成了死地作战。

《孙子兵法》有言：

> 疾战则存，不疾战则亡者，为死地。……死地则战。

死地作战可以激发士气，毕竟逃无可逃，只能殊死搏斗。而对于进攻者一方来说，他们是轻地作战，按照杜牧对《孙子兵法》的注解：

> 兵法之所谓轻地者，出军行师，始入敌境，未背险要，士卒思还，难进易退，以入为难，故曰轻地也。当必选精骑，密有所伏，敌人卒至，击之勿疑，若是不至，逾之速去。（《十一家注孙子校理·九地篇》）

轻地作战忌讳攻坚，一旦受挫，士卒人心思归之下就会士气大跌。这时候应该先瞄准容易达成的军事目标，比如攻占一个小城，或者袭击对方补给线等，总之一定要避开坚城。如果对方敢出击，那么正中我方下怀，因为敌军是散地作战，于战不利。

所以说，如果按照正常的思路，曹操的方案几乎无胜算，这也是诸将不理解的主要原因。

这些道理，久经战阵的张辽自然清楚，但他依旧有把握。

张辽表示："曹公远在汉中，若等援兵来到，合肥早就被攻破了。所以曹公才会指示我们趁着敌军还没有完成合围时先打对方一个立足未稳，以此来挫伤敌军气势，安我军心，只有这样才能守住城池。"

张辽看出孙权是打算十则围之，但这样对方兵力就不会太集中，自己虽然兵少但却可以在局部挽回一些劣势。

况且，此时东吴军队初来乍到还没彻底形成包围圈，等到合肥被围得水泄不通，到时候想出都出不去了，那才真正是死路一条。

其实，散地作战也不是完全不可行，只是胜负参半的时候不能开战，但如果有信心取胜，主动进攻也无不可，毕竟打了胜仗的话，士卒就没道理逃亡了。

在兵力劣势的情况下主动出击，必须得有一位擅长临阵指挥且能冲锋陷阵的大将，而张辽正好符合这个条件。

当初白狼山之战，曹军只有先锋赶到战场，而主力尚未抵达，兵力少于乌桓，因此诸将皆胆怯。这时只有张辽力主速战，曹操甚为嘉许，"以所持麾授辽"，最终一战功成。麾就是指挥军队的令旗。

汉代著作《淮南子》记载："军之持麾者，妄指则乱矣。"这充分证明了持麾者的重要性，因为他就是全军的作战总指挥，一旦指挥者出现失误则全军大乱，责任十分重大。

白狼山一战，张辽作为前敌指挥官，临危不乱，以少胜多，这一光辉战绩足以证明，带领劣势兵力冲锋陷阵，张辽绝对经验丰富。

按照曹操密计中的安排，李典也是要一起出战的，但他却和张辽一向不睦，因此张辽担心李典不配合。不过李典却表示说："此国家大事，顾君计何如耳，吾可以私憾而忘公义乎！"这是国家大事，我岂是因私废公之人？

李典如此通情达理，主要因为他并非那种不学无术的武将，相反却是一名儒将。

《三国志·李典传》记载李典：

> 好学问，贵儒雅，不与诸将争功。敬贤士大夫，恂恂若不及，军中称其长者。

这样的人自然明白是非轻重，当然，中间肯定也少不了乐进的居中协调。

这里又可以看出曹操人事安排的艺术。乐进和张辽虽然关系也不太好，但不过是些小摩擦，比起李典和张辽的仇恨就不算什么了，让张辽出城作战，乐进也绝不至于为这点微不足道的小恩怨去陷害他。

李典则有所不同，虽然他知书达理，但凡事总有个万一。如果他们二人一个守城一个出城，一旦真的有人丧失理智公报私仇，那就大势去矣，这种事并不是完全不可能发生。

二人一同出击，大敌当前之下反而能精诚合作，同时也能起到互相监督的作用，可谓一举两得。

张辽和李典很快达成协议，出城一战是势在必行，为了打好这一战，张辽连夜从军中挑选出了八百精兵组成敢死队，然后椎牛飨士。

所谓椎牛飨士，就是杀牛犒赏士卒，当初光武帝麾下的吴汉与梁王刘永手下大将周建交手，虽然初战不利，但吴汉回去后椎牛飨士，结果士气高涨，最终大获全胜。

这里张辽效仿吴汉故事，想必是要讨个好彩头吧，而他次日也确实在此战中走上了人生巅峰。

第四节　逍遥津孙权丧胆

到了决战之日，天明时分，张辽率领八百勇士来到两军阵前，只见他身披战甲，手持大戟，叫人望而生畏。

随着隆隆的战鼓响起，张辽一马当先攻入敌阵，连杀了几十名吴军和两个将领，同时大喊着自己的姓名，在军阵中左突右冲，横行无忌。

这次张辽采取的依旧是斩首战术，只要干掉对方统帅，敌军群龙无首之下自然会陷入混乱，到时候即使兵力再多也没有意义，因为人数越多反而越乱，那样的话一场大胜就手到擒来了。当初白狼山之战时，张辽作为实际指挥官就是用的这一招。

张辽的八百勇士所向披靡，很快就冲到了东吴的中军位置，只见面前一杆大旗高高飘扬，那便是孙权的帅旗。眼见胜利在望，张辽手下的士卒更是气势如虹。

此时东吴军队一触即溃，大将陈武当场阵亡，宋谦和徐盛为之胆寒，纷纷率部逃窜。这时候多亏潘璋力挽狂澜，他拦住败军去路并斩杀两名逃兵，稍稍挽回了一丝颓势。

孙权见状大惊失色，他身边众人也不知所措，无奈之下只好暂时转进（在防御战中撤出与敌交战，争取反应时间），带人跑到山顶避难。据《三国志·张辽传》记载，当时孙权"走登高冢，以长戟自守"，方才稳住阵脚，可见处境的窘迫。

张辽在山脚下大呼孙权下来交战，孙权也不敢回应，而这时他突然发现张辽的突击队其实并没有多少人，大喜之下立刻召集士兵将其团团围住。

张辽临危不惧，拼力杀出一条血路，带着几十个人冲了出来。

余者大呼："将军要抛弃我们了吗？"

张辽闻言杀了个回马枪，将其余士卒都救了出来，东吴军队"人马皆披靡"，根本不敢阻拦，任凭孙权如何呼喝也无济于事。

大战从清晨一直打到中午，东吴军队心惊胆寒，无心再战，张辽这才得胜回城。

此战可以说是彻底摧毁了东吴军队的胆气，本来轻地作战就是要抓住敌人的弱点进行打击，力争尽快取得战果提升士气，结果不仅没能达到目的，反而一败涂地。

眼睁睁看着敌军区区八百人在自己数万大军中如狼入羊群，东吴军队的士气已经跌落到谷底。军队已经毫无战意，而且军中又发生了疫情，在这种情况下及时撤兵是最好的选择。

孙子说："夫钝兵挫锐，虽有智者不能善其后。"韩非子也提到："万乘之国莫敢自顿于坚城之下。"

一支军队到了这个地步就非常危险了，已经到了大败的边缘。在这危急时刻，孙权还是展现出了应有的冷静。

论军事才能，孙权确实平庸。但他有一点好处，那就是能及时止损，善于保存实力，而绝对不会去赌国运。

这一点说起来容易做起来难，因为这是要承受极大压力的，很多人虽然明知道及时止损是最优解，但就是不肯轻易放弃，总是抱有一丝幻想。正所谓当局者迷，旁观者清。作为当局者，多少名将在这上面吃了大亏，他们不是不懂兵法，而是没法战胜自己的心魔。

孙权就具备这种优秀的素质，他后来两次进攻合肥，只要战事不利就立刻撤退，而这次也不例外，在围城十几天后，孙权决定撤军了。

从合肥撤退时，孙权为了挽回一些颜面并树立自己的威信，决定亲自殿后。

在合肥之南,有一条小河向南注入巢湖,这条河就是施水,今天叫作南淝河。当时曹魏还没有修建合肥新城,乐进和张辽等人防守的是之前扬州刺史刘馥主持修建的旧城,位于施水以北,在今合肥市庐阳区四里河一带。因此孙权大军在南撤时必须要渡过施水,而渡河的必经之路就是著名的逍遥津。

其实之前的战斗东吴只是吃了个小亏,并非大败,孙权判断曹军不会追击,因为对方毕竟兵少,而且已经达到了作战目的,没必要节外生枝。另外,他还看到曹军没有船只,就更加放心了,到了河面上自然是东吴的天下。但孙权还是太大意了,这个疏忽几乎酿成了大祸。

曹军其实并非没有船只,只不过张辽把船藏起来了,藏在合肥城西北的一个小水潭藏舟浦里面。张辽只是暂时隐藏实力,好钢要用在刀刃上。

此时大部队已经从逍遥津渡过施水,北岸只剩孙权的亲兵车下虎士一千多人,以及吕蒙、蒋钦、凌统、甘宁的部曲。其中凌统所部有三百人,其余诸将虽然兵力不详,但总体看来,满打满算也就是三千人了。

吴军的动向,城头上的张辽看得真真切切,这是个千载难逢的好机会,敌军已被河流分为两段,现在在施水北岸曹军才是优势一方。

张辽转瞬即至,孙权这两三千人立刻陷入了巨大的危机,想叫已经撤到南岸的部队回援根本来不及。

在生死关头,东吴的将领们还是很可靠的,他们拼死力战,给孙权创造逃脱的机会。其中最亮眼的就是凌统,他的三百部曲

第三章 合肥之战

全部战死,但自己仍在奋战。

《三国志·凌统传》将当时凌统险象环生的战斗场景生动地记录了下来,为掩护孙权撤退,凌统"左右尽死,身亦被创",见孙权走远后才跳水潜泳逃了回去。

东吴诸将士的奋战给孙权争取了时间,他纵马逃至逍遥津浮桥边,可眼前的场景却让他心底一凉,原来浮桥已经被曹军破坏了,中间有个一丈多的缺口。这很可能是张辽水军的杰作。

难道竟要葬身于此吗?正在孙权万念俱灰之际,他的亲信谷利赶了过来,安慰道:"至尊勿须惊慌,请您牢牢抓住马鞍,我在后面鞭打以助马势,一定可以化险为夷。"

孙权别无他法,只能遵从谷利之言,只见他的骏马高速飞奔,在断桥处一跃而起,稳稳落在了南侧。

之前张辽八百勇士突击的时候,孙权及时跑上山,这对他来说也是一大幸事,因为这导致张辽没能看清他的长相,否则他的外形那么出众,只要张辽见过一次就不会忘记。

当时张辽俘虏了一些被留在逍遥津北的吴军,一问之下,才知那个紫胡子、长身短腿的将军正是孙权,但可惜已经把他放跑了,后来张辽跟乐进说起这事时也是追悔莫及。

这时候,贺齐率领三千人在逍遥津南迎接,孙权这才算是彻底安全了。

待登上大船,孙权设酒宴给自己压惊,席间贺齐走上前来泪流满面地说:"主公万金之躯,应处处小心,今天以身犯险几乎酿成大祸,我等无不担惊受怕,望主公能记住这个教训。"

虽然贺齐有点扫兴,但毕竟是一片真诚,看来自己断后之举确实起到了预期的效果,于是孙权便配合贺齐,承认了自己的错误。仗是打败了，但戏也做足了，总算不是一无所得。

这半个月的经历对他来说简直是噩梦一般，他不明白，自己有十倍以上的兵力优势，为什么会被打成这样？

其实这主要还得从孙权自己身上找原因，他的部署确实有一些问题。

在合肥城外的野战中，张辽在看到孙权上山后，只是想引他下山来战，但并没有攻山，这说明张辽也知道自己兵力不足，没有强攻的实力。

孙权既然能在战斗中迅速转移位置上山，说明他的指挥部离山头并不太远，如果他能一开始就把指挥部设在山上，那么即使张辽来攻也无须担忧了。

此外，他是在上山后才发现张辽其实兵力很少的，如果他一开始就在山上指挥，就能轻易发现这一点，从而很容易做出相应部署，将这支八百人的小部队迅速包围。而且这样一来孙权的帅旗也就不会轻易动摇，其部队的士气也就不会受到影响了。

在逍遥津之战中，孙权也犯了不少错误。

主帅殿后并不是不可以，但必须要确保安全，至少要在施水北岸边留一些大船方便迅速撤走，这样也不会弄得如此狼狈。另外，忽略了张辽藏起来的船只导致浮桥轻易被毁也是一大失误。

逍遥津之战在历史上名气很大，除张辽凭此一战封神以外，还因为此战对之后三国的形势发展产生了深远的影响。

这一战孙权虽然打得惨不忍睹，但从兵力和作战态度来看，他确实是想在合肥一线取得突破的，而这也就说明他在战略方针上暂时放弃了荆州。然而惨淡的结果却给孙权泼了一盆冷水，这也让他认清了一个事实：合肥基本是自己难以逾越的障碍。

第三章 合肥之战

在有了这个认识之后，孙权基本放弃了在合肥取得突破的想法，此后直至诸葛亮主政时期吴蜀两国重新结盟，他有十几年没再打过合肥的主意。

当然，建安二十四年（219）那次进攻合肥不能算在内，因为那是为袭取荆州做出的假象，这个我们后面再说。

总之，合肥之战的失败，对东吴的国策产生了很大影响，也为日后东吴背盟偷袭荆州埋下了伏笔。从这个角度看，张辽更是功不可没。

关于张辽还有这样一则家喻户晓的故事，据《太平御览》载，曹魏郎中鱼豢编写的史书《魏略》曾有记载：

> 张辽为孙权所围，辽溃围出，复入权众破走，由是威震江东。儿啼不肯止者，其父母以辽恐之。

合肥之战中张辽威震江东，后来江东小孩哭闹的时候，父母用张辽的名字进行恐吓，小孩立刻就不敢哭了，此后他就变成了江东儿童心中的梦魇。

这个故事的真伪如何呢？

其实，这则轶事在《三国志》裴松之注中并没有被加以引用，而是被宋代的《太平御览》注释引用了。那么这是否就说明此事有夸张的程度呢？

《魏略》这部书早就亡佚了，留下来的只有极少一部分，而且主要是通过后世史书的注解保留下来的，其中以裴松之的《三国志》注为主。

但未被引用不能说此事就是杜撰，我们能从鱼豢的作品中推测出此人的秉性。

鱼豢在记载高平陵之变时，曾写下了"太傅图逆"这样大不敬的字眼，可见他是个有董狐之风的史官。

近代学者张鹏一曾收集整理过《魏略》的残本，据他考证，鱼豢去世于西晋太康年间，而且未曾仕于晋朝。

由此可见鱼豢不愿做晋臣，而很可能是在潜心修史，这么有节操的人显然没有道理在一件小事上夸大其词。

此外，《太平御览》还引用了王沈编写的《魏书》，其中记载："江东小儿啼，恐之曰：'辽来，辽来！'无不止矣。"与《魏略》大同小异。

《太平御览》的注解并非孤证，早在唐代的少儿启蒙书籍《蒙求》中，就提到了"张辽止啼"这一典故，这更证明了其真实性。

更有意思的是，张辽的事迹漂洋过海传到日本后，"辽来辽来"这句话也变得家喻户晓，后来著名文学家吉川英治为了给人留下更深刻的印象，在他的作品《三国》中将之改为"辽来来"（遼来々），这更是让张辽名声大噪，甚至现在的三国游戏中还有这样的配音。

在张辽的奋战下，曹操对于淮南防线便高枕无忧了，他可以把主要力量调集到汉中和刘备争锋。

不过，此刻的刘备早已不复当初，他已经成了曹操不可轻视的对手，一场旷日持久的巅峰对决即将拉开序幕。

第四章 大战前奏

第一节　建国称王野心显

一般来讲，狭义上的汉中之战是从建安二十二年（217）年底刘备正式下定决心从曹操手里夺取汉中开始，直至建安二十四年（219）夏天曹操放弃汉中撤回长安结束。

但实际上，双方对汉中的争夺早在张鲁逃亡后不久就开始了。

自赤壁之战结束以来，刘备的势力发展非常迅速，除荆州三郡以外，还拿下了几乎整个成都平原，大体达成了《隆中对》的预定目标，也已经初步具备了和曹操正面对抗的实力。

这些年让刘备坐大并不是曹操有意放任造成的结果，而是在多种因素共同作用下，他无暇顾及刘备。

孙权在淮南战场上总是动作不断，这些牵扯了曹操很大的精力。而对于曹操来说，准备篡汉才是他的头等大事。

在建安十八年（213）年初的时候，曹操做了一件看似平常却极其重要的事，据《三国志·武帝纪》记载，当时朝廷"诏书并十四州，复为九州"。也就是说，在这个时候，东汉的十三刺史部制度被取消了，恢复为上古九州的行政区划。

或许有读者会产生疑问，因为《三国志》原文记载的是

"十四州"。其实,东汉十三州分别为十二个刺史部幽州、并州、青州、冀州、兖州、豫州、徐州、凉州、扬州、荆州、益州、交州以及帝国的都城洛阳所在的司隶校尉部(又称司隶、司州)。兴平元年(194)李傕控制朝廷时将凉州的河西四郡(武威郡、张掖郡、酒泉郡、敦煌郡)新设为雍州,所以到了建安年间,天下就是十四州而不是十三州了。

东汉的行政区划和上古时期有很大不同,传说在上古时代,大禹通过治水成为天下共主,随后他根据华夏大地的山川地理形势,将天下分为冀、兖、青、徐、扬、荆、豫、梁、雍九州,也就是禹贡九州。当然这种说法也只是传说而已,因为九州的概念如今已经在学术界形成共识,大概是在战国期间出现的。

但问题是,战国时期华夏的核心区域远比汉朝要小,另外,几百年过去了,水文地理状况等也有很大变化,彼时的区域划分方法到了三国时代已经不合时宜了,强行恢复古制并非人心所向。

不过曹操强行恢复九州当然不是无的放矢,他有着非常明确的目的。

恢复九州是王莽曾经做过的事,据《汉书·王莽传》记载,王莽曾在文书中提出要"州从《禹贡》为九,爵从周氏有五",他除了恢复九州,还要恢复周代的五等公爵制度,而在他的理论下,这两点似乎是并列存在的。

所谓五等爵位,也就是公、侯、伯、子、男。而汉朝的爵位制度就不同了,只有王、侯两级。其中根据白马之盟,非刘姓宗室不得封王,侯爵根据封地大小分为县侯、乡侯和亭侯。

曹操虽然没有一步到位将二者一并提出,但很明显他的第一个目的就是效仿王莽,恢复九州是第一步,之后曹操将会顺理成

第四章 大战前奏

章地恢复五等爵位，从而谋得国公之位，届时将距离篡位更进一步。

曹操的第二个目的就是要借新的制度来打击汉朝的权威，在实行全新区域划分的同时，削弱汉朝在地方上的影响力。

曹操的最后也是最重要的一个目的，就是要扩大自己的势力范围。

早在建安九年（204）曹操逐步消灭袁氏残余势力的时候，他就从朝廷谋得了冀州牧这一职位。

据《三国志·荀彧传》记载，当时有人很合时宜地劝说曹操：

宜复古置九州，则冀州所制者广大，天下服矣。

在东汉十三刺史部的区划系统下，冀州的范围并不大，也就比曹操原来的管辖地兖州稍大一些而已，远不能和上古冀州相比。这是因为幽州和并州在最初设立时分割了一部分冀州西部及北部的领土，而汉武帝时期设立司隶校尉，又分割了冀州南部的河东、河内二郡。

也就是说，在上古九州的体系下，冀州的范围远比汉朝时期要大，而这正是曹操想要的，恢复九州后便可以名正言顺地扩大自己的领地。

曹操对这样的提议自然是极为动心，不过荀彧却出来给他泼了一盆冷水。

荀彧的理由很简单，如果要恢复九州，那么冀州的范围就会大幅扩大，河东、冯翊、扶风、西河以及幽、并二州之地都会变成冀州的范围。这些地区还有很多势力没被平定，比如幽州袁熙和并州高干，而关中也是一片混乱。如此高调宣布将上述地区纳入麾下，那么当地割据势力就会人人自危，从而拥兵自保，很难归顺朝廷，因此不如等天下平定后再恢复九州不迟。

荀彧的真实想法我们不得而知，无论他是出于真心为曹操的发展作规划，还是在那个时候就对曹操的野心产生了忌惮，他的理由是非常正当的。

曹操经过一番慎重思考后接受了荀彧的意见，彼时恢复九州确实步子迈得太大了。

不过，荀彧所言确实有些夸张了，因为不管在什么区划系统之下，冯翊、扶风二郡都不属于冀州，此二郡之前是从雍州被分割出来划给司隶的，或许他是为了说服曹操才故意夸大其词吧。

可惜荀彧只能阻止曹操一时，却不能阻止曹操一世，两位昔日的亲密战友终于走上了对立面。

据《后汉书·荀彧传》记载，建安十七年（212），董昭等人建议曹操晋爵国公，把九锡都准备齐全了，在秘密询问荀彧时，荀彧却表示：

> 曹公本兴义兵，以匡振汉朝，虽勋庸崇著，犹秉忠贞之节。君子爱人以德，不宜如此。

首席谋臣反对，事情只好搁置，但曹操"心不能平"。

这一年曹操南征孙权，请荀彧来谯县劳军，从而将他留在军中。不久后荀彧生病，留在寿春养病，未能随军赴濡须前线，而这时他收到了曹操送来的食盒。

第四章 大战前奏

荀彧将盒子打开，发现里面空空如也，他一下子全都明白了。

士死称为"不禄"，曹操送来空食盒，就是要他无禄可食。事到如今，荀彧已经没有别的选择。

荀彧之死让曹操篡逆的最后一个阻力也不存在了，转过年来，恢复九州的计划就得以顺利实施。紧接着，曹操称公一事也被提上了日程。

当时汉献帝派出册封曹操为魏公的使者是御史大夫郗虑，这个人值得一提，因为他虽然名义上是汉臣，但很可能是曹操安排在汉献帝身边的亲信。

郗虑最早是荀彧举荐给曹操的，很可惜此人却并没有荀令君的风骨。

之前曹操任三公之一的司空时，出于打压另一位三公之一司徒赵温从而独霸朝廷的目的，于是打算废除三公恢复丞相。

那时曹操随便找了个"荐人不察"的罪名弹劾赵温，随后派遣侍中守光禄勋郗虑持节去罢免了赵温，可见当时的持节使郗虑已经是曹操的人了。另外，郗虑和孔融素来不睦，而曹操又嫉恨孔融，结果他便非常积极地为孔融罗织罪名，最终将其害死。

郗虑这种做派，若说他和曹操没有联系可能性是很低的，他能升任御史大夫应该也是曹操的投桃报李之举。而这次汉献帝能派郗虑前来给曹操晋爵，说明此事是大概率受曹操所迫。

曹操晋魏公后，立刻开始修建魏国宗庙社稷，为自己今后权力和地位的传承提供法理上的依据。同时，他又将从前自己丞相府的班底转变为魏国官员，比如前丞相府中军师荀攸、左军师凉茂、右军师毛玠就分别被任命为尚书令、尚书仆射和尚书。

曹操这样匆忙地组建自己的新班底，自然是为了将东汉朝廷一脚踢开从而自立门户，在这一阶段，他已经不再需要大汉这块招牌了。

到了建安十九年（214），随着曹操平定雍凉，他在朝中也取得了重大胜利，同年三月，天子下诏"使魏公位在诸侯王上"，并授予金印、红色绶带以及远游冠。

这个远游冠可不简单，它不是一般人可以佩戴的，据《后汉书·舆服下》记载：

> 远游冠，制如通天，有展筒横之于前，无山述，诸王所服也。

可见在汉朝时只有诸侯王才有佩戴的资格。曹操以一个国公的身份，却得到了超过诸侯王的地位，一方面显示出他的权威之大，另一方面也说明他在篡位之路上又取得了一个重大突破。但在曹操看来，朝中还有一大隐患，此事已经被搁置了十几年，这次他准备动手了。

这是一件发生在建安五年（200）的陈年往事，当时曹操以司空的身份挟天子而令诸侯，这引起了朝中很多人的不满。

很快董承案事发，其女董贵人也一并被诛杀，汉献帝以董贵人有孕在身为由向曹操求情却为其所拒，最终董贵人惨遭杀害。这一残暴举动引起了献帝皇后伏寿的恐惧，她当即写信给自己的父亲，言明了曹操的凶残，并希望父亲伏完能够制订秘密计划除掉曹操。

不过伏皇后明显是一厢情愿了，因为伏完根本就没有这个胆魄。

当初汉献帝刚落入曹操手中的时候，朝廷便任命伏完为辅国将军，仪同三司。

这个辅国将军在当时（曹魏前期）并非是什么不入流的杂号将军，在两汉之交时，刘永手下曾出现过这个官职（只是刘永是失败者，胜利者刘秀政权不承认而已）。

刘永也是和刘秀争夺过天下的割据势力，他起兵后立刻分别封弟弟刘防和刘少公为辅国大将军和御史大夫。这两人一文一武，其中刘防还排在刘少公之前，可以看出刘防以辅国大将军的身份成为刘永集团中的第二号人物。

如今曹操给了伏完这个职务，又让他地位等同于三公，虽无实权，其拉拢之意也再明显不过了。而其中的主要原因则是伏完这皇后之父的身份，让汉献帝身边的外戚站在自己一边，那这个皇帝也就彻底成了孤家寡人。

但伏完却不愿卷入这场纷争，他认为自己身为外戚却不能为皇帝分忧，反而让曹操大权独揽，这是自己的失职；而他也不愿投靠曹操，于是干脆推辞了任命，只做了个中散大夫的闲职，最后得以善终。

此人只求自保，又爱惜名声，所以根本没胆量和曹操作对，伏皇后这次是找错人了。

按照伏完胆小怕事的性格，他收到女儿的信后肯定是立即烧毁，而不会留下什么证据。然而现在曹操旧事重提，准备对伏皇后发难，肯定是有着确凿的证据，否则即使他权倾天下也不可能平白无故诬陷皇后。

笔者认为，或许只有一个解释，那就是曹操早就拿到了证据，比如派人到伏完府中做卧底，这对他来说不是什么难事，而且他在拿到证据后足足忍了十四年没有动手。

为何要这样处理呢？其实也很简单，原因有二。

其一，当时曹操处于内外交困之中。朝中针对他的阴谋接连不断，而外部又面临着袁绍的强大压力，事实上建安五年（200）下半年官渡之战就爆发了，曹操短时间内没有精力在朝中掀起第二次整治风暴。不久前曹操刚刚杀死董贵人，如果紧接着又要杀死伏皇后，那影响就太恶劣了，在争夺天下的关键一战之前行此大逆之举，实在是不利于收买人心。

其二，曹操还有着其他的想法。所谓不为小利，必有大谋，曹操有一个深远的计划。发现证据后立即除掉伏皇后又如何？终究还是得另立他人为皇后，那样也就会产生新的外戚。这个伏完虽然不是那么听话，但至少也不敢和自己作对，换了其他人，难保不会出现下一个董承，因此不如维持现状，这样一来伏皇后没有外援，也就掀不起什么风浪了。

到了建安十八年（213）曹操晋魏公后，他展开下一步行动的时机成熟了。这一年，他把自己的三个女儿强塞给汉献帝做贵人。

既然这个外戚让别人来做难以放心，那不如就留给自己吧。

但仅仅是贵人并不能满足曹操的胃口，若想让自己的女儿更进一步，那现任皇后伏寿就成了他的障碍，于是当年的事情再次被摆上台面。

这一次郗虑又做了曹操的走狗，建安十九年（214）十一月，他领头带着华歆进宫准备拿下皇后。

虽然实际动手对皇后极尽羞辱的是华歆，但郗虑作为行动的主要负责人，也绝对脱不了干系，这次事件足以让他被钉在历史的耻辱柱上。

伏皇后最终被幽禁而死，而她所生的两个儿子也都被曹操毒杀。曹操的目的很明显，就是要杀掉汉献帝的嫡子，让他的继承人今后也变成曹氏血脉。

转过年来正月，曹操便迫不及待地让他的女儿晋升为皇后，这一长达十四年的计划终于大功告成。

此时曹操的篡汉之路已经步入了快车道，随着次年平定张鲁，曹操即将更进一步。

第二节　曹操得陇不望蜀

位于曹操和刘备两大强权之间缓冲地带的张鲁势力覆灭后，两家之间的短暂平静即将宣告结束。这次双方的势力范围已经彻底接壤，展开一场大战便在所难免。

之前曹操抓住了孙刘两家在荆州剑拔弩张的绝好机会，先下手为强拿下了汉中，等刘备和孙权达成和解再把精力转移过去时，汉中早就成了曹操的囊中之物。

据《三国志·黄权传》记载，就在这时，黄权提出"若失汉中，则三巴不振，此为割蜀之股臂也"，刘备对此深以为然。

这时候张鲁正好南下逃往巴中，这给了刘备一个好机会。

张鲁虽然已经成了丧家之犬，但他在汉中经营多年，根基还在，如果能将张鲁收入麾下，便可以借助他的声望和人脉拉拢一些昔日旧将以及汉中本地大族,将来在对抗曹操的时候这也是一个助力。

因此刘备立刻接受了黄权的建议,准备去迎接张鲁。

这个任务的执行人也是黄权,他对此事应该非常积极,因为黄权就是巴西郡阆中出身,若汉中为曹操掌控,巴地便要直面压力。

可惜我本将心照明月,奈何明月照沟渠。张鲁对刘备极为不屑,随着那句著名的"宁为曹公作奴,不为刘备座上客",他最终选择了曹操,这让刘备的希望彻底破灭了。

张鲁做出这个选择也是很正常的事。首先,张鲁和刘璋是死对头,也多次交战,如今刘璋之前的部将大多投降刘备,到时候大家同殿为臣,总是很尴尬的。而且在仇敌环伺的处境中,张鲁的处境就很微妙了。

其次,曹操毕竟代表着大汉朝廷,而且天下大半为他所有,而刘备却只是蜗居于西南一隅,官职也只是左将军,爵位仅为宜城亭侯,和曹操相差太远,岂有舍强取弱之理?

最后也就是最重要的一点,张鲁盘踞汉中二十多年,他最大的本钱就是在当地的声望以及信众。如果降曹,曹操就必须利用他来安定当地人心,这样是事半功倍的。如果降刘,或许他在刘备将来反攻汉中时也能发挥召集旧部反曹的作用,但问题是当时刘备还在荆州与孙权纠缠,张鲁很可能并不知晓刘备集团的规划,因此他很难正确估量自己在降刘后究竟有多大价值。

目前的形势对于曹操极为有利,东线孙权在合肥铩羽而归,短期内再无进犯之力,有张辽坐镇可以高枕无忧;在荆州,三方势力也暂时处于一个平衡期。

第四章 大战前奏

这样一来，曹操就可以把主要精力继续投入在西线了，而如今夹在曹刘两家之间的张鲁又已经彻底倒向曹操，在如此巨大的优势下，于情于理都应该继续南征巴蜀，不能给刘备发展的机会，否则后患无穷。

持有这种观念的人在曹操阵营中也有不少，比如刘晔和司马懿，他们看法一致，都表示目前刘备刚刚击败刘璋夺取成都，目前还没有站稳脚跟，正是讨伐他的大好机会，若是养虎遗患，以后再想针对他就不容易了。

不过曹操却没有答应，据《晋书·宣帝纪》记载，当时他表示："人苦无足，既得陇右，复欲得蜀！"意思就是说自己不会像光武帝刘秀那样"得陇望蜀"。这又是为什么呢？

其实这并非曹操老迈昏聩或者缺乏进取心，其中的主要原因大概有两个。

一个是，曹操又打算在朝中更进一步了。

此时曹操的篡汉之心可以说是昭然若揭，但是这个事却急不得，必须一步一步来，虽然篡逆本身为人所不齿，不过该走的程序却一点也不能省，大体上还是要效仿当初王莽的先例。

当时曹操的爵位已经是魏公，下一步自然是称王了，但若想实现这一目标，最好还是要建立功勋，只有这样才具有说服力。

之前曹操彻底扫平河北后，没过几个月就做了丞相；后来建安十八年（213）正月在濡须对孙权取得了一场小胜，仅过了四个月就晋爵魏公；这次拿下了汉中，立下如此大功，正是称王的大好机会，曹操怎么会轻易放过呢？

当然，以上只是其中一部分原因，曹操毕竟也是一代雄主，不至于单纯为了个王号就荒废大业。他不愿此时和刘备开战应该还有另一层考虑，那就是他知道按照自己目前的情况并不适合继续扩大战端。

这一点曹操的对手其实也看得很透，刘备阵营中就有这么一个非常清醒的人，就是法正。

曹操在拿下汉中后不久就回到邺城去了，对此，法正说：

> 曹操一举而降张鲁，定汉中，不因此势以图巴、蜀，而留夏侯渊、张郃屯守，身遽北还，此非其智不逮而力不足也，必将内有忧偪故耳。（《三国志·法正传》）

法证认为曹操得汉中后没有南下进攻巴蜀而是返回邺城，并非他不愿趁势扩大战果，而是因为他力有未逮，他的内部要出问题了。

当然这并不是说曹操集团内部出了什么叛乱，法正无论多么足智多谋也不可能神机妙算到如此程度，他真实的意思是指曹操集团内部始终不够稳定，经常需要他亲自去控制局面。

事实上，相比刘备和孙权来说，曹操集团的稳定度确实是要更差一些的，这主要是因为政权性质的不同。

刘备和孙权（确切地说是江东孙氏政权）属于自主创业，无论他们的目标是割据称霸还是另造帝业，总之山高皇帝远，手下文臣武将几乎都是自己的亲信，所以受到的制约非常有限。

而曹操就不一样了，他选择了挟天子令诸侯，将朝廷掌握在自己手中，这就难免会受到那些所谓汉室忠臣的掣肘，只要曹操有出格的举动，就会遭到忠汉势力的巨大反弹。

也就是说，挟天子而令诸侯这件事是有两面性的，曹操既然选择高举汉朝这块招牌，选择享受这种大义名分带来的政治加成，那么他就注定会被这种力量所反噬，从而付出相应的代价，即面对不断的内部动荡。

从董承到吉本（又名吉平）再到魏讽，在曹操的统治下，反抗的浪潮始终就没有平息过，无论这些人是真心拥护汉室，抑或是仅仅为了争权夺利，但他们至少是以拥护汉室的名义与曹操为敌的，也给他带来了不小的麻烦。

相应的，曹操也在持续地打击这个群体。他任丞相而杀孔融，称魏公则隐诛荀彧，这都表明了一种顺我者昌、逆我者亡的态度。

不过曹操既然实行霸道的统治，这就需要他能时刻掌控朝廷、监视朝廷，绝不能长期远离朝廷。即便现在他已经另起炉灶建立了魏国，但新的大本营邺城也不见得就能多么安宁，总有人会趁着曹操外出征战的机会兴风作浪，上文提到的魏讽就是在邺城发动叛乱的。

这就是曹操政权的一个局限性，曹操有后顾之忧，出兵周期无法太久，而刘备在这一点上就灵活得多，即使平定巴蜀之战打了足足两年多，他也可以放心地把后方交给诸葛亮和关羽。

细数一下曹操以往的动态吧：官渡之战期间，他出征了七八个月；南征刘表与赤壁之战，前后是五六个月；击破马超、韩遂则用时七个月；而外出时间最久的消灭袁氏残余以及平乌桓一战，曹操也只用了十到十一个月，从未超过一年。

曹操这次征讨汉中是建安二十年（215）三月份出发的，到张鲁正式投降已经是十一月份了，如今接近九个月过去，南下巴蜀绝非一朝一夕的事，倘若继续作战势必要超过一年，曹操此前从未外出过这么久，他肯定有些放心不下。

当初攻打汉中的时候，这里的险峻地形就给曹操留下了深刻的印象，据《三国志·刘晔传》记载，当时他表示："此妖妄之国耳，何能为有无？吾军少食，不如速还。"一度有了退兵的打算。

稍微好走一些的陈仓道尚且如此，通向蜀中的金牛道只能更加艰险，更何况那里还有闻名天下的险关剑阁。

曹操心里清楚，此时南下进攻巴蜀，必然是一场旷日持久的战争，此时的刘备已经完成了华丽的转身，实力不容小觑，绝非可以轻易剿灭。

当初刘备消灭刘璋尚且用时近三年，要是自己陷在巴蜀，绝对无法轻易脱身，到时候朝中不知道要生出什么乱子，这才是曹操没有继续南下的真正原因。

所以说，当时曹操需要考虑的不仅仅是战略问题，还必须考虑政治问题，因为身处的位置不一样，所以考虑问题的角度也不一样。而刘晔和司马懿只是谋臣，以他们当时的身份地位，没有顾及这些深层次的东西也不奇怪。

其实曹操倒也没有这么快就下决心回去，他在拒绝了刘晔的提议后又在汉中待了七天，期间有来自蜀地的归顺者，曹操从他们口中得知蜀地动乱四起，刘备拼命弹压也未能完全平息，于是再次询问刘晔是否还能进攻。这时，刘晔却说蜀地已经初定，不可征讨。

这件事基本反映出曹操那种犹豫的心态，他既想一鼓作气打垮刘备，又担心贸然出击不能取胜反而陷入持久战的泥潭，更放心不下朝中之事，最后冷静下来只好作罢。

建安二十年（215）年底，曹操最终下定决心回朝，临走时，把夏侯渊留在汉中主持大局，又留下张郃和徐晃做助手。

这些年夏侯渊的军旅生涯实在太顺了，连战连捷，曹操对他也给予了极高的评价。不过与此同时，曹操也看出了背后的隐患，夏侯渊有些过于志骄了，这样下去迟早要吃大亏。

曹操希望夏侯渊能够冷静沉稳一些，于是告诫他说：

> 为将当有怯弱时，不可但恃勇也。将当以勇为本，行之以智计；但知任勇，一匹夫敌耳。（《三国志·夏侯渊传》）

身为领军大将不能只靠蛮勇，也要依靠智谋，否则就是一介匹夫。

曹操此次放心地把汉中交给夏侯渊后返回邺城，或许他认为夏侯渊能够听进自己的话，可惜这只是曹操的一厢情愿，二人此一别竟成了永诀。

第三节　张飞巴西败张郃

虽然曹操暂时离开了汉中前线，但也并不表明他只希望守住目前的战果。毕竟在形势上曹操是优势一方，他的部署还是很有进攻性的。

《三国志》记载当初张鲁南下逃亡的地点是巴中，事实上汉末三国时代，巴中这个名字已不在行政区划，有的只是巴西郡、巴东郡和巴郡。

其中巴郡基本相当于今重庆市，是巴地的核心，巴东郡和巴西郡则是巴地连接外部的纽带，巴东郡向东经过长江三峡就能到达荆州南郡，而巴西郡向北经过米仓道便能到达汉中。

这三个郡合起来也就是黄权所说的"三巴不振"中的"三巴"，而张鲁所去的巴中则是指代整个巴地，也基本等同于前面所说的三巴。

在此期间，巴地的少数民族以朴胡和杜濩为首纷纷归顺曹操，值得一提的是，这次跟随朴胡和杜濩降曹的人中有一位未来的名将，他就是王平，此时还是个籍籍无名的小角色。

之后，曹操任命朴胡为巴东太守，杜濩为巴西太守，在巴蜀内打入了一个钉子。

其实这也是曹操为了日后进军巴蜀在打基础，如果能先在巴地站稳脚跟，就可以威胁刘备的侧翼，与荆州方向形成钳形攻势，这也是曹操在优势阶段做出的一个合理部署。具体安排则是让主帅夏侯渊坐镇汉中，而张郃负责将巴地的人口北迁到汉中。

这又是一个常规操作。在那个时代，敌对国家经常会把前线人口迁到后方而令边境地区荒废，后来邓艾提出在两淮屯田正是针对这一问题。

迁走前线的人口是为了避免被敌国掳走，之前曹操拿下汉中后，接受张既的建议将汉中几万户居民迁走以充实关中就有这一层考虑在里面，这是因为当时汉中是前线，关中是后方。

现在曹操希望继续扩张，将巴地变为前线，因此汉中即将变成新的后方，由此也可以看出曹操的战略并不保守。

第四章　大战前奏

为此，张郃一马当先进军巴西郡宕渠县（今四川达州市渠县东北），开始执行这一任务，令张飞名震天下的巴西之战一触即发。

论起张飞的光辉事迹，恐怕大家第一时间想起的应该是当阳桥头吓退曹军以及平定巴蜀之战中义释严颜。这两次张飞确实立了功，但若说起其中的含金量恐怕是要打一个折扣的。

可能有人会认为，当阳桥头张飞仅率二十多人殿后，却逼退曹军精骑五千，怎么能说没有含金量呢？其实那次张飞只是稍微拖延了一下曹军的步伐，给刘备争取到了一定的撤退时间。或许曹军先锋一开始不知虚实，没有轻举妄动，但他们很快就反应过来了，随后曹军精骑在曹纯的带领下发动进攻，将刘备军队的辎重和他的两个女儿一并俘获。

所以说，张飞的勇名主要是归功于《三国演义》的艺术加工，因为曹军别说没有百万，其先锋连一万都没有，至于吓死夏侯杰更是虚构的。

另外，严颜也并非如《三国演义》中所描述的那样弓马精熟，有万夫不当之勇，甚至他在刘璋属下也算不得高层人物，而只是一个郡守。此人之后在史书中再无登场，更没有参加过《三国演义》中描绘的定军山之战，所以应该也不是什么厉害角色。张飞擒获严颜一事，在一定程度上是被夸大了。

真正奠定张飞名将地位的一战是知名度并不太高的巴西之战，这一战中，他击败了曹操手下一流名将张郃，这也是他军事生涯中最高光的时刻。

张郃当先锋时一向战无不胜，之前击退马超对凉州的进犯和征讨汉中张鲁，他都是先锋大将，且战果辉煌，不过这一次却栽在了张飞手下。

前文提到，巴西郡是连接汉中和巴地的枢纽，因此在迁移人口的过程中，巴西郡至关重要。张郃既然南下巴西，那必然经过的是米仓道，而没有道理绕远路去走金牛道。

米仓道顾名思义就是米仓山中的山路。据《水经注》记载，北水（今巴河）发源于汉中郡南郑县，它穿越米仓山流入巴西郡，因此米仓道大体是依据北水河谷开辟的。北水下游名叫潜水（今渠江），因为流经宕渠县所以也叫宕渠水，之后宕渠水一路南下在今重庆市合川区一带汇入干流嘉陵江。

因此，从汉中走米仓道进入巴地基本就相当于顺着北水和宕渠水一路南下，最终可以直达巴郡郡治江州一带。沿着米仓道南下，出米仓山山区后地势不再那么险要，逐渐进入比较平缓的丘陵地区，而之间的缓冲地带就是宕渠县之所在。

另外，在宕渠县境内，宕渠水又有一条支流东关水（今州河）自东向西汇入，而这则是从巴东郡前往巴西郡的一条水路。

这样宕渠县的地形就一目了然了，它位于宕渠水和东关水交汇河口处的枢纽之地，而张郃的目的正是迁走巴西、巴东两郡百姓，因此宕渠县便是张郃此次行动的关键，势必要确保此地的安全。

张郃这么明目张胆地迁移人口，在刘备看来有些过于嚣张。之前刘备忙着在荆州和孙权对峙，眼睁睁看着汉中落入曹操手里，现在曹操又把触手伸到了巴蜀，他不能再无动于衷。尤其张郃针对的还是巴西郡，对于刚刚当上巴西太守的张飞来说更是忍无可忍，因此把张郃赶出巴蜀一事，张飞当仁不让。

张郃心里肯定清楚刘备不会放任他自由行动，必然出兵阻

第四章 大战前奏

挠,他一定得有个预案才行。

为了保护宕渠县这个枢纽地带,张郃没有选择在当地驻守,而是把前沿阵地继续南移,进军蒙头、荡石。这个蒙头、荡石其实就在一个地方,那就是位于宕渠县南几十里的八蒙山,而《三国志·先主传》说"先主令张飞进兵宕渠,与郃等战于瓦口",其实都是一个地方。瓦口同样在宕渠水之畔,也就是说,要想进攻宕渠县,非要先拿下瓦口不可。

今四川省确实有一座瓦口隘,位于嘉陵江畔的阆中市,但这就很奇怪了,张郃明明是沿着宕渠水南下,怎么会跑到嘉陵江流域去呢?

原来此瓦口非彼瓦口,现存的瓦口隘和历史上真正的瓦口并无任何关系。这其实还是《三国演义》造成的影响,按《三国演义》的描述,张飞与张郃的交战地点距离阆中只有三十里,这就给世人造成了一种瓦口在阆中附近的印象。事实上这是完全不正确的,瓦口在阆中附近这种记录,自三国以后一千多年都没出现过,而首次出现是在清代乾隆年间的地方志中,在时间上正好处于小说《三国演义》开始流行之后。

现在的瓦口隘应该是清代阆中地方政府借着《三国演义》的名气附会而修建的,而双方真正的交锋地点则是在宕渠水之畔无疑。其实这也不算什么新鲜事,毕竟到了今天湖北省内还在争论赤壁究竟在哪,各地都希望用名胜提升自己的知名度。

再说回巴西之战。张飞对此战极为重视,他率领精兵一万余人进兵瓦口,摆出与张郃决战的架势。张郃一方虽然兵力不详,无法判断双方谁占据优势,但可以肯定张郃的主要目的在于给迁移百姓争取时间,因此并不会急于交战,于是双方在此对峙了五十多天。

张郃确实是一位名将，在《三国志·张郃传》中，陈寿评价张郃"识变数，善处营陈，料战势地形，无不如计"，他善于安营布阵，善于根据地形制订作战计划。这一点也不假，后来在街亭对战马谡就是他的巅峰之作，那一战他将地形特点运用到了极致。

这一次也不例外，他把驻地选择设在瓦口是非常明智的。瓦口所在的八蒙山位于宕渠水西岸，扼守着宕渠水河谷这一唯一可以通行的道路。

按说张郃的部署万无一失，想必他也对附近的地形有所了解，针对其特点进行的一系列布局也比较合理，但为何最终却大败而归呢？

笔者认为，张郃还是吃了对地形了解不够具体的亏，对巴西郡来说他是初来乍到，对当地应该只有一个粗略的了解，而很多只有当地人才清楚的细节他就不知道了。

在这一点上，张飞的优势就很明显了。他是巴西太守，手下肯定会有一些精熟当地地势的人，这是张郃所不具备的。果不其然，张飞找到了一条鲜为人知的小路，他通过此路迂回到张郃军后方，截断了曹军归路。

如此神兵天降，显然是出乎张郃预料的，再加上山路狭窄，张郃军首尾不能相顾，因此大败。张郃见后路被断，当机立断弃马登山，仅带着十几个人翻山越岭逃出生天，随后撤回汉中。

令人疑惑不解的是，遭遇大败的张郃战后竟然升官了，从杂号将军中较低级的偏将军升到了较高级的荡寇将军，这又是怎么回事呢？

笔者认为这应该有两个原因。第一就是张郃虽败但并非全军覆没，他的损失没有这么大，折损的是进军瓦口的先头部队而并非全部。

这样推断是有依据的，因为《三国志·张飞传》记载张郃是"引军还南郑"，损失想必比较有限，这一点无论张飞传记、刘备传记还是张郃传记都是一致的，因此可以确信。

第二，张郃真的就失败了吗？笔者认为这一点也值得商榷。

要知道战争的胜负不全看斩首多少敌军，而是要看是否达到战略目的。张郃的基本战略目的是迁移百姓，而夺取三巴则是一个额外的预期，因此，我们只要看他是否达到基本目标就可以了。

从宕渠县到南郑大约是七百里，古代正常行军速度大约每天三十里，当然百姓的行进速度不可能这么快，但是每天十余里还是可以的。据《三国志·先主传》记载，当年当阳之战时，刘备携带百姓躲避曹操兵锋，他的队伍"众十余万，辎重数千两，日行十余里"。可见百姓行进速度大抵如此。

而张郃在瓦口阻击张飞，坚持了五十多天，这个时间足够百姓迁走了，至少也够大部分人迁走。也就是说，张郃付出了一场不太惨重的失败，却成功地达到了基本战略目的，这个结果是完全可以接受的，我想这就是曹操对其没有惩罚反而进行嘉奖的原因。

对于张飞来说，此战也是他一生的巅峰之作，虽然战果未必多大，但意义却非常深远。

此战将曹操势力彻底赶出了巴蜀，将之前的劣势扳回了一部分。要知道张郃在巴西的时候，形势已经非常严峻，一旦被他站稳脚跟，成都将受到两个方向的威胁。

蜀汉谋臣廖立虽然平时说话不好听，但他所说的"既亡汉中，使夏侯渊、张郃深入于巴，几丧一州"这句话确实在一定程度上属实。已经丢了汉中，再丢失三巴的话，对于益州政权来说几乎就是灭顶之灾了。

如今张郃已经退走，彻底收复三巴的条件已经成熟。很快，刘备用黄权之计击败了曹操任命的巴东太守朴胡和巴西太守杜濩，至此刘备掌控了整个巴蜀地区。

巴西之战是汉中争夺的前哨战，刘备先声夺人，逐渐开始扭转不利局面，在总体战略态势上也即将转入进攻阶段。

第四节　战下辩出师不利

就在曹操忙于筹备称王、立太子等诸多事宜的时候，刘备同样没有浪费时间，在休养生息的同时，也在筹划着下一步的军事行动。

之前张飞于巴西郡大破张郃，相当于把曹操的势力彻底赶出了巴蜀，此后攻守之势互换，这下轮到刘备一方主动进攻了。

在这样的背景下，建安二十二年（217）年底，刘备帐下首席谋士法正感觉时机已经成熟，便提出了自己的见解：

> 曹操一举而降张鲁，定汉中，不因此势以图巴、蜀，而留夏侯渊、张郃屯守，身遽北还，此非其智不逮而力不足也，必将内有忧偪故耳。今策渊、郃才略，不

> 胜国之将帅，举众往讨，则必可克。克之之日，广农积
> 谷，观衅伺隙，上可以倾覆寇敌，尊奖王室，中可以蚕
> 食雍、凉，广拓境土，下可以固守要害，为持久之计。
> 此盖天以与我，时不可失也。（《三国志·法正传》）

这便是著名的"汉中三策"，也成了之后蜀汉几十年间对外战略的基本政策。

所谓汉中三策，大概总结起来就是远期、中期和近期三个目标。远期目标为消灭曹操，匡扶汉室；中期目标为蚕食雍、凉，扩充实力；近期目标则是稳守汉中，伺机待发。

从中我们可以看到，这三策其实并不冲突，只是实现的先后顺序有所不同，但有一点是大前提，即必须夺下汉中，否则一切都是空谈。

对于这一目标，法正也极有把握，他的理由主要有两点。第一，曹操集团内部可能会生出变故，所以不得不亲自回去稳定局面而无力继续进犯；第二，汉中守将夏侯渊和张郃的武略并不胜过我方将帅，因此完全有一战之力。

关于第一点，在"曹操得陇不望蜀"那一节中，我们作过详细分析，这里不再赘述，而第二点也在之前巴西之战中得到了一定的体现。

按法正的规划，就是要抓住曹操本人无暇顾及汉中，而当地守备力量又并不强大的窗口期大举进攻，趁曹操还没反应过来，将汉中收入囊中。即使曹操以后亲自来夺，彼时主客之势互换，优势也不在对方了。

至于拿下汉中以后，那就是囤积钱粮兵马，等待时机逐步实

现汉中三策中的三个目标了。

从后续的发展来看，法正所料一点不差，这也证明了汉中三策的深谋远虑。如此良策，刘备自然是欣然采纳，汉中大战就此拉开序幕。

刘备的战略部署是让张飞、马超、吴兰作为先头部队先行出发，进军武都郡下辩（今甘肃成县一带），而进攻汉中的主力部队则由他亲自率领。

这一安排的目的就是率先占据有利位置，即兵法中所说的"争地"。

孙子曰："我得则利，彼得亦利者，为争地。"率先占领下辩这一争地，可以牵制曹操关中方向的援军，主力大军则争取在这段时间杀入汉中盆地，自然对形势大为有利。

曾经被张鲁破坏的褒斜栈道很可能并未修缮完工，曹操进军汉中的必经之路仍然是陈仓道，而陈仓道正好经过武都郡，在这里阻击，曹操就很难对汉中进行支援了，因此，曹操是必须要来争夺武都的。

作为武都郡郡治，下辩也有着非常重要的意义，它扼守在祁山道上，可以阻击从陇右方向南下的援军。不过，占据下辩并不能阻断陈仓道，真正能达成这一目标的是占据陈仓道与祁山道的交会处，也就是河池（今甘肃省徽县一带），这样一来才可以同时抵御关中和陇右方向的援军。但在当时的情况下，这一方案可能并不是最优选，主要原因就是河池并不利于防守。

据《三国志·武帝纪》记载，之前曹操征讨张鲁时，在武都遭遇了当地氐人的激烈抵抗，在到达河池后，氐王窦茂率一万多人恃险据守，最后惨败，而曹操"攻屠之"。这次战役对当地必然造成了很大程度的破坏，而曹操很有可能也对河池的城防系统进行了大肆破坏，以免将来再次有人恃险作乱。因此在刘备军先锋北上之时，河池地区很可能没有状况良好的城池可供驻守。

另外，驻守下辩或有其优势。因为就在一年前建安二十一年（216）的时候，夏侯渊曾对下辩的羌氏发动过一次打击，在下辩缴获粮草十几万斛。这些粮草的下落无法探究，不过有可能并未全部运回南郑。也就是说目前下辩大概率是有粮草的，这也是利于驻守的一个优势。

再看刘备一方本次出兵的将领阵容，三名大将分别是张飞、马超、吴兰。

吴兰只是个小角色，事迹不详，而且也没有确凿证据证明他和刘备之妻吴夫人有什么关系，因此这里不作讨论。而张飞作为刘备身边最亲信的将领，也自不必说。这里我们主要来看看马超。

刘备这支先头部队的主将自然是张飞，而马超的作用则主要是利用他在羌氏人中的威望拉拢盟友。

之前河池氏人遭到曹军的沉重打击，氏人在河池的影响力已经很薄弱了，马超去了也没有太大的意义。而夏侯渊之前对下辩的打击力度要轻得多，因此这里的羌氏人势力明显要强于河池。

也就是说，马超只有在下辩才能发挥出自己的价值来。后续发展也证明了这一点，随着刘备军先锋进军下辩，当地氏王雷定立刻发动了一万多人响应。

以上应该就是刘备军先锋选择下辩而不是河池作为据点的主要原因。而且下辩也并不是不能防备曹军从关中方向的增援，因为曹军增援部队不可能忽略下辩而直奔汉中，那样的话后路很可能会被下辩守军切断。屯兵下辩同样可以达到威慑陈仓道援军的目的。

不过，张飞他们这支先头部队人数应该不会太多，而他们北上的时候势必要经过汉中盆地西面的门户阳平关，而曹军在此地必然是有驻军的，他们就不怕遭到曹军的袭击吗？

事实上，张飞、马超等人并没有走大路，据《三国志·杨阜传》记载，当时刘备"遣张飞、马超等从沮道趣下辩"，可以得知他们走的是通过沮县的小路。沮县位于沮水之畔，作为沔水的支流，沿着沮水北上，便可不经过阳平关直接从金牛道转到陈仓道上，达到"暗渡陈仓"的目的。

值得一提的是，这一次出兵对马超来说也有重要的意义，他可以会一会老对手了。因为时任武都太守的正是当初和马超在陇右杀得难解难分的杨阜，两个人可以说是有着血海深仇。不过此时单凭杨阜肯定难以抵挡马超的兵锋，等待援军是必然的。

曹操收到刘备军到沮县的消息后立刻感到了事态的严重性，于是"遣曹洪拒之"。这一记录出自《三国志·武帝纪》，而曹洪本传竟然对此只字未提，考虑到下辩之战是一场胜利，这样就很不寻常了。

事实上，曹洪自从曹操南征荆州之后，就在史书上销声匿迹了，距他再次于史书中出现，中间足足有着十年的空白。早年的曹洪跟随曹操东征西讨，曾是曹操的救命恩人；官渡之战时，曹操亲自领兵袭击袁绍辎重，曹洪守大本营没有被袁绍攻破，立下大功，由此可见，曹洪并非庸才。

曹魏宗室一代的将领中，夏侯惇、夏侯渊和曹仁的受重视程度都在曹洪之上，而且以上三人也分别独当一面。其中夏侯惇负责东线合肥，曹仁负责中线荆州，而夏侯渊负责西线汉中。偏偏只有曹洪被曹操弃用了，而且几乎是雪藏了十年之久，这又是为什么呢？

笔者认为很可能是因为曹洪在功成名就后逐渐暴露了本性，迅速腐化堕落，于是为曹操所不喜。其实这种苗头早就出现了，据《三国志》裴松之注引《魏略》记载，在十多年前曹操还是司空的时候，每年征调户税，曹操都会做表率，让县令根据自家家产收税（平赀），而当时谯县县令对曹洪家平赀时，把曹洪家的收税标准跟曹操定为同一等级，曹操便说："我家的资产哪有曹洪家多啊！"

建安九年（204）朝廷实行户调制，实际采用九品混通法，即按家资的多少将农户分成了九等进行平赀，征收不同量的棉和绢，原则是富户多交，贫户少交。曹操认为谯县县令把曹洪家的标准定低了，这当然不是夸赞，而是曹操对曹洪敛财行为的讽刺。

曹洪不光贪财，而且性格放荡，目无法度。下辩之战结束后，他竟然在庆功宴上找来一群衣着暴露的歌女表演。这一行为确实大为不妥，军中岂能有这种场面？何况战争还远未结束。于是杨阜站出来大声斥责，曹洪这才醒悟。

人和人之间就怕比较，夏侯惇"性清俭"，曹仁"严整奉法令"，他们的个人品行都远胜于曹洪。再加上曹操本来就是崇尚节俭的人，因此对其越发不喜，最终将其弃用。如果当时曹纯还在世的话，曹洪都不一定有上阵的机会。

说回此时，曹操是真心想要重新启用曹洪了吗？当然不是。据《三国志·辛毗传》记载，曹操在给辛毗的手令中说得明明

白白:

> 昔高祖贪财好色,而良、平匡其过失。今佐治、文烈忧不轻矣。

汉高祖贪财好色,幸有张良、陈平匡正,现在佐治(辛毗的表字)和文烈(曹休的表字)在曹洪身边,你们的担子可不轻,得好好监督。

其实曹操真正想用的是曹休,曹家千里驹由此闪亮登场。

曹休是曹魏宗室二代中的佼佼者,曹操对其非常器重,称赞他是曹家的千里马,出征的时候也时常带着他。这些年耳濡目染下来,曹休已经积累了足够的军事素养,现在就等上阵的机会了。

这一次援救武都,曹休的职位是骑都尉、参军。不过曹操却对他说:"你虽然任职参军,但其实是主帅。"可知他的能力已经得到了认可。只是曹休毕竟资历太浅,直接任命为主将不合适,因此只好委派老资历的曹洪,而实际指挥权还是交给了曹休。曹洪也明白自己的处境,把军中大小事务全都委托给曹休。

这对第一次单独领兵的曹休来说是个严峻的考验。刘备主力部队是要夺取汉中的,这支偏师任务是牵制、阻援,兵力虽然不一定占优,但张飞和马超都是沙场宿将,他必须认真应对。

刘备听闻曹军南下支援后,选择了分兵御敌,他命张飞率领一部分兵力进军固山,做出截断曹军后路的假象,而吴兰则负责防守下辩。至于马超的动向,史书没有提及,或许是去招募羌氏了。

固山具体位置难以考证,宋代史学著作《蜀鉴》中也说固山地点不详。目前似乎普遍认为固山在下辩西北，这也是谭其骧主编的《中国历史地图集》中给出的结论，但笔者认为这种观点有待商榷。

　　首先，从下辩往西北方向行进的话，那就是要前往陇右了，而且之后也再没有向东的道路了，这样一来，张飞还如何去断从东面陈仓道而来的曹军后路呢？莫非要向西迂回到祁山、上邽，然后再翻越陇山进攻陈仓吗？这种方案要奔波上千里，可能性微乎其微，因此不做探讨。

　　其次，此战过后，张飞和马超带着残兵败将前往汉中和刘备汇合，可是曹军虽然占领下辩，却没有去汉中，这又是一个矛盾点，与后续战况发展不符。

　　所以，如果张飞驻军的固山在下辩西北的话，曹军诸将应该不会作出他打算断本方后路的判断，而是会认为他将侵扰陇右。

　　基于上述判断，笔者认为固山更有可能在下辩之南。

　　流经下辩一带的左溪水，今叫作青泥河，向东南方向注入嘉陵江，而青泥河河口正好就在陈仓道附近。

　　嘉陵江发源自陈仓道起始点大散关的西南一带，而陈仓古道前半段基本也是沿着嘉陵江上游河谷修建的，因此嘉陵江上游也叫作故道水，而陈仓道也叫故道或者嘉陵道。

　　如果固山在下辩之南，张飞带一支部队沿着左溪水向东南进发，到达固山后原地驻守，一旦发现曹军经过河池向西进发，马上进至左溪水与嘉陵江的交汇处，然后转入陈仓道北上夺取河池，就能达到断曹军后路的目的了。

　　这就是笔者判断固山在下辩之南的理由，固山很可能是左溪水流域的某座山。

建安二十三年（218）三月，曹军进至武都。听闻张飞的动向后，诸将议论纷纷，不敢轻举妄动。

据《三国志·曹休传》记载，这时候曹休完美地尽到了主帅的责任，站出来作出了精准的判断：

> 贼实断道者，当伏兵潜行。今乃先张声势，此其不能也。宜及其未集，促击兰，兰破则飞自走矣。

张飞若是真想断我们的后路，必然是暗中行事，唯恐被我们发觉。如今他大张旗鼓，那自然是迷惑我们。我们应该抓住这个机会先击破下辩的吴兰，张飞也就不足为虑了。

曹休作出这种判断的依据应该是他知道张飞兵力有限，没有能力在截断本方后路的同时守住下辩，所以只能虚张声势，而下辩防守必然空虚，正是绝好的进攻机会。

曹洪对他言听计从，立刻发兵直扑下辩。最终吴兰因兵力不足大败而逃，雷铜、任夔战死，曹军先声夺人，取得了汉中之战的开门红。

由于曹军是从东面杀来，向东通往汉中的道路已经被堵死了，吴兰只能向西退往阴平，后为当地氐人首领强端所杀。

刘备授意张飞虚张声势迷惑曹军，本意是给自己进攻汉中争取时间。但事实上，如果张飞和吴兰一起死守下辩，同样可以达到牵制的目的，而且战败的风险要低得多。刘备在没有优势的情况下贸然分兵，反而弄巧成拙。

这个失误成就了曹休，使他一战成名，逐渐成为曹魏宗室二代中的顶梁柱。

不过目前刘备的形势倒还不算太恶劣，因为曹洪这支人马并没有前往汉中支援夏侯渊，甚至整个汉中之战期间，他都驻留在武都，目的应该是保持陈仓道的通畅。后来曹操彻底放弃汉中后，命曹真去武都迎曹洪等人回陈仓，曹洪和曹休这才率军返回关中。

总之，下辩之战虽败，但对全局并没有太大的影响，汉中大战胜负的倾向，仍然要看刘备主力这一路。

建安二十三年（218）夏秋之交，刘备大军集结于阳平关，法正、黄权、张飞、马超、黄忠、赵云等一干文臣武将随行，这几乎算是顶级配置了。而曹军也是不遑多让，夏侯渊手下张郃、徐晃、郭淮等也是当世英才。

双方将星云集，一场巅峰对决即将打响。

第五节　马鸣阁再遭败绩

在汉中大战中，阳平关是一个非常重要的地点，刘备和夏侯渊在此地鏖战了半年之久，我想任何一位喜爱三国的朋友都不会对这个地点感到陌生。不过，若说起三国时期阳平关的具体位置，可能对军事地理关注较少的朋友就会有些拿不准了。

如果是《三国演义》的爱好者，应该会认为阳平关是汉中北面的门户。在《诸葛亮安居平五路》一章中，就有曹真率十万大军从关中京兆出阳平关攻打西川的情节。此外，曹丕伐吴时，也有赵云出阳平关攻打长安进行牵制的情节。一些游戏也采用了这种设置,直接把阳平关放在了汉中通向长安的褒斜道上。

另外则有些人会认为,阳平关应该在汉中以南的陕西宁强县,因为今天这里有一个阳平关镇。

很可惜,以上两种观点都是错误的,阳平关并不在褒斜道上,而且今天的阳平关镇也和汉代的阳平关毫无关系。

抛开小说、游戏,可能连认真读过《三国志》的朋友也会对阳平关的位置产生疑问。

比如当初曹操从关中出发,经过大散关征讨张鲁,随后进兵阳平关,这说明阳平关在关中通往汉中的陈仓道上;汉中大战爆发后,刘备在命张飞率领一支偏师进军下辩的同时,亲率主力赶奔阳平关,威逼汉中,这则说明阳平关在成都通往汉中的金牛道上。

那么这样一来矛盾就产生了,阳平关究竟位于陈仓道还是金牛道呢?

除此之外,史书中还有一些相关的地名,比如阳安关、关城等,这就更容易让人混淆了。

因此在讲述阳平关之战前,我们有必要对阳平关的地理位置作一个详细的分析。

其实上文所述的并不矛盾,阳平关就位于陈仓道和金牛道通向汉中道路的终点处,是汉中盆地西侧的门户。也就是说,阳平关既在陈仓道上,又在金牛道上。

据《水经注·沔水》记载:

> 浕水又南径张鲁治东……东对白马城,一名阳平关。浕水南流入沔,谓之浕口。其城西带浕水,南面沔川,城侧二水之交,故亦曰浕口城矣。

由此可知阳平关又名白马城，因其位于沔口之侧，所以也叫沔口城。沔口，顾名思义就是沔水汇入其干流的河口，沔水今称为咸河，也叫白马河，依照《水经注》的描述，阳平关便位于沔口东侧。

不过问题又来了，按照《水经注》记载，阳平关的地点应该是在沔口以东的平原地区，而按照《三国志·武帝纪》的记载，当初"张鲁使弟卫与将杨昂等据阳平关，横山筑城十余里"，可见阳平关应该是在山上的，这又是怎么回事呢？

笔者认为，原来的阳平关在汉中纳入刘备的版图后位置很可能发生了迁移。

张鲁时代的阳平关确实是在山上，可到诸葛亮北伐之前就已经不在那里了，他所驻扎的那个阳平石马，也就是新的阳平关，已经挪到了沔水以东沔阳县（今陕西省汉中市勉县）的平原地区了，而且这里在今天仍然有遗址保存下来。

这是因为当初张鲁控制汉中时，同时面对曹操和刘璋的威胁，需要把防御体系修建在山上，达到易守难攻的效果。而后来曹操在丢失汉中后，已经对武都鞭长莫及，于是令武都太守杨阜和雍州刺史张既分别从当地迁移人口到关中，相当于基本放弃了武都。

也就是说在刘备控制汉中后，无论武都还是成都方向的威胁都已经消失，那么阳平关据险防守的功能也就不复存在了。而此时将其迁移到平原，就变成以驻军的功能为主了。

《水经注》成书时期是在南北朝，据三国时代已经过去两三百年了，因此将阳平关位置记录为平原之上也是很正常的。

总之，在刘备进攻汉中时，老阳平关位于沔阳县以西附近的山上是毫无疑问的。关于这一点，《读史方舆纪要》和《蜀鉴》等作品都持有相同的观点。

那么究竟在哪座山上呢？《三国志·张鲁传》中提到，《魏名臣奏》记载，董昭曾上表说："武皇帝承凉州从事及武都降人之辞，说张鲁易攻，阳平城下南北山相远，不可守也。"阳平关城下南北山相隔很远，不易防守。这说明阳平关下面就是一片开阔地了，按地图所示大概率在沔口西侧的走马岭上。

曹操攻破阳平关费了一番周折并不是说他被阳平关所阻碍，而是因为他要先解决山上张卫的驻军，防止补给线遭到袭扰。

如此看来，在刘备进攻汉中期间，阳平关所在的位置并非那种一夫当关，万夫莫开的地形，占据这里并不能阻挡敌军杀入汉中盆地。

也就是说，当时的阳平关虽然名为"关"，但其实并非一座关口，而是一座山上的要塞。想必这个结论应该会颠覆相当一部分人的认知了吧。

那么今天的阳平关镇又是哪里呢？

原来这个地方在汉末被称为"关城"，现在可以将其称为"阳平关"，而汉末阳平关则应称为"古阳平关"。

这两个地点究竟是什么关系呢？根据《中国历史地名大辞典》和《军事大辞海》等现代工具书的记载，关城似乎在宋代被改名为阳平关，而古阳平关则失去了原有的名字。

事实上这一结论是不准确的，因为宋代作品《太平寰宇记》中仍然提到关城这个地名，说唐代设立三泉县时就以关城为治所，说明当时并未改名。

而《蜀鉴》（赵炳清校注）则提到："今大安军五里亦有阳平

关，颇险要，然非旧迹也。"可知大安军（今陕西宁强县）附近五里有个阳平关，但并非古阳平关。这则说明南宋时期已经有很多人把关城和阳平关混为一谈了。当然，《蜀鉴》的作者还是可以将两者分得清的，还特意做了说明。但后来的人就逐渐混淆了，久而久之，关城变成了新的阳平关，而真正的阳平关则只能被称为古阳平关。

最后我们再来说说阳安关，清代的《读史方舆纪要》认为阳安关就是关城，而现代工具书大多延续了这一说法。这其实又是一个错误。具体依据可以参照《三国志》中钟会伐蜀的相关史料。

当时钟会率十几万大军走褒斜道和傥骆道进入汉中盆地，然后向西过阳安关（即阳安口），中间还拜祭了定军山下的诸葛亮墓，这一切都顺理成章。可是之后钟会又命胡烈攻破了关城，这就很能说明问题了，如果阳安关真的就是关城，怎么会先出阳安关，又将其攻破呢，这明显不合逻辑。

因此只有一个解释，那就是阳安关其实是古阳平关的别称，蜀汉后期称其为阳安关。这一点《蜀鉴》有着准确的解释，书中提到"阳安关口即阳平关"，说明至少在宋代阳安关这个地点还是有准确定义的，但到了清代则被混淆了。

经过以上的介绍，相信大家对这几个地点的概念有一个清晰的认识了。结论很简单，现在的阳平关即关城，而古阳平关则是阳安关。

由于我们这本书讲的是汉末三国时候的故事，因此不特意称"古阳平关"，而统一称为"阳平关"。

建安二十三年（218）夏秋之交，刘备亲率大军占据了阳平关（此时还在山上），取得了有利地势。

《孙子兵法·地形篇》云：

> 险形者，我先居之，必居高阳以待敌；若敌先居之，引而去之，勿从也。

这就是说，险要地形一定要抢先掌握在手里，要占据地势高而向阳的地方以逸待劳；如果该地已经被敌军占领，那就主动撤退，不可再进攻。

目前这个高阳之地就被刘备占据了，夏侯渊来晚一步，无法主动进攻，只好率主力在沔水以东的平地上驻守，张郃则率部分兵力驻守广石。

关于广石的位置，按照《资治通鉴》胡三省注的记载，位于巴、汉之间，后人据此推断广石位于今四川广元市一代。这种观点是不正确的，因为按照后续的发展，张郃是在广石挡住了刘备的猛攻，在这之后刘备才南渡沔水，这说明广石其实在沔水（汉水）以北，而不在巴、汉之间。

关于这一点，《蜀鉴》提到"阳平县西有矿石关"，这个阳平县西的矿石关很可能就是广石，因此，笔者推测广石应该位于夏侯渊驻军地点西北面的陈仓道上，这样才比较合理。

夏侯渊让张郃据守此地的目的，应该是防止刘备暗中从陈仓道上迂回到自己的侧后方，这样的话无论正面和右翼都可以得到保障，虽然难以退敌，但至少可以立于不败之地。

至于沔水南岸，由于地形过于险峻，直到一千多年后的今天都没有大路可走，夏侯渊相信仅靠这一天险就可以保护自己的左翼了。

夏侯渊这种部署看似万无一失，至少在最初阶段确实没什么

第四章 大战前奏

明显破绽，刘备也没有信心速战速决。

鉴于之前在武都阻挡曹操援军的计划已经失败，刘备担心曹军随时会从陈仓道方向增援过来，到时候自己就要腹背受敌了，于是又制订了一个新计划，目的同样是阻击关中方向援军。马鸣阁道之战就此打响。

关于此战，曹操也看得很清楚，他指出："此阁道，汉中之险要咽喉也。刘备欲断绝外内，以取汉中。"曹操认为：马鸣阁道乃汉中咽喉，刘备来争此地就是为了断绝我军增援的路线。

那么马鸣阁道的具体位置究竟在哪呢？笔者总结了一下，大概有三种说法。

第一，《太平寰宇记》和《资治通鉴》胡三省注都说马鸣阁道在昭化县（今四川广元市）。

第二，《通鉴地理通释》则说马鸣阁道就是诸葛亮第一次北伐期间，赵云退兵时烧掉的赤崖栈道。

第三，《读杜心解》中提到，明末清初学者朱鹤龄认为马鸣阁道为略阳县东南四十里的飞仙阁。

《太平寰宇记》和《资治通鉴》胡三省注认为是金牛道；《通鉴地理通释》认为是褒斜道；朱鹤龄则认为是陈仓道。这三种说法都肯定了马鸣阁道位于通向汉中的咽喉要道上，而具体是哪条道则有所分歧。我们接下来就分析一下。

首先，位于金牛道上是不可能的。刘备阻断马鸣阁道是为了堵截曹操的援军，而金牛道则是他自己的进军路线，如果他阻断金牛道，那岂不是断了自己的后路？这不合情理。

其次，位于褒斜道上可能性也不大。从阳平关到褒谷口就有上百里，而赤崖又深入褒斜道近百里，刘备在完全没进入汉中盆地的时候，就孤军深入两百里，岂不是白白折损兵力？更何况张郃还守在广石，根本就过不去。

最后一种说法，认为马鸣阁道在陈仓道上，这则是比较合理的。因为刘备最担心的就是曹军援兵从陈仓道赶来，分兵堵截理所应当，这也是他唯一能做的事情。因为如果曹操援军要走褒斜道的话，那他根本无法阻止。

当时刘备手下有不少出色的武将，比如张飞、赵云和马超，但不知为何他却派陈式执行这一任务。而曹军阵中虽然夏侯渊和张郃都有驻守阵地的任务在身，但还有一位名将可以率领机动兵力出战，就是徐晃。

结果不出意外，籍籍无名的陈式根本不是徐晃的对手，马鸣阁道一战刘备损兵折将，大败亏输，阻断陈仓道的计划再次落空。

刘备这下着急了，曹军援兵随时可能赶到，自己是拖不起的，必须和时间赛跑，如今除了强攻别无他法。于是，刘备挑选精兵万人，分为十个批次，连夜对张郃驻守的广石发动强攻，可惜徒劳无功，张郃所部仍岿然不动。

这时候形势对刘备已经颇为不利了，自开战以来，下辩、马鸣阁道和广石三战皆负，士气大受打击。

阻断陈仓道不成，强攻曹军侧翼也不成，夏侯渊的防线丝毫没有动摇的迹象，最初定下的速战速决的计划彻底破产。

此时曹操的亲征大军已经出发，并于建安二十三年（218）九月抵达长安。如果曹操率兵赶到，夺取汉中也就基本不可能了。可是若不夺汉中，巴蜀之地的头上就像悬着一把利剑，将永无宁日。

第四章 大战前奏

刘备清楚现在必须做好增加兵力和曹军硬碰硬的准备了，于是他急令成都方面增兵。

当时后方留守的主事人是诸葛亮，由于巴蜀地区这几年连年征战，人力资源非常紧张，于是他咨询蜀郡从事杨洪的意见。据《三国志·杨洪传》记载，杨洪当即表示"汉中则益州咽喉，存亡之机会，若无汉中则无蜀矣，此家门之祸也"。现在就算到了"男子当战，女子当运"的地步也一定要发兵支援前线。

虽然刘备集团的动员能力已经接近极限，但却仍能坚持下去，这与一个人的贡献是分不开的，他就是刘巴。

当初刘备经过两年多的苦战才取得巴蜀，但战后对巴蜀的治理却困扰着他。其中最主要的就是经济问题，因为当初刘备曾许诺：若攻破成都，府库中一切财物，将士们可随意拿取。而最后刘备也确实兑现了这个承诺，这在一定程度上收买了人心。但很快问题就出现了，刘备将本应用作军资的财物进行大肆封赏之后，导致了军中的用度不足。

对于这件事，刘备向刘巴问计，刘巴给出了三条建议：第一，铸造直百钱；第二，平抑物价；第三，设立官市。

刘备采纳了他的建议，仅仅过了数月时间便"府库充实"。

一直有一种说法认为刘巴提出的直百钱是官方明目张胆地收割民间财富，其实这是非常不准确的。

乍一看，直百钱是一种虚值货币，大量发行的话必然导致货币超发，通货膨胀，比如董卓当政时期发行小钱，就导致了严重的经济灾难。但刘巴还有后手，平抑物价和设置官市这两项政策，可以抵消通货膨胀的影响。

增发货币后，官方手中货币便充足了，这样一来就有资本对市场进行干预，只要在官方主持的市场上有平价物资出售，百姓的生活就不会受到什么影响，投机倒把者也无利可图，这就是宏观调控的威力之所在。

真正受到打击的是益州的大族，因为主要的财富集中在他们手里，这样一来，通货膨胀造成的货币贬值会导致他们手中的财富缩水，而且在府库充盈的情况下，他们也难以利用囤积居奇等手段剥削百姓。

由此可见，增发货币必须配合稳定物价，这也是蜀汉直百钱可以流传到南朝依然不消，而董卓小钱很快就被市场抛弃的原因。

实行新的经济政策后，刘备政权的财政状况大有好转，这便是他在汉中之战最艰苦的阶段仍能继续坚持的主要原因。

不过，有了援兵后，刘备的形势只能说稍有缓解，但依旧不容乐观。阻止曹操增援是不可能的，强攻的话也没有必胜的把握，如果再次失败只能是白白挫伤士气。

就在刘备与夏侯渊在阳平关鏖战连年之际，曹操的亲征大军也踏上了增援汉中之路。

第六节　祸起萧墙乱许昌

曹操大军一路西进，于建安二十三年（218）九月就到了长安，可直到转年三月才抵达汉中前线，中间足足六个月无所作为，这又是怎么回事呢？

第四章　大战前奏

最终汉中的丢失，与曹操耽误的这半年时间有着直接的关系。虽说夏侯渊的败亡有很大一部分是他自身的原因，但如果曹操能早几个月增援过来，刘备夺取汉中的计划就会彻底失败。

其实，曹操并没有故意耽误大事，是因为一系列情况让他对形势产生了误判，而战局的变化又太过突然，等下定决心的时候已然来不及了。

当初法正说曹操后方不稳，一点也不假。在一年左右的时间里，曹操政权内部先后发生了三次叛乱，这很大程度上影响了曹操的战略部署。

一年前，曹操完成了称王一事，距离篡位称帝只有一步之遥。就在汉祚岌岌可危的时候，有一个人站了出来。

故事还要从汉武帝时说起。太子刘据死于"巫蛊之祸"后，冤情没有持续太久，很快就被平反昭雪，而罪魁祸首江充也被汉武帝灭族。

这件事让侍中仆射马何罗恐慌万分。当初此人与江充关系密切，而且他弟弟马通也在消灭太子一战中出了大力。因此，马何罗嗅到了危险的气息，知道自己迟早会被汉武帝清算，于是打算先下手为强，密谋弑君。但这一切早就被汉武帝的贴身侍从金日䃅看在眼里并加以防范，等马何罗行动的那天，金日䃅早有戒备，当场将其擒获。虽然金日䃅出身匈奴，但他依旧成为大汉忠臣之典范。

三百多年过去了，金氏一族的忠臣在国家危难之际再次挺身而出，虽然明知是螳臂当车，但却为了大义不惜牺牲生命，他就是金祎。

金祎虽然官职低微，但依旧为大汉的前途感到忧虑。当时曹操屡行僭越，先是给自己的冠冕加十二旒，又是乘六马车。要知道诸侯王只可以加九旒，驾五马车。十二旒和六马车都是天子才有资格用的，这一切都说明曹操已经不甘心只做个魏王了。

在这种情况下，金祎觉得不能再等下去了，他在许昌结交了少府耿纪、司直韦晃、太医令吉本及其两个儿子吉邈、吉穆，逐渐形成了一个反曹集团。

而金祎的父亲也值得一提，他正是当初投降刘备的武陵太守金旋。

经过一段时间的酝酿，到了建安二十三年（218）正月，起事的时机到了。

在这时候行动好处多多。

首先，当时曹操远在邺城，对许昌鞭长莫及，而天子却在这里，此时如果能拿下许昌，就可以打出天子的旗号对抗曹操了。

其次，据裴注《三国志·武帝纪》引《三辅决录注》记载，金祎等人"欲挟天子以攻魏，南援刘备。时关羽强盛，而王在邺"。可知当时刘备已经主动发起了进攻，而关羽也在南郡秣马厉兵，声势浩大，此时行动可以和他们里应外合。

金祎大概率已经和刘备及关羽取得了联系，甚至可能会在人力、物力方面得到一定的支持，因为他们不可能仅凭想象中的外援就贸然起事，那样是自寻死路。

按照《三国志》的记载，吉本、耿纪和韦晃才是这次动乱的核心人物，而金祎这个名字甚至都没有出现在《三国志》中，似乎他只是集团的边缘人物。

可笔者却认为并非如此，金祎有极为重要的作用。首先，他可以通过父亲金旋的关系和刘备搭上线，这是一个重要的外援；

其次，他和许昌留守将领王必关系密切，而这一点就是行动的关键。

那么，这位王必是何许人也呢？他声名虽然不显，但却是曹操手下的元老级人物。当初汉献帝被李傕控制的时候，曹操就曾派他出使长安面见天子，可见已经在曹操手下效力二十多年的他，是绝对的心腹。

据裴注《三国志·武帝纪》引《魏武故事》记载，此人"忠能勤事，心如铁石"，曹操称赞他是"国之良吏"，这次曹操让他留守许昌并赋予兵权，可见信任之深。

这样的人是很难对付的，必须出其不意，此事非得金祎出马不可。金祎虽然和王必是至交好友，但他毕竟流着金日磾的血，乃忠良之后，只要能说服金祎，拿下王必易如反掌。当时金祎的态度却尚不明确。于是吉本之子吉邈、吉穆立刻去向金祎晓以大义，而金祎听后开始还有些犹豫，在一番心理斗争后，大义终于还是战胜了私情，为了救国也只好对不起王必了，谁叫他为曹操效力呢？

行动的日子终于到了，不过吉本等人的兵力却非常薄弱，众人只凑出一千多名家丁，仅凭这点力量去进攻王必的兵营无异于以卵击石（计划火烧营门）。好在金祎早有准备，他在王必身边派了卧底，到时候采取斩首战术，一旦王必身死，士卒群龙无首之下必然大乱。

这一安排果然奏效，火起后，这名内应在混乱中一箭射中王必肩膀，王必受伤后心中大惊，但因为不知道是谁在作乱，只好去朋友金祎处避难。

深夜时分，王必赶到金祎府门外大声呼救。金祎的家人却不知道门外是谁，还以为是吉邈他们，于是问道："王长史（王必）已经死了吗？你们的大事成了！"

事情的发展就是这么戏剧性，本来王必已经要自投罗网了，但阴差阳错之下竟然逃过一劫。

门内的回答让王必大惊失色，他全明白了，原来金祎也反了，于是立刻夺路而逃，直奔南城而去。

等到天亮后王必再次现身，士卒看他仍然还活着，于是又被组织起来了。

叛军唯一的机会就是第一时间击杀王必，可惜功败垂成，于是很快就溃散了。王必联合颍川典农中郎将严匡将吉本、耿纪等人一一击杀，这场动乱被平息了。

不过遗憾的是，王必最终还是难逃厄运，十几天后，他因为伤口恶化，不治身亡。

虽然动乱结束了，但王必之死令曹操动了雷霆之怒。毕竟是跟了自己二十多年的老臣，据裴注《三国志·武帝纪》引《山阳公载记》记载，曹操下令将许昌的汉臣们召集到邺城，准备严肃处理此事。面见曹操后，众人战战兢兢，连大气都不敢出一声。望着下面忐忑不安的群臣，曹操下令让"救火者左，不救火者右"。众人都以为救火者无罪，全都站到左边去了。曹操见状道："不救火者非助乱，救火乃实贼也。"他认为未救火者并非从逆，而救火者实乃乱臣贼子，结果不分青红皂白将他们全部屠戮。

曹操这样处理的逻辑是什么呢？他的目的就是要将乱党一网打尽。虽然几个主谋都已被杀，但是还有余孽未死，比如射伤王必的那个内应是谁，这些问题都没有得到解决。

第四章　大战前奏

在曹操看来，只要这个人参与作乱，那他一定会想尽办法隐藏自己，于是便会站在参与救火的那边以脱罪。也就是说真正的乱党是绝不会站在没有救火的那边的。而对于没有作乱的人，无论他是真的参与了救火，还是自作聪明想靠说谎来证明自己的清白，曹操都不在乎，他只要能除掉真正的乱党就可以了，而这一点只要把所有自认参与救火的人全部杀掉就可以做到。

至于这些人中有没有无辜者，曹操并不关心，反正他们都是汉臣，对自己的忠诚值得怀疑，多杀几个也无妨，干脆就去给王必陪葬好了。曹操在政治上的冷血、残暴可见一斑。

许昌之乱结束后，曹操终于可以腾出手来了，他立刻调集军队，发兵西征。可就在他刚到长安后，新的动乱又拖住了他的脚步，让他一时难以决断。

建安二十三年（218），曹操集团同时发生了两场叛乱。和之前许昌之乱有所不同，这两次叛乱并非汉朝忠臣为反曹而发动的，而是因为曹操集团连年征战，国力已经透支，在此背景下引发了动乱。

当时曹操在西线与刘备争锋，投入了大量兵力，比如夏侯渊军团就有五万精兵。五万人马看似不多，但这给后勤造成的压力绝对是超乎想象的。因为，汉中作为前线，当地百姓已经有很多都被强制迁移了，只靠汉中一地是供养不起五万大军的，那么就只能从关中运粮。

可问题是，当时关中经过汉末的连年战乱，民生凋敝，早就没有秦汉时期那么富足了，又怎么可能单独支撑这场大规模战争的消耗呢？另外，这次曹操亲自率军前来，兵力应该不会比夏侯渊少，那么曹军总兵力预计至少要有十万人。

按照宋代书籍《梦溪笔谈》的观点，如果三个民夫供应一个士兵，作战半径最多也就是十六天的路程。不过关中到汉中六七百里，至少要走二十天，因此三比一的民夫数量都是不够的，至少要四个民夫供应一个士兵才行。

也就是说，如果曹操也赶到汉中前线与夏侯渊合兵一处的话，十万大军将会造成巨大的后勤压力，而单单关中一地，怎么可能有四十万民夫呢？

因此，曹操若想增援汉中，必须得先把后勤问题解决了，关中不够，那就只能发动周边地区。于是洛阳、南阳一带肯定也要大兴徭役，在这样巨大的压力下，终于引发了叛乱。

建安二十三年（218）十月份，宛城守将侯音与卫开发动了叛乱，并劫持了南阳太守东里衮做人质。同时，洛阳陆浑县（今河南嵩县东北）的平民孙狼带人杀死主簿作乱。

据《曹瞒传》记载，"是时南阳间苦徭役"，而《三国志·胡昭传》则直接指明"建安二十三年，陆浑长张固被书调丁夫，当给汉中。百姓恶惮远役，并怀扰扰"。

由此可知，这两次叛乱跟徭役有关，可以说这一切都是汉中大战所引发的，而这也可以看出曹操在后勤动员方面遇到了极大的困难。

当然，徭役并不是叛乱的唯一原因，因为此次事件背后有关羽的影子。其中侯音已经和关羽取得了联络，而孙狼干脆直接南下投奔了关羽，关羽给了他一点军队，让他回去打游击了。

又是关羽。三次叛乱都或多或少跟他有些关系，此人动作这么频繁，莫非他要发兵北上了吗？

侯音和孙狼倒没什么可担心的，他们成不了什么大气候，但是如果关羽出兵，那事情可就严重了，汉中和襄阳两面受敌，到底该先去哪边支援呢？

想必身在长安的曹操此时一定会有这样的疑惑。

在这样的情况下，曹操迟迟不能决断。长安距离汉中六七百里，距离南阳八九百里，两边距离相差不算太多。如今他只能等，看哪边要撑不住了就先去救火。

不过，好消息是汉中方向捷报连连，下辩、马鸣阁道和广石三战三捷，刘备被阻在阳平关，这让曹操颇感欣慰。

看来短时间内汉中不会出问题，夏侯渊应该能撑得住。

荆州这边，侯音愚蠢，被南阳功曹宗子卿骗得团团转，轻易就释放了人质东里衮，最后坐以待毙，被曹仁和庞德所杀。孙狼就聪明多了，他知道连占据宛城的侯音都不能抗衡曹仁的大军，何况是自己这点力量，于是选择了蛰伏，在关羽真正发兵北上之前，他是不会有什么动作的。

至此，到建安二十四年（219）正月，南阳危机算是基本解除了。

几个月前还是四面起火，但现在形势大为好转，不仅汉中形势稳定，南郡的关羽也是雷声大雨点小，始终没有出兵，曹操的压力顿时减轻了不少。

而这样一来，曹操就觉得没有必要亲临前线了，只需要坐镇长安统筹全局即可。

可惜，计划赶不上变化，就在曹操刚刚能松口气的时候，一个突如其来的噩耗让他始料未及——夏侯渊死了。

第五章 汉中决战

第一节　刘备暗渡定军山

夏侯渊突然战死让曹操始料未及，本来汉中形势一片大好，刘备连战连败，战势为何却急转直下呢？

原来就在曹仁平定宛城之乱的同时，刘备突然变招，打了夏侯渊一个措手不及，而这正是整场大战的转折点。

建安二十四年（219）春天，刘备带领主力部队南下，向南渡过沔水后，通过一条小路翻越米仓山，出其不意地插入汉中盆地，出现在夏侯渊大军的左翼。同时，刘备命高详率少量兵力留守阳平关，目的应该是维持己方粮道的畅通。

这一举动让夏侯渊大吃一惊，他从未预料到会出现这种情况。

在汉中盆地以西的山区地带，沔水河谷的南岸是非常险峻的，这里直到今天都没有大路可走，因此金牛道是修筑在稍微平缓一些的沔水北岸的，今天的108国道京昆线同样是位于北岸。这就是之前夏侯渊没有对南线加强防守的主要原因，正常情况下刘备大军不太可能以这个方式突入汉中盆地。

不过有一点他没想到，那就是刘备的军队中有不少巴蜀当地人，他们擅长山地作战，且熟悉地形。张飞在这方面经验就非常丰富，当初击败张郃的瓦口之战他就采用了类似的方式。

刘备大军在杀出米仓山后，最终驻扎在汉中盆地西南角的定军山。

定军山是米仓山支脉，由十二座山峰组成，诸峰一字排开，延绵二十余里，因此也称为"十二连珠"，其中最高的第三座山峰就是定军山。

定军山北部由于独特的地质构造，完全没有丘陵地带，是一片广阔的平原，这片平原直抵沔水南岸，也是刘备为夏侯渊预设好的战场。

夏侯渊作战勇不可当，从不会胆怯，按照他的性格，一旦得知刘备已经占据定军山，必然会率军来争。

定军山是这一带的制高点，易守难攻，按照《孙子兵法》的说法，这叫"险形"。《孙子兵法》中还说："可以往，难以返，曰挂。挂形者，敌无备，出而胜之。"刘备大军穿越米仓山小路而来，进易退难，所以这里也可以算是"挂形"。

对于险形，就要先占据制高点以逸待劳；而对于挂形，必须出其不意一击制胜。刘备此次抢占定军山的行动可谓深得兵法之要，一举扭转了之前的不利局面。

那么策划这次行动的究竟是谁呢？这一点史书中的记载略有些混乱，笔者大致梳理一下。

据《三国志》记载，后来曹操亲征汉中时听说法正之策，于是说了这样一句话："吾故知玄德不办有此，必为人所教也。"因此按曹操的观点，似乎是以法正为主，他认为刘备没有这个本事。

不过在这则史料之后，裴松之在注解中阐述了自己的观点，

第五章 汉中决战

他认为"蜀与汉中,其由唇齿也",这是显而易见之事,以刘备的才能不可能不清楚。所以"此盖耻恨之余辞,非测实之当言也"。意思是这不过是曹操失败后故意嘴硬而已,刘备作为一代雄主肯定见识不凡,只不过是法正先提出来罢了。

除此之外,《三国志·黄权传》记载:"据汉中,皆权本谋也。"可见黄权也在其中出谋划策,起到了不小的作用。

历史中总是充斥着各种各样的谜团,现在我们就来试着探究一下真相。

首先,曹操说刘备身后肯定是有高人指点,这一点大体没错。刘备本人的军事指挥能力跟曹操相比差很多,一生用兵多败少胜。比如后来夷陵之战期间,刘备命黄权分兵江北就是个严重失误,而之前下辩之战中令张飞分兵固山同样是一大败笔,这两次都可以确定是刘备亲自指挥的。

不过这倒不是说裴松之的观点就没有道理,因为他所说的刘备不可能没有这个见识,指的是大战略层面,而不是具体的战术层面。也就是说,裴松之认为法正提出的汉中三策,刘备肯定也能想到,而并不单指抢占定军山这件事。而曹操所言应该具体指的是法正在定军山之战中的表现,双方所阐述的不是一件事,因此这并不矛盾。

至于黄权,他本身也具有相当高的军事水平,对于汉中的重要意义他和法正有类似的理解,而且之前夺回巴西也是他的谋划。当时黄权的官职是护军,护军也有统率军队的权力。在同一时间段,曹真就以征蜀护军之职领兵出战,而之前刘璋也命李严为护军率兵在绵竹抵抗刘备。

由此可见,黄权除出谋划策以外,在刘备手下还有一定的兵权，那句"皆权本谋"，或许是指他深度参与了汉中之战的全过程，但并不能说就是他一人之功。

刘备手下应该是有着一支参谋团队的，法正和黄权都是其中的主要成员。或许在定军山之战的临场指挥中，法正占主导作用，但整个作战计划的制订，应该是整个参谋团集体智慧的结晶，而并非出自某一人。

不过在刘备大军屯兵定军山的同时，《三国志·法正传》中又出现了奇怪的记载，说刘备"自阳平南渡沔水，缘山稍前，于定军、兴势作营"。也即，刘备抢占定军山的同时还驻扎在兴势。

这个兴势莫非是指的兴势山？让我们来探讨一下这种可能性。

兴势山并不在定军山附近，而远在二百多里之外的汉中盆地东北部（今陕西洋县北），和定军山几乎位于一条对角线的两端，它扼守着傥骆道和子午道的南端出口，后来王平就是在这里击退曹爽大军的。

那么，刘备为何要分兵去占据兴势山呢，难道是打算阻挡曹军从傥骆道或者子午道前来增援吗？这种可能性可以说微乎其微，因为当时褒斜栈道已经快要修复完毕了，仅仅两三个月后，曹操大军就可以走褒斜道南下了，堵住东面的傥骆道和子午道并不能起到阻止曹军增援的目的，这支部队反而还会因为与主力脱节而被夏侯渊围剿。因此这样的安排毫无意义而且会白白折损兵力。

其实，这个问题在宋代已经得到了初步解决，《资治通鉴》说"备自阳平南渡沔水，缘山稍前，营于定军山"。这里直接将兴势二字去掉，说刘备只驻扎在定军山，说明司马光也不认可刘备曾分兵于兴势山这一说法。

此外，按照《资治通鉴》胡三省注的记载，最初《三国志·先主传》中是写的是"定军山势"的，和法正传统一变成"定军兴势"是后来的事了，这很可能是古书在流传抄写中出现的讹误。

另外，《法正传》中的"兴势"可能指的也不是兴势山，而是在定军山大张旗鼓地筑营之意，这也与吸引夏侯渊来战的目的相吻合。总之，这场战役从头到尾和兴势山就没什么关系。

夏侯渊之前所作的部署都是为了针对刘备屯兵阳平关的，但现在刘备已经改变了部署，他也必须有相应的对策。

首先，夏侯渊的主力驻扎在沔水以东的平原地区已经没有多大意义了，甚至还有一定的危险，因为刘备主力已经迂回到了他的侧翼，随时可能会切断他与后方南郑之间的补给线。

另外，屯兵广石的张郃也失去了其原有的作用，他本来是为了保护大军右翼，但现在刘备肯定不会从那个方向发动进攻了。

这是夏侯渊在开始独当一面后从未遇到过的严峻考验，之前的对手无论马超、韩遂还是宋建等都是些不入流的角色，而现在面临的巨大压力对他来说还是头一次。

之前夏侯渊的连战连捷是一柄双刃剑，既给了他强大的自信，又让他失去了敬畏之心。而在面对强大的对手时，盲目自信是致命的。

其实此时的局势已经不是夏侯渊能够独自面对的了，他最正确的做法就是放下所谓的自信、刚傲，立即退回南郑，并保护好褒谷口的安全，等待曹操南下支援。

毕竟刘备是大军来袭，选择暂避锋芒的话曹操也会理解他的，到时候就是双方硬实力的比拼了。选择这种方案要稳妥得多，可惜骄傲的夏侯渊不会采用这么保守的策略。

当然，稍微激进一点也并非完全不可以，因为刘备主力已经转移到定军山了，那么阳平关自然空虚，此时夏侯渊可以尝试一下突袭阳平关，一旦成功的话就可以威胁到刘备的粮道，这也不失为一个好的选择。

对于刘备来说，阳平关是不能丢的，而现在刘备主力在沔水南岸，要回援并不容易，那样的话左右为难的就是刘备了。

这种策略成功的可能性还是很高的。后来曹真只率了一支偏师就击败了驻守阳平关的高详，以夏侯渊的实力完全有可能实现这个目标。如果夏侯渊能保持之前虎步关右时有勇有谋的状态，这种围魏救赵之计一定是信手拈来，几年前在略阳一带击败韩遂时他曾采用过类似的战术。

可惜并不是所有人都能在面对强敌之时冷静下来，况且夏侯渊之前一直太顺利了，此时重压下很容易使出昏招。

在夏侯渊看来，曹操既然把汉中交给自己，那就绝对不容有失。此时他的眼中已经看不到其他的可能性，只有一心求战，而且是一场正面对决。

敌据险形不可攻？在夏侯渊眼中没什么不可能的，他从未胆怯过。

当初曹操的谆谆告诫全部被抛在脑后了。"为将当有怯弱时"，这是一句金玉良言。能战则战，不能战则退，这是非常正常的。曹操就是怕他冲动之下葬送自己，果然一语成谶。

夏侯渊很快作出了新的部署，他率领主力部队南渡沔水来与刘备争夺定军山，驻扎在定军山北侧的平原上。

山北水南为阴，此时夏侯渊所处的地形极为不利。

《孙子兵法》有言：

> 凡军好高而恶下，贵阳而贱阴。

处于大山南侧阳光便会被山势所阻挡，此时仰望定军上的敌军大营，一股泰山压顶之感立刻就会扑面而来，这在气势上就已经输了。

刘备居高阳严阵以待，夏侯渊军的一举一动都被洞悉，焉有不败之理？他已经一步一步走上了绝路。

虽然夏侯渊的鲁莽决定让他已经濒临失败，但作为大军主帅，即使战败，其个人还是有机会脱离战场得以生还的，然而他在进入战场后作出的部署则更加糟糕。

双方对阵于定军山北麓，因此夏侯渊阵地的南侧防线是主要交战地点，他亲自负责南侧的防务，修建了鹿角等防御工事；而张郃已经从广石撤回，夏侯渊命他负责东侧的防守，作用就是保护粮道。

可惜理想和现实往往有很大差异，这个看似稳妥的布置终为夏侯渊之死埋下了伏笔。

第二节　夏侯渊轻身殒命

建安二十四年（219）正月，双方在定军山展开对峙。

夏侯渊屯兵定军山北，其用意应该只是作出寸土不让的姿态。双方兵力相当，但对方占据了地利，强行进攻肯定难以奏效，因此夏侯渊的目的应该就是把刘备牵制在定军山，同时等待增援。

上一节讲过，夏侯渊在大本营之南修建了鹿角等防御工事，由他负责防守，而东面的防御则由张郃负责。这看似是个合理的安排，夏侯渊负责抵挡刘备的进攻，张郃负责保护侧翼补给线，不过这中间有个大问题，那就是兵力分散。

两方交战，本来实力相当，但一方兵分多路，另一方却合兵一处，以寡击众岂有不败之理？

在战争中一定要掌握主动，如果节奏已经被对手控制了，无论怎么应对都是被动的话，那就该立即撤退，否则就要大祸临头了。因为在对方掌握战场节奏后，如果本方被四处调动，疲于奔命，很快大军的士气和体力就会被消磨干净；如果不愿意被调动而处处设防，则不免被迫分散兵力，从而被优势敌人各个击破。

《孙子兵法》中说：

> 故备前则后寡，备后则前寡，备左则右寡，备右则左寡，无所不备，则无所不寡。

第五章 汉中决战

夏侯渊现在就面临着这个困境，正面防线要防守，补给线也要防守。由于他根本不知道刘备的作战计划，因此只能处处设防，结果处处兵力不足。

造成这种结果的原因，第一是夏侯渊在全局上落入了被动；第二就是刘备占据了制高点，可以清楚看到夏侯渊的部署，从而制订相应战术，而夏侯渊则对对方的动向一无所知。

很快刘备就出手了，他的策略是个连环计，夏侯渊有大麻烦了。

一天夜里，刘备突然派兵杀下山去，在夏侯渊防线外围大肆放火，东侧和南侧的鹿角都被点燃了。

由于是夜间突袭，夏侯渊不知道对方究竟来了多少人，也不知道对方是发动总攻还是袭扰，只能以不变应万变，按原计划命张郃防守东线，他负责南线。

到这里为止都算是正常应对，没有太大问题，可是接下来夏侯渊却做出了一个奇怪的举动，因为他带了一支规模很小的部队去了南侧防线前沿阵地。

规模有多小呢？按照曹操《军策令》的记载："鹿角去本营十五里，渊将四百兵行鹿角。"

这支部队只有区区四百人而已，除此之外，夏侯渊的南侧外围防线距离大本营有十五里（约六千米）之远。

当然十五里这个说法有些夸张了，因为从定军山北麓到沔水南岸的距离根本没那么远，即使夏侯渊大营就位于沔水岸边的话，距离最多也就是七八里。

不过这个距离也不算很近了，夏侯渊只带了这么一点军队就出发了，且并不是去近距离增援，反而离开主力部队将近十里，和大本营已经脱节了。

夏侯渊到底想干什么？要知道南侧防线前沿阵地可是正面刘备大军的，他作为主将就不怕遭到突袭吗？

我们从上帝视角来看，夏侯渊这绝对是自杀行为，但当局者迷的夏侯渊却不知道这些，他应该也有自己的考虑。

最初，刘备派人在防线外围四处放火，制造混乱，但这并非只是骚扰，很快他就派出精兵猛攻张郃把守的东侧防线。

这一次刘备进攻强度非常大，据《三国志·夏侯渊传》记载："备挑郃战，郃军不利。"可见张郃很快要顶不住了。之前在广石，张郃顺利顶住了刘备万余精兵的轮番猛攻，这说明张郃所部战斗力极强。但是这次张郃却落入下风，在夏侯渊看来，肯定是刘备在东线投入了主力，势必要一举截断他的补给线。此时危机就在眼前，夏侯渊也不可能先知先觉地判断出这其实是佯攻。

因此，夏侯渊作出了一个决定，那就是从大本营分出一半兵力支援张郃。这样虽然缓解了张郃的压力，但却导致兵力被进一步分散。

另外，在夏侯渊已经作出刘备主攻方向是东线的判断后，就会理所当然地认定对方在南线是佯攻，毕竟双方实力相近，刘备也不可能在双线发起重点进攻。这才是夏侯渊敢于以少量兵力赶往南面防线的原因。

按说，夏侯渊派去增援张郃的只有一半兵力，他完全可以带另一半人去南面防守，夏侯渊为何不选择这个更为稳妥的方案呢？

这也是在上帝视角下的疑问。要知道，夏侯渊大营距离南侧防线外围鹿角很远,中间有将近十里的路程,即使快马加鞭至少也要一个小时以上,部队不可能在短时间内往返于两地进行相互支援。如今夏侯渊分兵布防的缺陷已经完全显示出来了,他的部队已经开始相互脱节了。如果单单为了去修补南面的鹿角就倾巢而出的话,那大本营就会陷入空虚,夏侯渊冒不起这个风险。

东侧防线、南侧防线、大本营,三个地方都要防守,虽然按现在的形势,刘备主攻方向应该是东线,但其他地点也不能完全不管不顾。目前夏侯渊机动兵力已经严重不足,思来想去,他觉得还是南侧防线的价值最低,只能把最少的兵力投向该处,毕竟大本营和补给线更加重要。既然如此,夏侯渊觉得只能自己亲自前往南线,有他本人在,或许能稍微弥补一下兵力上的不足。

最终,夏侯渊带着四百人出发,踏上了一条不归路。

其实,夏侯渊虽然判断有误,但总体来说问题不算太大,因为即使南侧防线被攻破损失也有限,最不济退守大本营就是了。夏侯渊错的是,作为主将亲自带兵前往与敌军大营正对的前沿险境,且所带兵马少得可怜。

既然做出这个安排的大前提是他判断刘备在南线是佯攻,那鹿角被烧掉也无妨,反正对方也不会在这个方向投入主力,何必要着急去修呢?即使一定要修,随便派个百人督前去就可以了,执行这样无关紧要的任务,一个牙门将就能胜任。

夏侯渊作为五万大军的最高统帅,却去执行低级武官的任务,这才是大错特错。

曹操在《军策令》中说道:"为督帅尚不当亲战,况补鹿角乎!"大军统帅别说去修补鹿角,就是亲自冲锋陷阵都不应该。

当然主帅不可亲自冲锋也不是绝对的,如果处于绝对劣势,主帅能够身先士卒的话，确实可以激发士气创造奇迹。当年曹操在官渡之战到了最紧要的关头时，也是亲自带五千人马上阵的。不过修补鹿角明显不属于这种情况，何况夏侯渊所带的兵力连当初曹操的十分之一都不到。

在刘备抢占定军山后，夏侯渊的失败就是注定的了，毕竟战场局势已经变得一边倒，但临阵战死则是他咎由自取。

总而言之，夏侯渊有两层错误：第一层是战术部署方面；第二层是临机决断方面。而战术部署方面的错误是最致命的，直接导致他在临机决断的时候左右为难，最终铸成大错。

其实，夏侯渊是有机会自救的，为了避免分散兵力，他必须收缩防线。这时候南侧防线和大本营都可以放弃，集中兵力守住东侧防线，也就是定军山余脉和沔水之间那个比较狭窄的缺口处，这样才是万无一失，只不过他不愿意放弃这些地盘罢了。

夏侯渊所做的一切应对，都是基于当时的不利局势去见招拆招，可他却并没有跳出惯性思维去尝试改变局势，最终落入了死局。

曹军的一举一动都瞒不过山上的对手。虽然是在夜里，但鹿角却是燃烧的状态，周围并非一片漆黑，而且鹿角就在山脚下，只要夏侯渊一现身，山上肯定知道是他来了，而且只带了几百人。

苦等的良机终于到了，第一步声东击西已经顺利完成，到了进行第二步斩首行动的时候了。

冲天的烈焰照亮了山下的阵地，法正举目望去，战场上的景象一览无余，零散的曹军士卒正在忙不迭地救火，中间夏侯渊的旗号则在火光中若隐若现。

第五章 汉中决战

定军山山顶，法正如同一位纵观全局的棋士，如今到了该落子的时候了，于是他转身向刘备示意道："可以攻击了。"

随着刘备令旗一挥，全军如怒涛般直奔夏侯渊杀来。

望着势如猛虎的敌军，夏侯渊这才恍然大悟，上当了！

原来东线才是佯攻，目的就是把自己引过来，可到了这个时候想撤都来不及了，事到如今，除了挺身一战别无出路。

这次突击，带队的正是老将黄忠。据《三国志·黄忠传》记载，当时"金鼓振天，欢声动谷"，刘备大军一时间气势如虹。只见黄忠一马当先，他借着下冲的势头，转瞬间就杀到了夏侯渊的面前，根本不给他脱离战斗的机会。

本来夏侯渊带的四百人马都是他的亲卫队，是精锐中的精锐，可是在黑暗中，他们根本不知敌军来了多少人，于是彻底胆寒了。

这是一场不对称的战斗，曹军很快溃散，一代名将夏侯渊死于乱军之中，同行的益州刺史赵颙也一并殒命。

夏侯渊之死对汉中曹军来说绝对是致命的打击，数万大军处于一个小平原中，身后就是沔水，如今群龙无首之下又士气全无，怎么可能挡得住敌军的猛攻？曹军面临着全军覆没的重大危机。

这时候有一个人站了出来，他就是日后威震雍凉近三十年的名将郭淮。当然，此时的郭淮还是个初出茅庐的新人。

郭淮最初是曹丕征辟的官员，后来曹操慧眼识英才，把他调到了丞相府，此次让他作为司马随军出征，而正是这一决定挽救了几万人的性命，以至于局势没有彻底崩盘。

这段时间郭淮一直患病，无法处理军务，可现在主帅战死，而张郃闻讯后已经带着本部人马退往阳平关方向了，因此他强忍着病痛也必须挺身而出。

据《三国志·杜袭传》记载，当时魏军面临的首要问题是"军丧元帅，将士失色"。可见魏军面临的首要问题就是军中没有主心骨，士卒崩溃在即，因此郭淮的当务之急就是稳定秩序。

于是郭淮第一时间承担起收拢败兵的重任，在他的努力下，之前乱作一团的魏军很快被重新集结起来，一场全军覆没的大祸就这样被消弭于无形。

此时，刘备也摸不清魏军的虚实，虽然击杀了对方主帅，但敌军似乎并未慌乱，黑夜中他也不敢贸然出击。郭淮抓住这个机会，快速率军北渡沔水，这才彻底脱离了险境。

与张郃会合后，郭淮提出让张郃暂替主帅之职，同时又找来督军杜袭，让他也表示支持。

当时征西将军夏侯渊手下地位最高的并不是张郃，而是徐晃，他们虽都是杂号将军，但是徐晃由于之前在马鸣阁道一战中大获全胜，被曹操授予假节，地位要高于张郃。徐晃目前肯定是没有在战场附近，很可能还在马鸣阁道防守陈仓道的交通线，否则史书也不会不交代他在定军山一战中的动向。另外，郭淮本人资历尚浅，经验不足，再加上当时身患疾病，也不适合统帅大军。

因此，张郃是目前最有资格，也是在实际情况上最合适的主帅继任者。

郭淮说得有理有据，张郃也痛快地答应了，结果他一出马，军心立刻安定了下来。

第二天天亮后，刘备发现魏军已经撤到沔水北岸了，他不甘心错失这次给对方更大打击的机会，于是打算渡河强攻。

面对刘备的攻势，诸将都认为应该在岸边防守，但郭淮却表示反对。他认为目前己方新失主帅，在士气方面落了下风，此时据河防守是在向敌人示弱，无所挫败敌军，不如继续向北退一段距离，离开河岸，引刘备渡河，只要刘备敢渡河，就击其半渡，打败敌军。

见到郭淮的部署后，刘备怀疑有诈，于是放弃了渡河北进的打算。

夏侯渊阵亡的消息传到长安，曹操感到痛心疾首，一方面他对夏侯渊进行了斥责，毕竟当初那些话他一个字也没听进去；另一方面这也是为了安定军心，之前的失败就推到夏侯渊身上吧，将士无错。

现在唯一的好消息就是郭淮和张郃暂时稳住了局势，不至于彻底崩溃，于是曹操对他们大加赞赏，授予张郃假节。

虽然曹操主要嘉奖了张郃，但是这次大军能够保全下来，还是得归功于郭淮的沉着冷静。

当时张郃自己并没有主动承担重任的觉悟，而是单独带队返回了。当然这也不全怪他，毕竟他没在大本营，不了解具体情况，听说夏侯渊战死后很可能会顺理成章地以为大本营已经被攻陷了，毕竟谁能料到夏侯渊是自己出去送死呢！而在大本营养病的郭淮却是了解实际情况的。

不管怎么说，要不是郭淮挺身而出的话，至少留守大本营的一半兵力将会被歼灭，这是一个难以承受的损失。另外，若没有郭淮冷静的判断，第二天士气低落的魏军能否在沔水岸边挡住刘备的猛攻也尚属未知。

这样一来，魏军又回到了之前双方在阳平关鏖战时期的位置，只不过现在变成了两军隔着沔水对峙。

之前曹操还在长安犹豫到底要支援汉中还是荆州，这下夏侯渊战死，他倒是不用犹豫了。

这时候褒斜道已经恢复畅通，建安二十四年（219）三月，曹操亲率大军从长安南下增援前线，汉中大战进入了最后的阶段。

第三节　鏖兵经年终落幕

建安二十四年（219）三月，曹操大军从长安出发经过褒斜道南下，经过近一个月的跋涉后，于四月份左右抵达汉中。

中途曹操在各险要之处分兵把守，非常谨慎，当一切准备妥当后才到阳平关下，与张郃等人兵合一处。

夏侯渊虽然兵败身死，但由于郭淮和张郃的努力，曹军损失并不算太大，仍然有数万。另外，这次曹操亲自南下，中途的各个要地也有驻军，汉中的曹军总兵力自然不会少，预计至少要在十万人左右。

这么多的军队发起八百里的远征，后勤压力可想而知。前文讲南阳之乱时我们曾论证过这一点。据《三国志·武帝纪》记载，曹操"遮要以临汉中"，四处分兵防守，为的就是保护补给线。粮道实在太重要了，一旦有失就会万劫不复，对于经历过官渡之战的曹操来说，真是怎么慎重都不为过。

对于刘备来说，这次曹操是来真格的了，对方在兵力上占据优势，此时主动出击并不明智。另外，曹军虽多，但相应的后勤压力也会更大，因此希望凭借兵力优势速战速决的是曹操而不是刘备。据《三国志·先主传》记载，刘备"敛众拒险，终不交锋"，决定充分发挥地形优势，坚守定军山，决不出战。

其实，刘备的后勤压力也不小，甚至补给线的长度还要超过曹操。整个金牛道长达千里以上，为了供应数万大军的远征，益州已经到了"男子当战，女子当运"的地步，人力、物力都已经接近枯竭。

所以说，双方都有说不出的苦，现在这样继续僵持，拼的就是综合实力，根本不需要在战场上分出胜负，哪一方先断粮哪一方就得被迫放弃汉中。

不过明显还是曹操这边压力更大，毕竟之前已经到了内部叛乱四起的地步了，虽然能暂时镇压下去，但是拖得久了难免再次生乱，因此曹操决定尝试打开局面。

曹操如果打定主意和刘备拼消耗的话，那明显应该向东撤退，这样可以缩短补给线，减轻自己的压力。然而，曹操一直待在阳平关附近，那肯定是对阳平关有想法了，如果能夺下阳平关的话，就能严重威胁刘备的粮道，让他不得不撤出汉中。

曹操展开了行动。上一次援救武都，曹操选择曹休承担重任，这次他把任务交给了宗室二代中另一位后起之秀曹真。

曹真是统率过虎豹骑的名将，身经百战，经验丰富，这一次曹操让徐晃做他的副手，让他以征蜀护军这个实权官职的身份攻打阳平关，可见对其信任之深。

此时阳平关守将高详兵力并不多，而且对手还是曹军名将，他承受了极大的压力，形势非常危急。按照《三国志·曹真传》的记载，曹真"督徐晃等破刘备别将高详于阳平"，可见他在阳平关大获全胜。

既然如此，按理说曹真应该顺势截断刘备粮道，逼迫刘备撤兵才是，为何刘备还能继续坚持呢？笔者认为事情的真相是曹真虽然取胜，但是并未攻占阳平关，因为刘备闻讯后发兵支援了，这才让曹真功败垂成。

以上推断可以从《三国志·法正传》中印证一二，据记载，在汉中大战期间，有一次形势不利，而刘备又身先士卒，暴露于曹军弓弩之下，可他坚持不肯后退，谁劝也不听。这时候法正走上前来挡在刘备面前，对漫天箭雨视若无睹。刘备让他下去躲避，但法正却回答说："明公尚且亲冒矢石，何况是我呢？"结果刘备恍然大悟，这才答应后退。

这一记录仔细推敲起来是有些问题的，因为如果刘备始终死守定军山不下去交战，那么曹军的弓弩怎么可能威胁得到他呢？要知道定军山虽然不算什么高山，但是高度跟下面的盆地相比也有三百米以上的落差，就算是养由基再世也不可能把弓箭射到山上去。另外，之前跟夏侯渊对峙时期，也没有刘备带兵下山交战的记录。而且由于夏侯渊始终被牵制，肯定不会有刘备形势不利的局面。

因此以上战斗一定不是发生在定军山。笔者认为这场战斗发生的地点很可能是在阳平关，是刘备听闻阳平关危急后亲自领兵回去支援了。这样一来，双方展开近距离交战，才有可能出现刘备身先士卒从而被曹军箭雨笼罩的情景。另外，之前高详为曹真所败也与"势有不便"的描述相吻合。

第五章 汉中决战

总而言之，如果刘备没有回救阳平关的话，等到粮道被断之时，就是彻底告别汉中之日，但他的果断最终还是挽救了一度危急的局面。

奇袭阳平关是曹操逆转不利局面唯一的机会，现在虽然获胜但并未达到作战目的，他只能被迫重新回到拼消耗的老路上来。

对于曹操来说，不好的消息还不止这一个。不光是他知道要截断对方粮道，在这件事上，刘备也没有对他客气，这叫以其人之道还治其人之身。

曹操既然不惜拉长补给线也要主动进攻，那就必须承担粮道被袭扰的风险。

在古代，运粮能走水路肯定是尽量走水路。曹操的粮道大概率是从长安出发后沿着渭水向西，过了眉县后往南转入斜水（武功水），之后在今宝鸡市太白县一带转走一段陆运，然后再转入褒水，向南直达沔水，最后逆流而上，即可抵达阳平关。

这条路线看似通畅，中间只有一小段是陆运，但是它有一个致命的缺陷。

曹操分兵把守各险要之处，就是为了维护粮道畅通，可惜他虽然准备充分，但还是百密一疏，有一个战略要地落到了刘备手里。

之前我们介绍了定军山的十二连珠，这十二座山的最后一座称为元山，比起三百多米高的定军山要矮得多，大概只有一百米左右，后来诸葛亮在这座山上修建了汉中防御体系中极为重要的汉城，也叫西乐城。

据《水经注》记载，汉城以东又有山谷名为容裘谷，谷中有容裘溪水（今漾家河），也叫洛水，这条小河向东北方向注入沔水。

就在容裘溪水与干流沔水的河口以东不远处有一座险峻的小山，它俯视着沔水，是一处绝佳的设防地点，而此山上正好有一座故城可以驻军。故城虽说名字叫作"城"，但并非那种坚固的城池，按照史料描述，应该就是一座营寨。

故城和定军山距离并不远，也就二十多里路，速度快一点的话半天就能赶到，而且两地之间还有容裘溪水相连，分兵故城的话，支援起来也是比较快的。

早在曹操南下期间，刘备就已经开始布局了，他派黄忠和赵云率兵据守故城，占据了主动。这下曹操算是吃到了补给线过长的亏，虽然尽力布防，但终究还是迟了一步，结果他的粮道受到了巨大的威胁。

这样一来，在黄忠和赵云的眼皮底下，曹军就很难利用沔水水路运粮了，在粮道的最后一段，他只能选择成本比较高的陆运。不过黄忠却对此仍不太满意，之前斩杀夏侯渊立下的旷世奇功让这位老将自信心爆棚，他打算再立一次大功。

当时曹军在汉中的粮草集散地位于北山，此地囤积了成千上万袋粮草，黄忠提出带兵去袭击，如果能成功，曹军必将遭遇灭顶之灾。

这个北山指的就是秦岭，相对汉中而言，秦岭在北所以叫作北山。《后出师表》中写道曹操"几败北山"，指的就是这里。

在容裘溪水以东十里左右是度口，即沔水与支流度水（今黄沙河）的河口，据说这也是后来诸葛亮制作木牛流马的地方。

度水发源于秦岭群山中，它流入的汉中盆地处的秦岭余脉就是曹操囤粮的具体位置了，将粮草集中在这里可以远离敌军的骚扰。

黄忠提出的建议值得一试，毕竟目前曹军粮道已经远离故城，继续在故城驻军意义已经小了很多，因此不如主动出击。不过曹操肯定会对北山的防御极其重视，进攻兵力少了自然不行，于是黄忠就把赵云的部队也带走了，毕竟他才是主将，赵云是要受他节制的。

黄忠一走就没了消息，到了约定的时间还不回来，赵云心中担忧，难道黄忠中了曹操的埋伏？可是他的部队都被黄忠带走了，想支援也是力不从心，最后赵云没办法，干脆带着几十名骑兵就出发了。

一方面，这一切都是曹操的圈套，对于北山粮仓，他肯定是高度重视，黄忠不会有什么机会，因此大概率是在该处陷入了苦战，这才导致逾期不归。而另一方面，曹操也算准会有人来支援黄忠，因此在路上埋伏了重兵，专门打援，赵云就这么被堵了个正着。

不过赵云不是那么好对付的，在长坂坡杀个七进七出的故事那自然是艺术加工，而取材的来源就是这一次战斗。赵云带的都是骑兵，机动力强，他先发制人，对曹军先锋发起一次冲击，小胜一阵后且战且走，待曹军重新集结后，赵云已经撤到故城了。

曹军紧追不舍，赵云手下将领张著受伤陷入敌阵，赵云发现后回身杀出一条血路把他救了出来，这才安全回营。

当时留守故城的张翼提出应该紧闭寨门死守，不过智勇双全的赵云却反其道而行之，来了个空城计。据裴注《三国志·赵云传》引《云别传》记载，当时赵云下令"更大开门，偃旗息鼓"。曹军恐有伏兵，不敢冒进，最终只好撤军。

赵云等的就是这个机会,曹军刚一掉头折返,就听见身后擂鼓震天,待回头一看,只见万箭齐发,于是立刻陷入混乱,自相践踏并落入沔水溺死者甚多。赵云没追击,毕竟他兵力极少,一出击就暴露自己的底细了。

故城之战是正史中赵云一生的高光时刻,他以极少的兵力粉碎了曹操围点打援的计划,战后刘备来战场巡视,对赵云大加褒扬,称赞说:"子龙一身都是胆也。"

至于黄忠那一路,笔者认为应该并没有得手,否则这绝对是奇功一件,不会在史料中完全没有记载。因此,最大的可能就是曹操在北山防备严密,黄忠发起进攻后迟迟没有进展,于是引兵撤退,双方不分胜负。

就这样,在曹操抵达汉中后,双方先后爆发了阳平关之战和故城之战两次小规模战斗,其作战目的都是摧毁对方粮道,不过最终都未能实现目标,双方再次回到同一起跑线上来。

这时局面对曹操来说更恶劣。一方面,虽然刘备的粮道更长,但只要阳平关不失,补给线就很安全,可保粮道通畅。而曹操虽然粮道较短,但需要防备的地方更多,从褒谷口到阳平关,所有的险要之处都要分兵驻守。这样一来,为了在前线保持和刘备至少势均力敌的兵力,他所需要的总兵力就要更多,否则就会陷入"无所不备,则无所不寡"的窘境。另一方面,此时刘备的大后方也要更稳定一些,至少暂时还没出现叛乱,而曹操这边已经是真的挺不住了。

数十万民夫穿梭在秦岭群山中险峻的栈道上,海量的物资运到前线往往连十分之一都剩不下。战争旷日持久,粮草供应也越来越紧张,曹军士卒怨声载道,终于在四月底五月初这段时间开始出现大规模逃亡。

刘备对曹操的困境一清二楚,他趁机派刘封下山去向曹操挑战,当然这只是诱敌之计。这一挑衅之举让曹操恼羞成怒,之前心腹将领夏侯渊阵亡,如今自己亲统大军前来也是连连受挫,这一系列打击终于让他连魏王的风度都顾不上了。

曹操对着山上破口大骂:"卖履舍儿,长使假子拒汝公乎!待呼我黄须来,令击之。"

你这卖草鞋的匹夫,派个养子就能对付我了?等我派亲儿子来!于是曹操立刻遣人招曹彰前来助战。

不过很快曹操就冷静下来了,他知道汉中已经没救了,再耗下去不仅毫无意义,而且国内也会生变。之前我们分析过,这么多年来,曹操离开朝廷外出作战一般不会超过一年,可是这一次他在建安二十三年(218)七月发兵西征,到现在已经十个月左右了,他除了撤兵别无选择。

建安二十四年(219)五月,曹操正式放弃汉中,班师北上。而曹彰此时刚到长安,真儿子和假儿子最终还是没能分出个高下。

至此,持续一年半左右的汉中大战终于落下了帷幕,为此曹刘两家几乎拼尽了全力。

对于刘备来说,虽然几乎耗尽了本钱,但成果也是喜人的。

没有汉中的益州不是完整的益州,《隆中对》的最后一块拼图已经完成了,再加上不久前命刘封、孟达夺下东三郡,此时刘备势力已达最盛,起兵三十多年后,他终于达到了自己人生的顶点。

第四节 进位称王生弊端

建安二十四年（219）七月，刘备于汉中沔阳修建了一座高高的坛场，在那里举办了一场盛大的典礼，坛下数万精兵排成整齐的方阵以壮声威，文武群臣则分列两旁。

待读过群臣写给汉献帝的奏表（即劝进表）后，刘备拜受了汉中王的印玺和绶带，加冕称王，之后火速命使者将劝进表送到汉献帝处，而之前朝廷授予的左将军、宜城亭侯印绶也一起归还，并宣布立刘禅为王太子。

这么一来，刘备就与曹操这个魏王并驾齐驱了，他终于达到了自己事业上的巅峰。

不过这里似乎有点问题，因为在爵位册封时，只能是高等爵位册封低等爵位，所以封王的话只有天子才有这个资格，而刘备这个王却是自封的。

自封为王，显然是没有说服力的，刘备之前走的一直是大汉忠臣的路线，他的人设就是坚决反曹，这也是他一直以来赖以生存的本钱。

刘备始终坚信"每与操反，事乃可成耳"，只要事事跟曹操相反，最终定能成事，可是在称王这件事上，他和曹操没什么两样，这不就违背了一贯的行为准则了吗？

在分析刘备称王这件事的前因后果时，有必要先来探究一下"汉中王"这个爵位。

第五章 汉中决战

汉中王自然和汉中有着密不可分的关系，这里不仅是刘备一生功业的最高峰，也是四百年前刘邦成就帝业的开端，因此汉中对于汉朝来说有着极为重要的意义。

当年刘邦称帝后大封宗室为王，但据《华阳国志·汉中志》记载，汉中这块地方"以帝业所兴，不封藩王"，可见汉中作为汉朝的龙兴之地，在整个汉朝都是从未被作为藩王封地的。

因此，刘备选择汉中王这个称号是有着双重意义的，第一层意思是他在这里建立了功业，第二层意思就是要效法先祖刘邦，复制他的成功轨迹。

从局势上来看，刘备确实和当初的刘邦非常像，都建立了以益州为根基的政权，但是他不可能再自称"汉王"了，这个避讳还是必须得注意的。因此"汉中王"就是最好的选择，既能彰显功业，又能和汉高祖扯上关系（兴复汉室）。另外，东汉末年的形势和秦末也有所不同，大汉朝廷虽然式微，但依旧是具有公信力的，不像当年的秦朝早就被天下人抛弃了。

因此，刘备是在战略部署上学习汉高祖，而真正建功立业的路径则是学习光武帝，即再造大汉，只不过造的是刘备自己的汉，而称王就是他的第一步。

称王对于刘备来说还是有很多好处的，最直接的一点就是可以自立门户，彻底摆脱在大义名分上来自曹操方面的压力。

首先，之前刘备作为朝廷的左将军、宜城亭侯，与曹操对抗多少有点名不正言不顺，毕竟衣带诏这个东西究竟有没有谁也说不好，完全是董承的一面之词，刘备根本就没见过，也拿不出来。现在他和曹操平起平坐了，双方都是王，自然也就不会低人一头了。

其次，刘备之前的爵位只是亭侯，可他手下同样也有很多亭侯，比如马超、关羽、张飞等。主臣爵位相同，这不利于刘备对部下进行统御。进位为王，刘备不仅可以和臣属拉开差距，有利于他的统治，还能以更高的身份给手下人更多封赏，可以说是皆大欢喜，这就是古代臣子热衷于劝进的原因。

不过事情总是有两面性，称王一事对刘备来说是一把双刃剑，在带来诸多好处的同时，也有许多不利的影响。

先来看看刘备称王是否具有合理性。

劝进表中主要内容就是三件事：第一是称王的目的，第二是称王的依据，第三是后续事宜。

首先，刘备称王的目的就是针对曹操，据《三国志·先主传》记载，刘备担心朝廷"大有阎乐之祸，小有定安之变"。

当初赵高使阎乐杀秦二世胡亥，王莽则废孺子婴为定安公。刘备指出曹操就是赵高、王莽第二，必须要打倒。而现在刘备"爵号不显，九锡未加，非所以镇卫社稷"，而且"奉辞在外，礼命断绝"，如今皇帝被曹操控制，也不可能封他为王，无奈之下只好接受臣属马超、许靖、诸葛亮等人的劝进，"辄顺众议，拜受印玺，以崇国威"。

虽然刘备说得头头是道，但很可惜这个道理是讲不通的，因为即使汉献帝是自由身，他也不可能给刘备封王，除非刘备变成下一个曹操。但也有这样一种说法，那就是曹操这个异姓都能封王，刘备作为汉室宗亲为何不可呢？根据汉高祖白马之盟，非刘氏而王，天下共击之，但这并不是说只要是刘氏就有资格称王。

事实上，汉代的同姓藩王册封是很严格的，除了天子近宗都不能封王，显然刘备是不符合这个标准的，他和当今天子的血脉关系已经非常疏远了。

也就是说，曹操的异姓王固然不合法，但这并不说明刘备称王就是合法的，这两件事没有因果联系。

不过刘备也清楚这一点，因此他给自己找好了借口。比如劝进表中就提到：

> 周监二代，封建同姓，诗著其义，历载长久。汉兴之初，割裂疆土，尊王子弟，是以卒折诸吕之难，而成太宗之基。（《三国志·先主传》）

意思是周朝册封同姓诸侯，因此享祚八百年；汉初册封同姓王，因此挫败了诸吕之乱。可是这话却只说了一半，因为劝进表中并没有说周朝分封完同姓诸侯后没多久就发生了三监之乱，而汉朝诸侯王虽然在平定诸吕之乱中出过力，但很快又爆发了七国之乱，这些都被他选择性忽视了。

刘备在自己给汉献帝的上表中也提到了类似的内容，他说"周监二代，并建诸姬，实赖晋、郑夹辅之福"，认为周天子也受益于同姓诸侯晋国和郑国的辅佐。可惜还是越描越黑，因为春秋时期最早不把天子放在眼里的就是郑国，郑国甚至还公然和天子交战。

总而言之，刘备的理论是不成立的，从历史角度看，封同姓诸侯不仅弊大于利，而且以他的身份也没有资格被册封。

再看刘备称王的依据，劝进表中援引的旧例是：

> 昔河西太守梁统等值汉中兴，限于山河，位同权

均，不能相率，咸推窦融以为元帅，卒立效绩，摧破隗嚣。（《三国志·先主传》）

两汉之交的时候，河西五郡共同推举窦融为大将军，最终合力对抗隗嚣。刘备集团的意思就是说如果几名臣属地位相当，不便于统一管理，就可以在非常关头共同推举一人，使其地位更进一步，而不需要通过朝廷的册封，这是有先例的。

这个理论依据看似有些道理，比如马超和关羽，他们都是朝廷册封的货真价实的亭侯，和刘备爵位相等。不过窦融的案例是相同官职之间的推举，而并非相同爵位的推举。几个太守能推举一个大将军，但并不是说几个侯就能推出一个王，这是完全不同的概念。

官职方面，能和刘备这个左将军、领豫州牧（刘备自领益州牧）齐平的则一个都没有，劝进表中领衔的马超只是偏将军（曾自封为并州牧，不合法），左将军长史许靖、营司马庞羲、议曹从事中郎军议中郎将射援、军师将军诸葛亮都是刘备作为左将军或领益州牧的属官，后面关羽、张飞、黄忠等人和刘备差距更大，显然他们是没有资格推举刘备的。

当然，如果刘备希望让自己称王一事更加合理一些的话，他还有更好的选择，但他忽略了两个人。

第一个人是刘璋，由于他在刘备的控制之下，完全可以把他写在劝进表的头一位。要知道刘璋可是朝廷任命的益州牧，和刘备这个豫州牧（朝廷正式任命的）是平级的，他绝对是最有资格推举刘备的人。

第二个人是个死人，他就是之前在定军山一战中和夏侯渊一同阵亡的赵颙。

赵颙这个人生平事迹不详,但他却有一个重要身份那就是益州刺史,刺史同样是州级别的高官,而且也是朝廷任命的。曹军方面不可能找到赵颙的尸体,因此这个事情就是死无对证,随便刘备怎么去说,曹操一点证据都没有。

州刺史虽然比州牧职权小,但至少也比马超这个自封的并州牧有说服力多了。

总之刘备集团效仿旧例的做法是有漏洞的,排在劝进表第一位的马超就是矮子里拔将军。

另外,刘备的称王依据在逻辑上也有很大漏洞。第一,窦融虽然被同僚推举,但据《后汉书·窦融传》记载,他只是"行河西五郡大将军事",而"领都尉职如故"。也就是说,窦融并不是做了真正的大将军,他的官职依然是之前的张掖属国都尉。可刘备的汉中王也不是当初韩信提出的那种假王,而是实打实地称王了,这明显和窦融大不相同。第二,窦融等几名郡守、都尉都是更始帝刘玄任命的官员,如果按照刘秀的立场,这些人都是非法的。虽然后来窦融归顺了刘秀,但他被推举为大将军是在那之前的事,这个大将军也是非法政权的大将军,刘备引用窦融这个先例,岂不是把自己也定义为非法了吗?

由此看来,刘备的称王依据非常牵强,不具备说服力。

最后再看看后续事宜,这也是对第二点称王的依据作的一个补充。

在劝进表的末尾,诸臣提出:

> 夫权宜之制,苟利社稷,专之可也。然后功成

事立，臣等退伏矫罪，虽死无恨。（《三国志·先主传》）

称王一事只是因为对社稷有利，所以才独断专行，等将来消灭了曹操，他们甘愿受罚。

这里应该是刘备希望对之前逻辑方面的漏洞作出一个解释，窦融只是临时大将军，因此我称王只是权宜之计罢了。

众臣虽然明确表态以后甘愿受罚，但是刘备自己给皇帝的上书却完全没提这回事，虽然受之有愧，但是到手的利益是不会放弃的。

另外，刘备居然把左将军和宜城亭侯的印绶也还回去了，这不就坐实了他这个汉中王要永久当下去了吗？这样还怎么效仿窦融呢？

总而言之，刘备称汉中王的劝进表虽然写得引经据典、慷慨激昂，但其中有很多漏洞无法解释得通。

这是刘备称王的第一个弊端，他的人设已经崩塌了。刘备一生反曹，最终却变得和曹操没什么两样。

虽然从此以后曹操无法用朝廷的名义压制刘备了，但同时刘备也跟朝廷彻底决裂了。

其实对于这种没有资格做王的人来说，只要有实力，称王和称帝没有区别，只是一个先后顺序。

高筑墙，广积粮，缓称王。虽然当时还没有这句话，但道理是千古不变的。刘秀称帝的时候已经在天下的角逐中占据了绝对优势，和现在的情况完全不同。在这一点上，刘备做得还不如曹操。

第二个弊端则更为严重，往浅了说，这是一次外交上的重大失误；往深里说，这或许导致了刘备的基业被彻底断送。

如今天下三分，三大势力中，曹操和刘备都称王了，但是有没有人考虑过孙权的感受呢？

从孙权的角度来看，称王这件事的合法性应该不是他最关注的，因为他骨子里并非汉臣，在终极目标上，他和曹操、刘备是一致的。

之前鲁肃在榻上策中提出汉朝不可复兴，应该另造帝业，当时孙权表示这个目标不切实际。可事后张昭说鲁肃太过狂妄，孙权却不以为然，反而日益看重鲁肃，这说明他在内心深处是认同鲁肃的。因此，孙权关注的是是否具备称王的实力，而并非称王是否合理。

曹操称王也就罢了，毕竟全天下他占了大半，刘备竟然也敢称王？

十年之前，刘备还是那个被曹操打得没有容身之地的丧家之犬，在孙权看来，他和刘备并不是平等的，虽然双方结盟，但刘备应该是居于从属地位的。但是现在刘备不仅在实力上已经和他不相上下，爵位上更是有了天壤之别，要知道孙权此时连侯都不是。在官职上，孙权也只是讨虏将军、会稽太守，身份和实力严重不匹配。这样一来，究竟谁才是从属呢？

这就是刘备在处理同盟关系时的又一个失误。之前在湘水划界的时候已经得罪过孙权一次了，可刘备不仅不想着修复关系，反而继续刺激孙权，完全不顾及他的感受，这可不是维护同盟关系的做法。

孙权对这件事是非常有看法的。夷陵之战后，双方重归于好，当时东吴使者郑泉就表达了对此事的不满，而且理由很上得去台面。

据裴注《三国志·吴主传》引《吴书》（韦昭著）记载，当时郑泉说：

> 曹操父子陵轹汉室，终夺其位。殿下既为宗室，有维城之责，不荷戈执殳为海内率先，而于是自名，未合天下之议。

你刘玄德身为汉室宗亲，为何不仅不能积极消灭曹操父子，维护汉室社稷，反而自己却称王称帝了呢？结果弄得刘备"甚惭恧"。

总之，刘备这次还是太急了一些，他在上表的时候完全可以提一下孙权，之前他能表孙权为徐州牧，这次怎么就不能表他为吴王呢？别管这个吴王有没有合法性，至少可以表明自己的态度。

后来，诸葛亮在这类事情上处理得就很周全。孙权称帝时，蜀汉遣使陈震祝贺，并与孙权订盟，交分曹魏九州，这才是务实不务虚的最佳处理方案。

当然，刘备称王，也是有一些亮点的，比如有一件事他就办得很不错，那就是汉中王属国的设定问题。

在劝进表中，汉中王的领地被设定为汉中、巴、蜀、广汉、犍为五个郡，也就是完全局限在益州范围内，而且"所署置依汉初诸侯王故典"。至于荆州的零陵、武陵和南郡三个郡则根本没提。

这难道是说明刘备不重视荆州吗？当然不是，不然他之后就不会对孙权发起东征了。

真正的原因是诸侯王名义上的领地并不等于实际控制的领地。

曹操这个魏王名义上的领土就是魏国的十个郡，但他实际掌控的领土可就多得多了。刘备也是一样，他只要实际控制这八个郡就可以了，实际领地完全没必要弄到明面上来。

刘备可是自称要模仿汉初同姓诸侯王的，据《史记·汉兴以来诸侯王年表》记载，"内地北距山以东尽诸侯地，大者或五六郡，连城数十"，可见当时各个诸侯国中，规模最大的王国也就只有五六个郡而已。比如最大的诸侯国齐国就是六个郡，而小一点的王国比如楚国和代国只有三个郡。

如果刘备将自己名义上的领地扩大到八个郡，那显然就不符合汉初同姓诸侯王的标准了，在这一点上他还是要显示出和曹操的区别的，五个郡的体量恰到好处。

而另一方面，完全不提荆州也在一定程度上照顾到了孙权的情绪。可能这就是整个劝进表中为数不多的值得称道的地方了吧。

笔者认为，刘备称汉中王是弊大于利，而归根结底还是因为实力。称王是否合法是相对的，实力到了自然水到渠成，到时候即使不合法也会变得合法，但对于刘备来说，目前显然还不是时候。

第六章 水淹七军

第一节　千古遗恨《隆中对》

虽然汉中大战已经告一段落,但战争的硝烟却未散尽,随着建安二十四年(219)关羽发动规模浩大的北伐,荆州风云的新篇章拉开了序幕。

一直以来,关羽的北伐行动大多为人所诟病,很多人认为他的失败直接导致荆州的丢失,从而使《隆中对》战略彻底破产。

那么究竟是不是如此呢?

在论证这个问题之前,我们先来探讨一下关羽为什么要发起北伐。

表面看上去原因很简单,因为《隆中对》已经明确表示,从荆州出兵北上是整个计划的重要一环。具体战术是"命一上将将荆州之军以向宛、洛",刘备本人则"则率益州之众出于秦川"。因此,关羽的荆州军就是巨大的钳形攻势中的右翼部队,他似乎就是在践行《隆中对》的方针。

可是问题又来了,《隆中对》对出兵的时机也有着严格要求,大前提有以下几个,即"跨有荆益""保其岩阻""西和诸戎""南抚夷越""外结好孙权""内修政理"和"天下有变"。

其中"跨有荆益""保其岩阻""西和诸戎""内修政理"这四点基本算是做到了,"外结好孙权"在表面上也算是做到了,而"南抚夷越"和"天下有变"的目标则并未达成。

别说在当时,就是后来诸葛亮执政的建兴初期,南中地区都还有大规模叛乱,因此"南抚夷越"的路还很长,而"天下有变"也是遥遥无期。

那么,什么叫作"天下有变"呢?

这个"天下"指的是狭义的天下,首先肯定不包括刘备自身的势力范围,因为如果自己内部生乱又何谈外出征战呢?其次,这个天下应该也不包括孙权的势力范围,因为在《隆中对》的规划中孙权就不是假想敌。

因此,"天下有变"所指的肯定是曹操政权内部生出变故。

虽然建安二十三年(218)曹操集团内部发生三次动乱,但很快就被平定了,这些动乱级别还不够,算不上是"天下有变"。因此,除非曹魏内部出现更为重大的变故,比如曹操突然病逝,又或者军事重镇发生叛乱,比如三十多年后的淮南三叛。只有这种级别的变故才能算得上是"天下有变",从而成为出兵北伐的绝好时机,建安末年显然还没有到这种地步。

也就是说,关羽这次北伐并不符合《隆中对》的既定策略。

那么难道是关羽违背了刘备的指示,擅自发起了军事行动吗?按说这也不应该,关羽这些年一贯忠心耿耿,怎么会如此胆大妄为呢?

因此,笔者认为关于他是不是自作主张,这件事并不绝对,可以说既是也不是。

说是关羽自主行为的理由很简单,就藏在《三国志》对本次

第六章 水淹七军

关羽北伐的描述里。

《三国志》在记述关羽负责的军事行动时，用词都是很讲究的。

关羽守下邳时，《三国志·关羽传》就说"先主之袭杀徐州刺史车胄，使羽守下邳城，行太守事"；之后赤壁之战前夕他带领荆州水军南下，是"先主自樊将南渡江，别遣羽乘船数百艘会江陵"；而后来的荆州危机期间关羽率军和东吴对峙，《三国志·先主传》则记录为"先主引兵五万下公安，令关羽入益阳"。

这三次记录分别用了"使""遣""令"等字眼，都可以确认关羽是奉命行事。《三国志·先主传》在描述刘备夺取东三郡一事时，记录为"遣刘封、孟达、李平等攻申耽于上庸"，也说明他们的行动是依照刘备的命令。可唯独关羽北伐这次却有所不同，《三国志·关羽传》中说"是岁，羽率众攻曹仁于樊"，并未明确他收到了刘备的命令。

笔者认为陈寿这样描写是有一定目的的，刘备很可能确实没有直接下令。但这并不是说此事完全就是关羽擅自做主，因为他很可能是得到了一定范围内的自主权限。

当时关羽无论权力和地位都是刘备帐下的第一人，且关羽作为"董督荆州事"，也是掌握了相当大的实权的。

这个有限的自主权是什么呢？笔者认为很可能就是授权他伺机夺取襄阳。当然也就仅此而已，继续扩大战事则是不可以的。

按照《隆中对》的规划，到发起总攻的时候，一定要两路相互配合，而且必须要刘备亲自下令，绝不能擅自行动。另外，夺取襄阳也是发动总攻的先决条件。在《隆中对》提出的时期，襄阳还是在刘表控制下的,因此,当时诸葛亮提出"跨有荆益"的目标包含着占有襄阳。

首先,若要从荆州北上,襄阳非要夺下来不可,只有先拿下襄阳才能进入南阳盆地,否则进攻宛城就是空谈,而洛阳更是遥不可及。所以说,没有襄阳,就不能算完整实现"跨有荆益"这一目标。

其次,从常理来看,如果关羽仅凭荆州三郡之力就想和曹操抗衡,这是不可理解的,他的初衷应该就是发动一场规模有限的战争,先拿下襄阳再说,而这也是在他权限范围之内的事,只不过后来局势的发展超出了他的预料。后世认为关羽这次北伐目的是进取中原,有相当一部分原因是他取得了远远超出预期的战果。也就是说,夺取襄阳是为了日后从荆州进取中原做的先期准备,而并不是真正的终极一战。

最后,刘备任命关羽为襄阳太守,或许也有让其伺机攻下襄阳的意味。毕竟巴西太守张飞已经从张郃处夺回了巴西郡。而最后一点就是汉中和荆州联系的问题。在《隆中对》的战略规划中,汉中和南郡分别是两路出兵的前沿阵地,但是两路出兵,如果之间没有联系的话,很容易被对手各个击破。之前夺取东三郡就是为了解决这一问题。因为从汉中往东经过东三郡就能到达南阳盆地,而只要再拿下襄阳的话,汉中和南郡的联系就被彻底打通了。

有了以上这三个原因,刘备集团对于夺取襄阳应该是比较积极的。

刘备很可能会基于这种考虑,授权关羽在合适的时机对襄阳发起进攻,至于作战行动具体如何进行则由他自行决定,只有这样才能对关羽是不是自作主张出兵一事作出合理的解释。

这也是在关羽北伐期间，刘备没有出兵进行配合的原因。既然这本身就不是对曹魏的终极之战，而是一场规模有限的局部战争，刘备自然没必要"率益州之众出于秦川"。

总之，关羽挑起战端并没有违抗刘备的命令，也并没有违背《隆中对》的战略方针。虽然他是实际执行者，对最终的失败应该负直接责任，但从根本上来看，关羽还是尽忠职守的，他在大方向上没有问题，只是在具体操作上犯了错误。

既然问题最大的不是关羽，那么又是谁呢？难道是《隆中对》本身出了问题吗？

持有这种观点的人不在少数，其中最受质疑的就是"跨有荆益"这一点。

理由主要有两个：一是地理因素，因为荆州和益州之间交通不便，距离又遥远，难以相互支援；二则是外交因素，因为"跨有荆益"和"外结好孙权"是相互矛盾的。

我们一点一点看。首先，"跨有荆益"真的在地理条件上不可实现吗？

其实并非如此，这是有先例的。以前曾经部分实现并且有希望完整实现这一目标的人是有的，他就是两汉之交时割据益州的公孙述。据《后汉书·公孙述传》记载，当时公孙述手下功曹李熊献计：

> 北据汉中，杜褒、斜之险；东守巴郡，拒捍关之口。……见利则出兵而略地，无利则坚守而力农。东下汉水以窥秦地，南顺江流以震荆、杨。

首先要占据汉中，守住褒斜道，然后占据巴郡，守住长江上的捍关（今重庆奉节一带），而这就对应着《隆中对》提出的"保其岩阻"。之后倘若时机未到就继续休养生息，有机会则杀出去攻城略地，到时候一路攻入秦地（关中），一路威震荆州、扬州，然后大业可成。这就类似于《隆中对》中的等到"天下有变"就两路出击的战略。

这应该就是诸葛亮《隆中对》的雏形了，也是他制订这一方案的重要参考资料。后来诸葛亮北伐期间，魏明帝曹睿在诏书中也提到"亮怀李熊愚勇之志"，这证明诸葛亮效仿的就是李熊。

当时，公孙述手下骑都尉荆邯也劝说他，仅仅死守益州是坐以待毙，应该主动出击，一路夺取关中，一路夺取江陵。这是对之前李熊方案的一个补充，其中有一句提到"令田戎据江陵，临江南之会，倚巫山之固"，这着重表明了江陵的重要性，公孙述对此也表示赞同。

当然这个方案是非常激进的，需要倾国而出才有可能实现，不过以公孙述当时的局面，还有什么更好的选择吗？

最终，公孙述在周围人的影响下没有选择冒险，而只是让手下田戎去夷陵招募老部下做了一番尝试，而凭这点力量自然是无法夺下江陵的。

三年后公孙述似乎想通了，他派了数万大军东进，一路连战连胜，连刘备拼死都拿不下的夷道都被他攻占了，可公孙述的攻势却戛然而止，之后再无进展，数万大军待在荆州西部边界地区足足三年毫无作为。

对于"跨有荆益"这个方案，公孙述是认可的，虽然因为他的胆怯，丧失了最后的机会，但这并不是说方案不可行。如果后来刘备能有这个局面，又怎么会有猇亭的惨败呢？

因此，"跨有荆益"在地理上是行得通的，也是有类似的先例的。

另外，如果关羽再夺取襄阳的话，南郡可以得到巴蜀和汉中两地的支持，绝不会出现孤立无援的局面。在地理条件方面，《隆中对》并没有什么硬伤。

那么再看外交方面，是否保有荆州就必然会和孙权决裂呢？

笔者认为这个不是绝对的，双方并不是不能谈。

事实上，湘水划界后的局面不是刘备的底线，他的底线是保有南郡即可，只要这样就可以达到当年公孙述预期的理想局面。南郡是北伐的重要基地，而且是和益州接壤的地区，而零陵郡和武陵郡却不是那么重要，对于刘备来说只是锦上添花而已，这两个郡其实都可以被作为谈判的筹码。

在曹操的压力下，孙权必然会认识到联盟的重要性，如果利益或者威胁没有大到一定程度，他是不会轻易抛弃联盟的。孙权连到手的零陵郡都能放弃，这说明他其实也不是那么贪婪，只要刘备表现出一定的诚意，双方关系不至于破裂，可惜刘备始终都没有这样做。

总而言之，《隆中对》没有什么问题，"跨有荆益"的方案也不是刘备集团遭遇重大挫折的主要原因。诸葛亮在天下形势还不明朗的时候就提出了这样高瞻远瞩的规划，他的见识绝对是过人的。

事实上，这些年诸葛亮基本是后勤和内政方面的总负责人，真正随军出征的机会几乎没有，对于整个集团的对外战略方针，他的发言权应该也是比较有限的，因为自打入蜀开始，史书中始终没有他提出相关建议的记载。

后来刘备执意东征孙权，诸葛亮肯定是反对的，但他却没有劝谏，因为他知道即使劝了刘备也不会听从。

在刘备去世之前，诸葛亮对军事和外交方面的发言权并不大，一切都是刘备全权决定，诸葛亮实不该为丢失荆州负责。

既然诸葛亮没问题，关羽也只有些小问题，那么有大问题的就只能是刘备了。事实上也正是如此，刘备虽然对《隆中对》表示赞同，但他却没有认真执行。

当年曹操南征的时候，诸葛亮曾建议刘备进攻襄阳拿下刘琮，这样荆州就在掌握之中了，而这也是《隆中对》的第一步。可是刘备竟然以不忍心为理由拒绝了这一建议。

这当然不是刘备的真心话，要知道他可是不止一次抛妻弃子的人，对妻儿尚且无情，又怎么会对刘琮不忍心呢？他口口声声说不忍心夺了刘琮的基业，为何又忍心夺刘璋的基业呢？刘备真实的想法应该是他觉得襄阳城高池深，兵精粮足，而曹军转瞬即至，他怕短时间难以攻克襄阳，又无法摆脱曹军追赶，到时就万事皆休了。

不过他的决定并不明智，刘琮根本没有威望统帅部众，《三国志·先主传》说"琮左右及荆州人多归先主"，刘备只要尝试一下还是有一定机会的。而当初诸葛亮也明确说了荆州乃"用武之国"，而"其主不能守"，如今这正是天赐良机，刘备怎么忘了呢？

所以说，只要刘备有决心，他是有可能在那时就拿下襄阳并以此为根基对抗曹操的，这个方案无论如何也值得一试，结果无论如何也不会比后来在当阳惨败更差了。可惜他错过了这次机会。

关于"外结好孙权",刘备更是没有放在心上,只是想当然地认为孙权没有和他彻底反目的决心,而四年前的第二次荆州危机也没能引起他的警惕。

以当时并不明朗的外交局面,荆州方面已经不宜再主动出击了,稳守才是上策,可惜刘备却没有给关羽任何警示。

其实"外结好孙权"才是《隆中对》的核心,其优先级要高于"跨有荆益",这也是诸葛亮在开篇就提到的事情,但刘备对这一点始终重视程度不够。

这才是刘备集团在三大势力对荆州的争夺中率先出局的根本原因,而关羽一生的最后一战也注定是以悲剧收场。

第二节 关羽十年磨一剑

关于建安二十四年(219)关羽北伐一事,在大家的普遍印象里,几个主要事件按照时间线的先后顺序应该是:刘备称王、关羽出兵、曹仁被围、水淹七军、吕蒙偷袭。

上述顺序看起来也比较符合正常的故事脉络,很容易被人们所接受,《资治通鉴》也采用了这一时间线。

这样说来,关羽是主动进攻的一方,而曹仁一直在被动防御。不过问题似乎并不这么简单。

《三国志·关羽传》中说"是岁,羽率众攻曹仁于樊";

《三国志·先主传》中说"时关羽攻曹公将曹仁，禽于禁于樊"；而《三国志·曹仁传》中则说"关羽攻樊"。相互对照下来没有发现什么出入。不过在其他人的传记中却出现了截然相反的内容，比如《三国志·武帝纪》中说"曹仁讨关羽，屯樊城"；《三国志·庞德传》中说"遂南屯樊，讨关羽"；而《三国志·于禁传》中则说"太祖在长安，使曹仁讨关羽于樊"，这似乎说明是曹仁率先发起了进攻。

这究竟是怎么回事呢，难道《三国志》中的记载也会互相矛盾吗？现在就让我们来分析一下其中的缘由。

刘备称汉中王后才下令关羽出兵，这一观点就值得商榷。我们在上一节中就已经论证过，关于北伐一事，刘备应该是给了关羽一定范围内的权限，具体作战安排可以由他自行决定。本文就从具体的时间线对此进行一下佐证。

据《后汉书·孝献帝纪》记载："秋七月庚子，刘备自称汉中王。"又据《三国志·武帝纪》记载："秋七月，以夫人卞氏为王后。遣于禁助曹仁击关羽。"这说明刘备称王与于禁发兵都是在七月份，而这就很能说明问题了。

首先，曹仁肯定是情况危急才会请求援助的，从前线樊城到长安上千里的路程，就算信使快马加鞭也得跑上几天，再加上于禁七军的集结也需要花一些时间，因此从曹仁告急到于禁出兵至少也得要十天以上。其次，从江陵到樊城前线的路程也超过五百里，因此关羽行军也需要至少十几天的时间。

这样一来，关羽出兵的时间和于禁出兵的时间至少要相差一个月左右。假如是刘备称王后再下令关羽发兵北上的话，在时间上是有点说不通的，毕竟刘备的信使从汉中赶到关羽所在的南郡

第六章 水淹七军

同样要花一些时间，所以两人出兵的时间不太可能都发生在七月份。

现在结论已经很明显了，关羽出兵的时间不会晚于七月份刘备称王，或许关羽在七月份才赶到襄樊，那时两军才开始接触，但他出兵的时间肯定会更早一些。

那么接下来我们再看看曹仁在这期间的一系列动向。

其实曹仁发起的进攻不止一次，早在一年前他就曾打算主动进攻，只不过军队在樊城集结期间，宛城发生了侯音之乱，因此进攻计划被迫取消，曹仁也班师回去平乱，这次胎死腹中的进攻计划就不计算在内了。之后曹仁和庞德平定了叛乱，二人再次出兵南下，这是曹仁发起的第二次进攻。

这次攻势是在曹操的授意下发动的，关于具体时间，因为曹操是在长安下令的，所以肯定是在五月份他从汉中返回之后。

现在关羽出兵的时间已经确认是在七月份之前，而曹仁则是在五月份之后。虽然范围已经很小了，但还是难以判定谁的行动更早。

《三国志·温恢传》又提供了一些线索。就在关羽和曹仁剑拔弩张之时，孙权又在合肥发动了进攻，位于前线的时任扬州刺史的温恢对兖州刺史裴潜说道：

> 此间虽有贼，不足忧，而畏征南方有变。今水生而子孝县军，无有远备。关羽骁锐，乘利而进，必将为患。

温恢认为合肥这边没什么可担心的，但是镇守荆州的征南将军曹仁那边处境很危险,关羽必为大患。

孙权为什么会在这个时候进攻合肥?笔者认为他肯定不是在策应关羽,反而是在麻痹关羽,原因有二。

第一,孙权早在两年前第二次濡须之战后就已经跟曹操结盟修好了,其目的主要就是缓解东线的压力,同时准备在荆州方向做文章。当初区区七千人驻守的合肥都拿不下,如今居巢有夏侯惇的十万大军坐镇,这样的形势根本由不得孙权再打合肥的主意。

第二,如果孙权是真心攻打合肥,为什么这则记录只出现在温恢的传记中呢?无论孙权还是曹操的传记都只字未提,而这场神秘的战争胜负如何也不得而知,很是令人费解。而且孙权其他的北伐行动都被记录在他自己的本传中,偏偏这次没有,这就很不寻常了。因此唯一的解释就是这是曹操和孙权之间一次默契的配合,孙权传只字未提是由于为传主讳,而曹操传不提则是因为这摆摆样子毫无威胁的进攻根本不值一提。这也是温恢敢说孙权这次进攻不足为虑的底气之所在,他肯定是知道内幕的。

那么,为何温恢又认为曹仁处境很危险呢?

我们先来看看温恢所说的曹仁"县军"是什么意思。"县"是"悬"的通假字,所谓"县军"也就是"悬军",指的是孤军深入险境。

这下问题又来了,我们注意到,在所有关于曹仁主动进攻的记录里,他都是到樊城后就止步不前了,又怎么会成为陷入敌阵的孤军呢?

这一点笔者认为要配合前文进行理解,是因为"水生"才导致曹仁所部成为"悬军"。所谓水生就是水位上涨,一般发生在春季，俗称春涨。之前濡须之战中孙权劝说曹操撤兵时就提到："春水方生，公宜速去。"真正让曹仁陷入险境的就是春涨，因为关羽拥有一支强大的水军，到时候沔水水位上涨，樊城自然会被重重包围，而增援部队也难以前去接应。后续战况的发展果如温恢所言。

这么一来，关羽出兵的时间就比较清楚了。他大概率是在建安二十四年（219）春季出兵的，具体时间在四月之前，可以肯定要早于曹仁，因此率先发动进攻的就是关羽无疑。

而曹仁的一系列动作也印证了这种判断。当时曹仁到了樊城之后就一动不动了，如果他真的打算进攻仍待在南郡的关羽的话，为什么缩在樊城不出击呢？

不过曹仁的真实目的也并非防备关羽可能发动的北伐，这一点可以从《三国志》的措辞中看出一二。因为在表现曹仁主动进攻的三条史料中，都明确提到曹仁是去"讨"关羽，如果他只是为了防备的话，就不应该写成"屯樊讨羽"，而是应该写成"屯樊拒羽"才比较合理。

这样的话就只剩下最后一种可能了，那就是曹仁"讨"的是北上途中的关羽，也即将到达樊城的关羽。

曹仁在到达樊城后深感自己实力不足，难以在野战中占到便宜，因此放弃了主动进攻的计划，打算依托坚城对抗关羽。

其实关羽选在春天北伐还有一个原因，那就是呼应在宛城发动叛乱的侯音，毕竟侯音是关羽早就联络好的内应。

侯音是在建安二十三年（218）十月份起兵造反的，可是冬天水浅，对于拥有水军优势的一方并不利，后来石亭之战时期司马懿就是以这个理由才没有参战，因此关羽只能选择继续等待战机。

到了第二年春天开始涨水，关羽这才正式发兵北上。至于具体时间，笔者认为还是二月底或者三月初可能性最大。

汉水的涨水期一般从四月份（公历）开始，这正好对应建安二十四年（219）的二月底三月初这段时间。毕竟兵贵神速，关羽没有继续拖延的道理，他肯定会在第一时间发起进攻。而且这个时间节点正是夏侯渊战死，汉中战场局势一片大好的时候，此时进兵，曹操必然东西不能相顾。

不得不说，关羽这个时机选得还是非常不错的，如果侯音能在宛城拖住曹仁的话，他就有机会打破襄阳防线了。

可惜的是，关羽高估了侯音的能力，此人轻易中了南阳功曹宗子卿之计，没能撑到关羽到来，在建安二十四年正月就被曹仁消灭了，关羽这次里应外合的作战计划也因此功败垂成。

有一个疑问，曹操是在五月份才下令曹仁前往樊城迎战关羽的，难道他就不怕从二月底开始的两个多月里，防守空虚的襄阳和樊城被关羽攻破吗？

其实关羽也并非不想快点发动进攻，只不过当时又出了个意外。这期间，文聘一直在沔水沿线对关羽进行骚扰，拖住了他前进的脚步，这也给了曹仁喘息的机会。

在曹、孙、刘三家三分荆州后，不仅是南郡被一分为二，孙权占据的江夏郡也被一分为二，其中魏属江夏就由大将文聘驻守。

之前乐进还在荆州时，文聘曾经和他协力击退过关羽的进犯，后来乐进被调到合肥去了，而曹仁又被压缩在樊城不敢出来，这次只能靠他自己了。文聘兵力始终有限，再加上他还得防备孙权在江夏南部的威胁，肯定没有太多的机动兵力。而关羽的机动兵力在三万人以上，硬碰硬的话，文聘绝不是对手，因此他采取的是袭扰战术，从江夏北部的驻地石阳频频出击，从侧翼方向对关羽进行袭击。

在湖北省荆门市以东数十里靠近汉江畔的地方，有一个渡口叫作汉津，当年刘备被曹操追杀的时候就曾在这里与关羽的水军会合，之后渡过沔水向东逃往夏口。

关羽在都督荆州期间，为了准备北伐，在汉津北面不远处修建了一座小城名叫荆城（今湖北省钟祥市石牌镇），作为以后出兵攻打襄阳的前沿基地，这一次文聘的目标就对准了这里。文聘偷袭了关羽的补给线，在汉津渡口袭击了关羽的辎重部队，又在荆城烧毁了部分船只，给关羽造成了一定麻烦。

虽然史书中并未明确记载文聘的袭扰行动是发生在这个时候，但考虑到关羽北伐行动的时间线，也只有这样才能解释他进展不是很快的原因。

当然，文聘的动作也就仅限于此了，他只能稍微延迟一下关羽的脚步而已，无法造成实质上的影响。

到了夏末时，关羽终于摆脱了文聘的袭扰，大军顺利抵达襄、樊一线。

望着烟波浩渺的江面，关羽不禁思绪万千。

在荆州初步站住脚跟还是建安十四年（209）的事，时光如白驹过隙，一晃十年过去了，他也已经垂垂老矣。

这些年关羽一刻也不曾懈怠，他始终秣马厉兵，积蓄钱粮，整顿士卒，为的就是今天这一战。

十年磨一剑，此时关羽手下已经拥有了一支规模在三万人以上，而且战斗力强悍的水陆两栖部队。可以说，在沔水沿线作战，他就是无敌的存在。

关羽端坐在巨大的楼船上。巍峨的坚城虽然令人望而生畏，但关羽的胸中却燃起了熊熊的斗志。

建安二十四年秋，这个三国历史上最精彩的一年，即将迎来高潮。

第三节　水陆并进围襄樊

建安二十四年（219）夏秋之交，关羽水陆大军抵达襄阳、樊城前线，将两座城池重重包围。

曹仁作为前线最高指挥官，此时日子是相当不好过，只能龟缩在城里固守待援，因为他手里只有几千兵马。

关羽来了至少三万人，曹仁作为战区统帅，为何只有这么一点军队呢？

原来是因为曹仁迫于形势，不得不分兵，这才导致了兵力不足。首先，曹仁驻扎在沔水北岸的樊城，但驻守在沔水南岸襄阳的吕常那里肯定也得分配一部分兵马；其次，虽然侯音之乱被扫平，但难保南阳不会再出什么动乱，宛城也要留一部分军队防守；除此之外，和曹仁一起来樊城的庞德并没有在城里驻扎，曹仁让他在城北十里处安营，避免所有兵力都被关羽围在城里；之前曹操集结重兵在汉中和刘备争锋，也难保不会抽调一部分南阳的兵马。

也就是说，曹仁在本来兵力就不甚充裕的情况下，又将手下的军队分成了四个部分。或许他的总兵力不比关羽少太多,但是由于兵力非常分散,在局部战场上陷入了巨大的劣势。尽管如此,关羽要想一鼓作气拿下襄阳和樊城也并非易事,从古至今襄阳和樊城的防线都是一道难以轻松跨越的障碍。

我们首先来介绍一下襄阳得名的由来。

一般来说,带有"阴"或者"阳"字的地名,其得名大多都与山和水有关,命名规则基本遵照"山南水北为阳,山北水南为阴"。

这样看来,襄阳附近就应该有襄山或者襄水才是。

不过,襄阳以北就是沔水了,并没有什么山脉,襄阳周围的山脉全都集中在西南部,因此襄阳和襄山没什么关系。

那么,难道说襄阳以南有一条襄水吗?这种看法是比较普遍的。最早持这一观点的是东汉末年泰山太守应劭,根据为《汉书》作注的颜师古的记录,应劭曾说过襄阳"在襄水之阳"。

后来的《水经注》也沿袭了这一说法,并且做了更详细的说明。按照《水经注》的描述,檀溪水发源于襄阳南面的柳子山(今扁山),之后河流一分为二,主河道向北注入沔水,也就是传说中刘备乘的卢马一跃而过的那条河;另一条支流流向东南方,就是今襄阳市以南的南渠,郦道元认为它就是襄水。

以上说法也有些问题。因为以河流命名地名时,基本都是以天然河道为依据,几乎没有以人工沟渠来命名的。而南渠从名字就可以看出是人工修建的,目的大概是作为襄阳护城河的水源。襄阳附近明明有更明显的地标,也就是沔水,如果以河流命名的话,按理说襄阳应该被称为"沔阴"才更加合理。

所以,说以南渠为襄水恐怕有强行附会之嫌。于是也就有了第三种解释，即襄阳的"襄"乃是大水弥漫的意思，指的是襄阳一带经常洪水泛滥，此时大水漫山，周围变为一片泽国。《史记·夏本纪》中说"当帝尧之时，鸿水滔天，浩浩怀山襄陵，下民其忧"，描述的就是这种场景。这样说并不是空穴来风，仅仅在东汉和三国期间，汉水流域有记载的大规模洪灾就有十七次之多。至于"阳"字，应该只是取一个好听的名字而已，关于这点，依然是颜师古的《汉书》注解中留下了相关记录。

一个姓氏不明叫作"瓒"的研究汉书的学者曾说："从东莱至博昌，经历宿水，不得至也。取其嘉名耳。"他认为青州东莱郡的昌阳就是如此得名的，而昌阳附近并没有昌水这条河。在荆州这样的地方也不少，比如义阳、当阳，都很难找到与之相关的山水，因此襄阳很有可能就是这种情况。

这里我们费了不少笔墨专门分析襄阳得名的由来，就是为了详细了解当地的水文气象情况。在一个河流众多且容易爆发洪灾的地方交战，水军必不可少。此外，襄阳附近的地形也突显了水军的重要性，因为它拥有一个水陆兼备的防御体系。

沔水在流经襄阳一带时，拐了一个"几"字形的大弯，这就为襄阳形成了天然屏障，可以说沔水是襄阳城的第一道护城河。当进攻方从东南侧突破了沔水这第一道护城河成功登陆后，他们会遇到另一个问题，那就是襄阳城东附近平原面积较小，大军难以展开。

此外，在襄阳城高大城墙的外围，还有着第二道人工修建的护城河，平均宽度达两百米左右，因此如果没有水军的话，连襄阳城外城城墙的边都摸不到。

另外，矗立在襄阳城西南部的岘山又杜绝了大军从该方向进

第六章 水淹七军

攻襄阳的可能。

总而言之，襄阳城就是一个三面环水、两面环山的军事要塞，取得水军优势是攻陷它的必要条件。不过即使能做到这一点，攻克它也仍需大费周章。

再看江北樊城，其险要程度比起襄阳就要差得远了，因为它是一座修建在平原上的城池，周围无险可守。

在民间有一句俗语，叫作："铁打的襄阳，纸糊的樊城。"虽然这句话最早出自哪里已经无法考证，但用它来形容襄阳和樊城两座城池在地理条件上的差异再合适不过了。

既然樊城的地理位置并不理想，也更容易被攻占，为何要修建它呢？

原来，这两座城池并非各自为战，而是有一整套的防御体系，可以相互支援。

在南宋末期，襄阳和樊城的防御体系足足抵挡了蒙古大军六年之久。当时，宋军在汉水江底钉入巨大的木桩并用铁索相连，最上面则铺上木板，修建了一座汉水浮桥，两座城池可以随时互相支援。在这样的形势下，拥有水军优势的宋军可以完全封锁住汉江，将蒙古军队死死钉在这里从而无法继续南下。后来蒙军大将阿术和刘整训练了强大的水军，这才夺下制江权，之后摧毁浮桥，最终将孤立无援的樊城攻陷。

由此可见，攻破襄、樊防御体系的关键在于打破二城之间的联系，而这个联系的重点就是制江权。

守军水师强大的话，襄、樊二城并肩作战，固若金汤；而倘若守军水师疲软，则迟早被各个击破。

曹仁虽然没有浮桥，但如果他像后来的宋军一样有一支可堪一战的水师也可以，可惜他并不具备，相反关羽的水师却比他强大得多。这对于曹仁就非常不利了，关羽的舰队在沔水上通行无阻，襄阳和樊城只能各自为战。

如今制江权掌握在进攻一方的手里，关羽已经取得了类似后来蒙古军队的优势。虽然襄阳依旧难攻，但是樊城就不一样了，在关羽的水师切断了二城之间的联系后，樊城已经彻底成了一座孤城。

既然如此，为什么曹仁选择驻守在危如累卵的樊城而不是相对更安全的襄阳呢？

因为这恰恰是最有可能挡住关羽攻势的方法。

襄阳和樊城是一个整体，樊城丢了襄阳迟早也守不住，因此樊城必须由曹仁这个最高统帅亲自坐镇才行，要是换了别人，城池只会丢得更快，因此只有坚持更长的时间才能等来援军，从而化险为夷。如果曹仁去了襄阳，等到樊城失陷，全军都会被围在沔水南岸，到时候既无法撤退，又等不到支援，那才真的是彻底绝望。因此，曹仁待在樊城可以给自己留一条后路，就算他在援兵到达之前就撑不住了，至少还可以撤军北上保存有生力量，就跟当初放弃江陵一样。

战局的进展也和曹仁预料的一样，关羽的作战部署正是围襄阳攻樊城。想必在他看来，如果能尽快打下樊城，不管曹仁是逃跑还是战死，这一消息都会大大震撼襄阳守军，届时襄阳不战而降也大有可能。

虽然曹仁面对如此逆境非常小心谨慎，但他手下的庞德却很想会会关羽，不光是因为他对自己的实力有信心，更重要的是他要为自己正名。

第六章 水淹七军

当年马超投奔刘备的时候，庞德没有跟随，留在汉中，后来随张鲁投降曹操。不过他的一个从兄庞柔却跟马超一起南下去了益州，因此庞德的处境有点尴尬，樊城的诸将对他都不怎么信任，毕竟他是领兵大将，一旦生出异心就难以收拾了。而这种事是有先例的，当初金旋归降刘备后，他的儿子金祎就勾结关羽造反了。

在这种情况下，庞德需要用实际行动证明自己的忠诚，因此他主动请缨出城交战，并表示和关羽不是你死就是我亡。

庞德还真不是夸海口，此人确实是一员虎将，在交战中他一箭射中了关羽的额头，估计是被头盔挡住了，否则这一击肯定是致命的。庞德一战成名，关羽的军队对其非常忌惮。由于庞德经常乘白马，故被称为白马将军。

如果庞德没有和关羽真刀真枪地大战一场的话，或许曹仁还不敢让他单独领兵，但是此战过后曹仁就对他彻底放心了。曹仁分给庞德一部分兵马，让他在城北十里扎营，和樊城形成掎角之势，这样在关羽攻城的时候就可以进行袭扰，以延缓关羽的节奏。庞德自然是欣然领命。不过庞德想不到的是，正因为他如此拼命，如此立功心切，反而在阴差阳错之下葬送了自己。

曹仁和庞德兵力加起来应该有上万人，而且曹仁也是一位能征善战的名将，所以尽管关羽兵力优势很大，但一时也没有取得进展。

虽然樊城被攻破是早晚的事，但也得需要时间。后来蒙古大军在破坏汉水浮桥后，孤立无援的樊城依旧坚持了两个月左右，不过此时关羽已经没这么多时间了。他心里清楚，曹操在放弃汉中后，已经腾出了相当多的机动兵力，一定会在第一时间发兵支援襄阳。

按照路程来看，援军大概会在一个月左右赶到，如果在此之前不能攻下樊城，恐怕这次准备已久的北伐行动就要功败垂成了，此时他除了加大攻击力度没有其他办法。

就在关羽焦躁不安之时，军中来了一个人。

他是刘备派出的使者费诗，特来传令，拜关羽为前将军，授假节钺。

可关羽此时根本没有心情为此事感到高兴，这时他又听说之前声名不著的老将黄忠被封为和他平级的后将军，更是坐不住了。

自己这边毫无进展，本来就憋着一口气，而现在风头竟被黄忠抢走了。要知道高傲的关羽连马超都有些轻视，何况是黄忠？于是他怒而抗命道："大丈夫终不与老兵同列！"

见关羽不肯受命，费诗先是举了一个例子，说当年萧何、曹参与汉高祖年少相识，而韩信、陈平则是后来才加入，当韩信被封为齐王，冠绝诸人之时，萧、曹二人并未有任何怨言。

见铺垫已经完成，接着费诗话锋一转说了下面这段话：

> 今汉王以一时之功，隆崇于汉升，然意之轻重，宁当与君侯齐乎！且王与君侯，譬犹一体，同休等戚，祸福共之，愚为君侯，不宜计官号之高下，爵禄之多少为意也。仆一介之使，衔命之人，君侯不受拜，如是便还，但相为惜此举动，恐有后悔耳！（《三国志·费诗传》）

如今黄汉升虽然是因功受封，但若是论及和大王的亲密程度，他远远不能与您相比，所以您又何必计较这些呢？我的使命是传旨，您不接受我回去就是，但恐怕您将来要后悔。

费诗一番话有理有据，关羽也立刻醒悟过来，接受了任命，不过他此时的压力却更大了。回想这十年来操练水师，精心准备，所有的努力都是为了今日一战，绝不可轻言放弃。

不过冥冥之中自有天意，多年的心血不会白费，很快这些努力将开花结果。

两军交锋，未雨绸缪者胜，临渴掘井者败。

建安二十四年秋，大霖雨。

第四节　威震华夏破七军

面对襄、樊前线的紧张局势，在千里之外的长安，曹操第一时间做出了应对。

第一个被派出去的，是之前在汉中立下大功的徐晃。但是当时徐晃走得匆忙，也没带多少军队，没有立刻支援前线的能力，只能在后方的宛城稳定局面。毕竟宛城刚刚经历过一场大乱，而曹仁又去了樊城，这里确实需要一位大将坐镇。

很快，曹操从汉中带回来的军队也整编完成了，他从中选出精兵三万人，编为七军，准备作为援军投入襄、樊前线，这是曹操对荆州战场第一次正式的增援。

虽然从汉中撤出的兵力庞大，但随着夏侯渊兵败身死，曹军应该遭受了一些损失，再加上由于汉中前线缺粮，士卒多有逃亡，这个数字就又要打一些折扣了。另外，关中也要留下一定兵力防守，毕竟不知刘备何时会从汉中杀出来，因此派出三万援军并不算少。

至于主帅的人选，此时曹操也没有太多选择。身边的人里，宗室一代将领中夏侯渊已死，而曹洪又不太争气。至于宗室二代将领，曹真、曹休虽然也很优秀，但他们经验尚浅，威望也略有不足，让他们去对抗沙场宿将关羽还是略显冒险，毕竟对方的能力，曹操是亲眼见识过的。

那么剩下的人选基本就只有两个了，也就是于禁和张郃。不过这两个人相比，无论官职、地位还是信任度，于禁都有明显优势，因此他是最合适的人选。

建安二十四年（219）七月，于禁的三万大军正式开赴前线，此时他已经身为左将军，并被授予假节钺，哪怕是其他宗室将领都没有这份殊荣。

志得意满的于禁却想不到，短短一个月后他将兵败被擒，落下终生的耻辱。

众所周知，于禁的悲剧是因为水，若非如此，恐怕关羽没有能力在常规作战中消灭这支和他体量相当的部队。那么于禁又是如何为水所败的呢？

在这里，我们首先来谈谈古代的"以水代兵"是怎么回事。

中华民族是个擅长治水的民族，对于"以水代兵"一事自然是信手拈来。春秋战国时期，就有白起水灌鄢城和王贲水淹大梁的战例，可见水攻自古以来就是战争的一个重要手段。

不过在大名鼎鼎的《孙子兵法》中，只有火攻单独成篇，而有关水攻的内容却只有寥寥几句,这又是为什么呢?

这当然不是孙子不懂水攻,在《孙子兵法》行军篇的一开头,他就对在江河湖泊周边行军作战的要点作了详细介绍,目的就是讲解如何防范敌军的水攻。

孙武(即孙子)还特意指出:"上雨,水沫至,欲涉者,待其定也。"当上游暴雨时,若看到水沫漂来,就不要渡河,应等水势稳定之后再行动。这说明他对水文气象有着相当深入的了解。

《太平寰宇记》引《荆州记》记载,"昭王十年,吴通漳水,灌纪南,入赤湖,进灌郢城,遂破楚",这证明在伐楚之役中,吴军使用了水攻战法。

经历了伐楚之役的孙子,必然也亲身参与了吴军水淹楚国纪南城和郢都的军事行动。他对水攻相当了解,只不过对于水攻的具体方法,却选择了刻意回避。

孙子对战争有着深刻的感悟,在目睹了楚国被淹城池的惨状后,他清楚地了解了水攻的巨大威力以及带来的严重危害。在孙子的军事思想中,通过各种手段不战而屈人之兵才是上策,而攻城略地必然伤敌一千自损八百,乃是最下之策。

俗话说水火无情,但水攻和火攻是有着本质区别的。

火焰的传递需要燃烧物作为媒介,所以火攻尚可控制在一定范围内,而水攻则难以用人力进行约束,必然酿成巨大的灾难。

笔者认为,正是因为如此,孙子只对进行火攻的方法和细节作了详细论述,但对于水攻的具体方法则讳莫如深。

亲自实施过水攻的智伯瑶,在面对晋阳的惨剧后发出了"吾乃今知水可以亡人国也"的感慨,只有亲身经历过才会知道那是多么可怕。

我们中国一贯有着以人为本的思想，即使通过水攻取胜，得到的却是千里赤地而无一生民，那又有什么意义呢？

而孙子所说的"水可以绝，不可以夺"，前半句指水可以阻绝敌军这一点没有问题，而后半句或许并不是说通过水攻不能夺取敌军辎重，而是指不可以人为改变天然河道用作军事目的之意。只有这样理解才能与孙子在《火攻篇》结尾处所阐述的发动战争要谨慎这一主旨相呼应。

总之，孙子提倡的是充分利用天然水体辅助作战，反对为了取胜而人为制造灾难，也就是要借助自然而非改造自然。

现在我们说回水淹七军。这一次的大水并非如《三国演义》描述的那样是关羽人为制造的，而是一场自然灾难，只是关羽通过对沔水流域水文气象的深入观察，总结出相关经验，并进行了预防性的部署，最后借助大自然的力量取得全胜。这一点与《孙子兵法》的思想完全吻合，这是实力的体现，而绝非只是天助。

很快，于禁的三万大军赶至樊城外围，与庞德合兵一处。

之前曹仁让庞德于樊城北十里驻军，虽然从战术角度来看问题不大，但从地形角度来看却是个败笔。

杜牧在给《孙子兵法》作注解时提到："水流就下，不可于卑下处军也。"由于水往低处流，所以不可在低洼地区驻军，一旦大水弥漫则危在旦夕。

汉江流域的汛期为秋季，每年都有水患的风险，只不过严重程度不同而已。

早在二十多年前的建安二年（197）九月，沔水流域就曾发生过一次特大洪灾，虽然曹刘双方的将领当时在中原作战，没有亲身经历此事，但必有所耳闻。如今他们在荆州地区领兵，对此理应重视起来，不过曹仁却没有。

对于这一点，关羽早就未雨绸缪准备了大船。而曹仁在十年前就有驻守荆州的经历，对当地水文气象了解程度却如此之少，实属不该。

于禁到来后，可能觉得如此安排不太妥当，就转移了阵地。转移阵地本来是没错的，按当时的形势，他应该全军北撤，前往樊城以北三十里以外，一方面远离大河降低了危险性，另一方面和樊城的距离也不会过远，路程在一天之内，方便进行支援。

可惜于禁做了一个错误的选择，他不仅没有向北转移，反而选择向南进城。

据《水经注·沔水》记载，"沔水又径平鲁城南。城，鲁宗之所筑也，故城得厥名矣。东对樊城……城周四里，南半沦水，建安中关羽围于禁于此城，会沔水泛溢三丈有余，城陷，禁降"。

由此可知，于禁入城后，随即因洪水暴发被关羽攻陷，他自己也做了俘虏。

可能有些读者会产生疑虑，因为按照传统印象，于禁和庞德应该是在低洼的平地被淹，然后登高避水，最后走投无路被擒。

比如《资治通鉴》就持有这种看法："仁使左将军于禁、立义将军庞德等屯樊北。八月，大霖雨，汉水溢，平地数丈，于禁等七军皆没。"可见《资治通鉴》认为于禁和庞德的驻军位置始终是樊城以北。

笔者认为《资治通鉴》的记载应该是把《三国志》中曹仁、于禁和庞德三人的传记综合起来了，这个结论有一定的推测成分，不见得完全属实，因为以当时的史料，并不能证明曹仁可以节制于禁。

于禁登高避水和入城也并不矛盾，因为登上城墙避水也算是登高，另外《三国志》明确记载"德与诸将避水上堤"，而堤坝只能是江边才有，因此《水经注》的描述更为合理。

另外，于禁这三万人马是几乎全部被关羽俘虏了的，如果他们在低洼地带遭遇大水，怎么可能会损失轻微呢？

由此可见，于禁将兵马转移到城中应该是确实可信的。

可是问题又来了，《水经注》的记载有些模棱两可，于禁进入的到底是西面的平鲁城还是东面的樊城呢？

事实上，进入樊城是不可能的。根据《三国志》的描述，樊城从始至终未被攻破，这么看来，于禁进入的应该是平鲁城了。

不过还是有些问题，因为平鲁城是东晋鲁宗之修建，在汉末时期应该还没有这座城。

关于这一点，笔者推测于禁当时驻扎的是沔水北、樊城西的某个不知名的小城，也就是后来的平鲁城。后来的平鲁城应该不是鲁宗之新修的，而是在这座小城的遗址上扩建而来的新城，因为此城在建安二十四年被大水破坏了。

另外，平鲁城刚刚建成时很可能也不叫这个名字。根据清代史学家全祖望的考证，他认为此城如果以修建者的名字来命名的话，不该叫平鲁城，因为岂有自己平定自己的道理？因此，大概率是南朝宋时期给这座城改了名字，因为鲁宗之是和宋武帝刘裕为敌的，所以才要平定他。

如今此城的原名已经无从查知了，流传下来的则是平鲁城。而郦道元撰写《水经注》时，距离鲁宗之的时代已经有百年左右了,他采用的自然是后来流传的名字。

至于本书,为了阅读顺畅,我们还是采用"平鲁城"之名,大家明白即可。

让我们再次回到荆襄战场上。于禁到达前线后,魏军不仅在兵力上占据了优势,而且又是主场作战,似乎已经可以高枕无忧了。

很可惜于禁和曹仁还是想得太简单了,在道、天、地、将、法这兵家五要素中,至少天和地两方面魏军是处于下风的。天时地利皆不在掌控之中,岂有不败之理?

进入八月份,沔水流域开始了一年一度的汛期,一时间大雨滂沱,连日不绝,沔水水位也开始暴涨。

最初,于禁或许还在沾沾自喜,他大概感觉自己进城避水是明智的,可是随着大雨连下了十几天,于禁开始有点笑不出来了。这次暴雨的强度之大和持续时间之久超过了他的想象,江水终于没过了堤坝,滔天大水如奔腾的兽群一般席卷沔水北岸,足有数丈之高,于禁的小城垮了……

关羽见状大喜不已,多年的精心准备已经开花结果,终于到了收获的时候。他立刻整顿船队,全军出击,直指平鲁城,毕竟于禁和庞德还是有些小船的,如果不抓紧时间他们很可能会乘船逃往樊城。

平鲁城是一座小城,在洪水的冲击下,部分城墙已经垮塌,城内大水弥漫,士卒苦不堪言。

此时于禁正慌慌张张地登上城墙避水,抬眼望去,只见周围的水面上全是关羽的巨舰,他已经陷入重围。

在突如其来的天灾面前,于禁的心态已经彻底崩溃,在这种情况下，抵抗毫无意义。最终他选择了苟且偷生，而手下的三万大军也尽数投降。

值得一提的是，之前在宛城逃过一劫的南阳太守东里衮以于禁军司马的身份再次成为了阶下囚。

被关入囚车的于禁想必愤懑不已，他戎马一生，从没遇到过这种情况，为什么偏偏是自己遭此厄运呢？

其实这根本怪不得别人，在他选择进城的时候悲剧就已经注定了。孙子曰："视生处高，无迎水流。"既然于禁选择去赌平鲁城能够扛住水患，就必须承担水患超出预期的风险。

反观关羽早有万全的准备，水灾对他来说自然是如有天助，但即使没有发生水灾，巨舰在握的关羽也能进退自如，长期立于不败之地，这正是兵法中所说的"自保而全胜"。

在平鲁城被大水冲垮的时候，庞德和于禁失散了，他没有上城，而是来到了江边某处还没被淹没的大堤上。关羽令手下舰队将其四面围住，万箭齐发，魏军士卒死伤枕藉。

庞德不甘示弱，他抄起一把大弓连连还击，箭无虚发。

只是庞德虽勇，他手下的人却不想就此送命，于是董衡和董超都劝他投降。可庞德心里明白，自己之前费尽心力，做出对大魏一片赤胆忠心的姿态，此时若降，必将成为全天下的笑柄，这是他绝不能接受的。

下定决心后，为了避免影响士气，庞德不顾董超是自己多年的老部下，将他和董衡一并斩首，以示死战之心。

激战从拂晓持续到午后，庞德的士卒已经死伤殆尽，而关羽方的箭矢也已用罄，于是关羽下令登陆作战，双方短兵相接。

庞德对督将成何说："我听说良将不会因畏死而苟且偷生，

忠烈之士也不会放下节操以求活命，今天就是我的死期。"言罢便与关羽的军队展开肉搏，越战越勇。然而魏军仅剩的官兵却没有庞德的觉悟，他们很快就都投降了。

见事不可为，庞德带着一名部将和两名伍长乘一条小船出逃，打算往东逃到樊城去，无奈水流湍急，小舟倾覆，终于被擒。

庞德被五花大绑地押到关羽面前，可他却一脸傲气，立而不跪。

望着眼前这名虎将，关羽生出一股惜才之念，便道："汝兄如今正侍奉汉中王，我欲拜汝为大将，何不早降？"

庞德大骂："竖子，何言请降！魏王拥兵百万，威震天下。汝主刘备一届庸才，岂是魏王之敌？我宁为国家死，不为贼将生！"关羽闻言怒而斩之。

前线的败报传到长安，曹操感慨万分："我和于禁相知三十年，为何他面对危难时反不如庞德呢！"

此时樊城的情况也不容乐观，四周一片汪洋，大水距离城头只有六尺。关羽没有给曹仁喘息的机会，他的舰队转瞬之间就杀到樊城，将其重重围困。

在大水的浸泡以及关羽的猛攻之下，樊城城墙也开始挺不住了，多处遭到损坏。如今内无粮草，外无救兵，只有数千人防守的樊城如同涛浪中的一叶孤舟，随时都有倾覆之危。

城中人心惶惶，有人劝说曹仁不如弃城逃走，毕竟留得青山在不怕没柴烧。曹仁对这个建议应该也不排斥，毕竟当初可以放弃江陵，这次为何不能放弃樊城呢？况且遭此大败也并非他的主责。不过这时，却有一个人站出来为曹仁阐明了利害，坚定了其死守樊城的决心，他就是满宠。满宠说道：

> 山水速疾，冀其不久。闻羽遣别将已在郏下，自许以南，百姓扰扰，羽所以不敢遂进者，恐吾军掎其后耳。今若遁去，洪河以南，非复国家有也；君宜待之。
>
> （《三国志·满宠传》）

满宠认为山洪来得快去得也快，关羽在大获全胜之下没有继续北进就是因为有我们牵制，如果撤兵，局面将彻底崩溃，而黄河以南再也不复为我所有。曹仁闻言称善，于是激励士卒，继续坚守。

于禁七军覆没的消息很快就扩散得天下皆知，曹魏内部大为震动，荆州刺史胡修与南乡太守傅方纷纷投降关羽，而当初在曹仁屠宛城后销声匿迹的陆浑盗贼孙狼也再次跳了出来。

此外，河南郡梁县与颍川郡郏县的盗贼也纷纷打出关羽的旗号起事，汉中之战期间百姓被压榨得太苦，此时见曹操形势不妙，终于爆发了规模浩大的起义。

陆浑县、梁县和郏县都在洛阳周边，随着这场大胜，关羽的影响力已经深入中原，威震华夏名副其实；关羽的声势已经达到了顶峰，似乎再加把劲樊城就将陷落。

然而，关羽虽然连战连胜，士气高涨，但他毕竟有着数百里的补给线，粮草和兵力都不是很充足，辉煌的背后危机已经浮现。

事实上，出兵已过半载的关羽已是强弩之末，而真正压垮他的，是一根意想不到的稻草。

第七章 东吴背盟

第一节　战四冢强弩之末

于禁三万大军覆没后，樊城已经陷入了万分凶险的地步，随时可能陷落。

这时待在宛城的徐晃坐不住了，终于该轮到他出场了。不过一线精兵都已经被于禁葬送在洪水中，而他手下都是从南阳招募的新卒，这样贸然出击无异于以卵击石。

然而明知敌强我弱，徐晃却仍不退缩，至于其中理由，这里先卖个关子，我们后面再说。

徐晃到底还是理智的，他清楚自己目前没有实力和关羽正面对抗，因此没有直接前往樊城前线，而是屯兵阳陵陂。而此时关羽的一支人马驻扎在偃城，双方相距不远。

根据《读史方舆纪要》记载，"偃城，在安养县北三里"，而"阳陵陂，在偃城西北十里"。

偃城位于隋唐时的安养县以北三里，也就是当初白起破楚后设置的那个邓县，在汉末三国时期此地仍然叫邓县。陂，顾名思义就是池塘，比如寿春以南的芍陂，因此，徐晃应该驻扎在偃城西北十里的一个水塘边。

在今天，这一带恰好有一个普陀堰水库，附近或许就是当年徐晃驻兵之地吧。

这附近有一片低矮的丘陵。据《三国志·赵俨传》记载，徐晃刚刚抵达的时候，大水还没有完全散去，徐晃只能屯兵于高地。

徐晃按兵不动，但手下的诸将却很有意见，他们一个个求战心切，并指责徐晃不积极营救樊城。随行的议郎赵俨出来解了围，他慷慨激昂地说：

> 今贼围素固，水潦犹盛。我徒卒单少，而仁隔绝不得同力，此举适所以弊内外耳。当今不若前军偪围，遣谍通仁，使知外救，以励将士。计北军不过十日，尚足坚守。然后表里俱发，破贼必矣。如有缓救之戮，余为诸军当之。（《三国志·赵俨传》）

如今关羽把樊城围得铁桶一般，大水也没有退散，我军势单力孤，而曹仁被围无法出城配合作战，仓促进兵难以获胜。不如只派一支前锋靠近包围圈，并找机会通知曹仁，让他知道援兵已至，以此来激励将士。我预计下一批援军不出十天就到，这段时间曹仁足以坚守，到时候里应外合，必然大破敌军。如果出了差池，由我一人承担。

赵俨说得有理有据，众人都非常信服，决定按他的办法来。于是魏军开始挖地道，暗中潜过关羽的包围圈，来到城下后找机会把书信用箭射到城里。曹仁得知援兵将至，更坚定了守住樊城的决心。

没过多久，果如赵俨所料，第二批援军到了，领兵的是将军徐商和吕建。虽然这批援军仍然不多，但他们带来了曹操的命令：须兵马集至，乃俱前。

曹操表示之后还会有援军，等下一批援军赶到并集结完毕后再一并出击。这虽然对徐晃来说是个好消息，但同时也说明目前他的兵力是严重不足的。徐晃所部长时间兵力不足，而且尽是新兵，战斗力也不强，为何携大胜之余威的关羽不一鼓作气将其打垮呢？

关羽并非不想击溃徐晃，而是他力有未逮。

从几年前和孙权争夺荆州南三郡的记载中可以得知，关羽的机动兵力也就三万多人，虽然看上去不少，实际上却非常紧张。

看看关羽这三万来人要做多少事吧。首先，襄阳和樊城都要分兵包围；其次，还得分出一部分兵力阻击徐晃，也就是驻守偃城的这部分人马；最后也是最重要的一点，根据《三国志·吴主传》记载，"羽以舟兵尽虏禁等步骑三万送江陵，惟城未拔"，他把于禁这三万降卒都押送回江陵去了。

虽说这三万人都是手无寸铁的俘虏，但他们毕竟不是被关在牢房里，这一趟押送要走几百里的路程，为了不出差错，看管他们的兵力肯定不会太少，至少几千人是必须的。

这样的安排让关羽失去了大批能够投入战场的生力军，可以说，这就是压垮他的最后一根稻草。

结果这么一来，本来在襄阳一带兵力占优的关羽反而陷入了捉襟见肘的窘境，甚至要被迫抽调后方的守备兵力增援前线，这就是虽然他明知道徐晃兵力薄弱也无力将其击败的原因。而徐晃也清楚关羽的底细，因此才敢带着一支人数不多的新兵来耀武扬威。

关羽没有足够兵力在围城的同时打援，两个目标他只能完成一个，只要去进攻徐晃，那樊城之围就算解除了。

在得知下一批援军即将赶到后，徐晃的底气越来越足，他决定搞点动作。

随着时间的推移，大水开始消退，虽然以现在的兵力打破樊城的包围圈可能还做不到，但是把敌军在偃城的这个钉子拔掉还是可以的。

徐晃下令派一支部队抄近路到偃城以南挖掘堑壕，做出要截断其归路的假象。偃城守将见状后害怕被围，只好烧掉营寨撤退了，徐晃兵不血刃拿下偃城，得到一个进攻的前沿基地。

虽然曹操下令要等大军集结完毕后再进攻，但将在外，君命有所不受，此时的徐晃自信心爆棚，明知关羽无力发起反击，为何不更激进一些呢？于是他下令以偃城为出发点，从两个方向向前连营，直至关羽的包围圈前面三丈处。双方已经近在咫尺了，关羽面临着极大的压力。

不过徐晃的动作也就仅此而已了，他只能修筑营寨，稳扎稳打，但绝不主动进攻，这样就不算是抗命了。

到了建安二十四年（219）十月，曹操离开长安前往洛阳坐镇指挥，此时他又给徐晃派来了下一批援军，是殷署、朱盖等人率领的十二营。按照汉朝军制，一营大约是七八百人到一千人不等，这支援军的兵力应该至少有一万人。这样一来，由于关羽兵力分散，此消彼长之下，优势已经转移到徐晃一方。

其实到了现在这个地步，关羽拿下樊城的机会已经微乎其微了，撤兵返回是最好的选择，毕竟他拥有大船，只要他想走，徐晃绝对留不住他。可是已经努力了这么久，战果又辉煌无比，在只差临门一脚的情况下，关羽实在是不舍得放弃这次机会。

如果能击溃徐晃，最终的胜利还是自己的，连战连胜让关羽有些轻敌了。关羽终究只是个名将而并非名帅，从全局战略的角度来看还是差了一些。如今兵力、粮草不足，而且顿兵于坚城之下将近两个月，已经到了师老兵疲的地步。这时候如果还不撤兵，期望再创奇迹，那就是赌徒心态了，非常不可取。

这个道理知易行难，多少将帅在这件事上吃了大亏！

在形势不利的时候及时止损，这是一名优秀统帅的必备素质，何况关羽根本就没有损。即使没能攻克樊城，但得到三万生力军也是极大的收获了，这个结果完全可以接受。

另外，关羽之前也并非没有摆脱困境的机会，只要他狠下心来，将三万魏军降卒尽数斩首，这样负责押送的那批士兵就能被解放出来，而兵力自然就不会捉襟见肘了，甚至粮草的压力也会消失。只不过素来善待士卒的关羽是做不出这种暴行的，哪怕是敌人的士卒，毕竟他不是曹操。

前线的魏军已经集结完毕，到了对关羽的包围圈发起总攻的时候了。

在此之前，徐晃需要先拔掉关羽在外围的两个据点，分别是四冢屯和围头屯，否则在开战后，这两座营寨就会威胁到魏军的后方。

四冢和围头的具体位置，现在已经无法考证。在樊城以北，有很多古墓，有名九冢和双冢的，想必四冢也在这附近。

另外，根据考古发现，在樊城以北约一里左右今天樊城区菜越社区一带曾挖出过一座汉代古墓，当时出土了一匹制作精美的大型铜马，引起很大轰动，而据考古学家分析可能是张绣的叔叔张济之墓。这是一座夫妻合葬墓，该墓一共四座，另三座在城市基建中被破坏，因此，有人推测此地可能就是四冢。

虽说这种推论未必准确，但从后面的战斗过程中可以得知，四冢离樊城非常近，其位于今樊城区菜越社区一说还是基本符合逻辑的。

至于围头，在各种史料中实在是找不到任何线索，姑且认为是四冢屯附近的一座军营吧。

徐晃采取声东击西的战术，对围头屯发起佯攻，而真正的目标则是四冢屯。

这个场景是不是很熟悉？当初夏侯渊在定军山下就是这么失败的，这就是兵力分散的致命弱点，在对方的声东击西之计面前毫无抵抗力。

此时关羽进退两难，如果集中兵力，那只能撤去樊城的包围，可到时候徐晃和曹仁合兵一处，就再无可能打下樊城了；倘若不撤去包围，就会陷入处处受制的窘境。

很快，徐晃的主攻目标四冢屯告急。关羽没时间再犹豫了，他决定放手一搏，亲率五千人马前往救援，这已经是他能抽调出的最大兵力了。如果他不是把江陵守军调来增援，或许这五千人都抽不出来。

四冢屯外，关羽和徐晃于军前会面。二人是河东郡的同乡，关羽是解县人，徐晃是杨县人。当初关羽在曹操帐下效力时和徐晃私交甚笃，二人一见面便寒暄起来。他们只说往事，不涉刀兵，相谈甚欢。

见关羽似乎失去了警惕，徐晃突然脸色一变，高声下令："斩关云长首级者，赏千金！"

第七章　东吴背盟

关羽闻言大惊："公明兄何出此言？"

徐晃答道："之前所论乃是私事，战场搏杀乃是国事。"说罢令旗一挥，全军直奔四冢屯杀来。

此战的结果是显而易见的，关羽以寡击众，不是徐晃的对手，只好放弃四冢撤回大营内。徐晃抓住了宝贵的战机，趁着关羽这几千人进营的时候尾随杀入。

这一击是致命的，关羽之前在营盘外围设置了多重鹿角阻挡敌军，没想到这下全都做了无用功。他的部队在徐晃的突击下四散奔逃，很多人来不及撤到船上，最终被魏军赶入沔水中溺毙。

之前投降关羽的南乡太守傅方和荆州刺史胡修也在此战中被徐晃斩杀，至此，樊城之围彻底解除，曹魏也度过了最大的危机。

之前关羽威震华夏，影响力深入中原，这搞得曹操精神高度紧张，他担心汉献帝在许昌不安全，于是动了迁都的念头，被司马懿和蒋济制止了，于是曹操决定亲自发兵支援。此时手下绝大多数人都对此表示支持，毕竟以前曹操也是四处救火，不过却有一个人提出反对，他就是桓阶。桓阶说：

> 今仁等处重围之中而守死无贰者，诚以大王远为之势也。夫居万死之地，必有死争之心；内怀死争，外有强救，大王案六军以示余力，何忧于败而欲自往？
> （《三国志·桓阶传》）

意思就是徐晃和曹仁完全有能力解决问题，曹操没必要亲自前去，去了反而会让他们产生依赖，不如率大军远远地威慑一下就行了。

桓阶是曹丕的亲信，当时魏太子已经确立，曹操又年事已高，未来桓阶肯定是国家栋梁，曹操对他的意见还是很重视的，于是便进军郏县东南的摩陂，也有保护许昌的意味。

很快前线就传来了捷报，徐晃力挽狂澜，拯救危局。曹操晚年时运不济，连战连败，他已经很久没有收到这样的好消息了。

之前曹操觉得不保险，还特意把驻扎在东线的夏侯惇和张辽召来，结果他们还没赶到，樊城之围就已经解除了。

后来徐晃凯旋时，曹操远迎七里为他设宴接风。而对于这场大胜，曹操也给予了高度评价，他称赞徐晃道："保全樊城、襄阳，是将军的功劳啊。"

再看徐晃的营盘整整齐齐，士卒井然有序，曹操不禁感叹："徐将军可谓有周亚夫之风矣。"

此战是徐晃军事生涯的巅峰之作，关羽经此打击后形势急转直下，等待着他的是一个巨大的危机。

第二节　袭荆州白衣渡江

虽然关羽为徐晃所败，樊城已经脱离了危险，但关羽强大的水军却掌握着沔水的制水权，这样一来南岸的襄阳城仍然处于危险中。

不过曹操不用忧心太久，孙权将会主动帮他解决这个问题。

孙权觊觎荆州已经不是一天两天了，当初湘水划界的时候他

第七章 东吴背盟

愿意放弃部分利益，只是因为没做好彻底撕毁联盟的准备，因此在刘备有所退让后选择暂时和谈。之后孙权与曹操在淮南一线长期交战，而建安二十二年（217）的居巢之战则是继合肥之战后双方爆发的最大规模的一次战役。为了准备这次战争，曹操在建安二十一年（216）十月正式出兵，次年正月抵达前线。

虽然刘备在蠢蠢欲动，但曹操仍不惜展开双线作战，因为他采取的是一种以战求和的策略，借着前一年逍遥津大胜的余威，再次以大兵压境威慑孙权，使其被迫求和。这次被称为居巢之战或第二次濡须之战的战役，虽然看上去规模浩大，但实际上战争烈度却非常有限。关于曹操此战总兵力，虽然史书中没有明确记载，但可以大概推算一下。

曹操撤兵后，留下夏侯惇都督二十六军驻守居巢。一军具体兵力是多少，众说纷纭。春秋时一军为一万两千五百人，到了三国时期编制肯定有所变化，而且夏侯惇也不可能有三十多万军队。

这一点我们可以参考其他史料。比如根据《华阳国志·刘先主志》记载："魏王遣左将军于禁督七军三万人救樊，汉水暴长，皆为羽所获。"这三万人中或许还有于禁自己的部曲，那么朝廷配给他的兵力应该是两万多人，这样平均下来，一军就是四千人左右，正好和《说文解字》中提到的"四千人为军"相吻合。

这样看来，夏侯惇的兵力大概为十万左右，这个数字比较符合实际。而曹操之前班师返回肯定也不能不带走一点兵马，因此曹操本次南征的兵力只会更多，估计在十二到十五万之间。

曹操在冬季出兵，建安二十一年（216）十一月进军谯县，这个时间选择是明智的，毕竟冬季水浅，对水师发达的东吴不利。

不过人算不如天算，这一年冬天淮南一带却连降大雨，行军受到一定影响，导致大军直到转年正月才在居巢（今安徽巢湖市）集结完毕。这时候已经开春了，春季水涨，对于曹操来说最好的时机已经过去了。

三年前曹操南征时，孙权曾写信劝他说"春水方生，公宜速去"，当时他不得不承认孙权是对的，就没有坚持，所以说曹操是懂得这个道理的。

不过要是立刻撤兵的话，既达不到作战目的又丢了面子，这令曹操难以接受，所以无论如何也得打一仗，要是有所斩获，那谈判桌上的筹码就更多了。

可惜曹军作战不利，先后在濡须坞及横江浦被吕蒙和徐盛击败。

这时双方的目标就更一致了。孙权的想法和曹操应该不会有什么两样，之前逍遥津的惨败让他意识到在东线很难取得什么进展。反过来也一样，曹操在没有取得水军优势的前提下，也很难突破濡须的防线。

现在双方手里都有筹码，孙权虽在战场上取得小胜，但曹操兵力强大，有限的损失并不伤筋动骨，而双方此时又都没有必须继续打下去的理由，罢兵言和只需要一个台阶而已。

最终还是孙权先退了一步，遣使向曹操请降。

此举正中曹操下怀，二人一拍即合，重结盟好。这样一来，孙权没了后顾之忧，对刘备再次开战就已经是注定的事了。

在不久之前的徐晃和关羽对峙期间，蒋济和司马懿就已经跟曹操献计说要联络孙权袭击关羽的后方了，曹操立刻采纳了这个计策，两家果然一拍即合。

孙权在给曹操的回信里，将自己的姿态摆得非常低，《三国志·吴主传》原文中用了"乞以讨羽自效"这样的说法。孙权主动请战算是为曹操解决麻烦，可为何他要自贬身价呢？笔者认为主要有两个原因。

首先，孙权本来就是个务实不务虚的人，只要有实际好处，这些形式上的东西他并没有那么看重，毕竟他并非只是帮助曹操解围，也是为了自身的利益。

其次，孙权这次是绝密行动，一定不能惊动关羽，他担心如果让曹操心生不满，会把自己的计划泄露出去。因此孙权在回信中特意"乞密不漏，令羽有备"。

不过孙权的心思却瞒不过所有人，比如董昭就劝曹操应该假意答应孙权，但是暗中把消息泄露给关羽，这样一方面等关羽回援就可以坐山观虎斗了。另一方面，这个消息如果让被包围的魏军将士知道，也有助于安定军心。

董昭还表示，关羽素来强横，而且自恃江陵和公安城防坚固，应该是不会轻易回援的。最后果如董昭所料，在徐晃奉命泄露孙权偷袭的消息后，关羽只是犹豫，并未撤退。樊城之围是在徐晃获胜后方才解除，跟孙权的偷袭关系不大。

关羽得知大本营遇险，却没有立即回救，笔者认为主要原因就是这个消息来源并不可靠。毕竟曹魏是敌人，关羽会很自然地认为是对方抵挡不住，想要诈他退兵。但是关羽的表现却是犹豫，而并非完全不信，这又说明了一个问题，那就是他对东吴也有着一定的防备。

在湘水划界之后，孙刘联盟已经名存实亡，这一点明眼人都能看出，关羽自然也不例外，而他最为忌惮的就是接替鲁肃的吕蒙。

关羽对吕蒙的忌惮是有道理的，吕蒙虽然还没显露出多么高超的军事才能，但他有一点非常厉害，那就是他擅长攻心之计。之前吕蒙偷袭荆南三郡时，零陵太守郝普就是中了他的计才拱手而降，如果吕蒙对后方发动袭击，到时候情况就不妙了，因此慎重一些也不为过。

可惜关羽万万没想到，这一次吕蒙故技重施，再次让他吃了大亏。这是后话。

在当时，关羽还是在防备吕蒙的。为此，即使在樊城前线军情紧急的时候，关羽也始终在后方留下一支有一定规模的军队驻守。另外，虽然吕蒙在到任后尽力与关羽修复关系，但丝毫没能得到对方的信任。

如果不能造成关羽后方空虚的局面，吕蒙的偷袭行动很难展开。于是吕蒙给孙权写了一封信计划施展攻心计，信中提出：

> 羽讨樊而多留备兵，必恐蒙图其后故也。蒙常有病，乞分士众还建业，以治疾为名。羽闻之，必撤备兵，尽赴襄阳。大军浮江，昼夜驰上，袭其空虚，则南郡可下，而羽可禽也。（《三国志·吕蒙传》）

关羽在后方防备严密，就是怕我偷袭，现在我可以假称回建业治病，到时候关羽肯定会放松警惕，从而调后方部队支援前线，那样我们就有机会了。

孙权采纳了他的计策，而且特意"露檄召蒙还"。公开下令，召吕蒙去建业，为的就是麻痹关羽。

吕蒙身体不好，这一点对于把他视为严重威胁的关羽来说肯定是非常清楚的，因此治病这个借口是可信的，关羽也没有怀疑。

吕蒙计策虽妙，却只能瞒过关羽，而瞒不过陆逊。而这就是名将和名帅的差距所在。陆逊在吕蒙待在建业期间跟他见了一面，期间他也提出了袭击荆州的计划，和吕蒙的设想高度相似，真是英雄所见略同。袭击荆州的计划即使在东吴内部也是绝对机密，除吕蒙和孙权以外没有第三个人知道，陆逊能提出来，只能证明他的远见卓识。

按照吕蒙最初的构想，在他离任后关羽应该就会中计，到时候自己就能发兵偷袭了。但是在跟陆逊交流后，他改主意了，因为他觉得完全可以让陆逊接替自己，这样效果会更好。于是吕蒙立刻去向孙权推荐陆逊。

吕蒙推荐陆逊主要有两个原因：第一是他确实才能出众；第二就是他名气不大，可以让关羽放松警惕。因为这比单单吕蒙离任更容易让关羽上当，试想如果他不是病情严重，怎么会把大权交给别人呢？

陆逊果然没有辜负吕蒙的信任，他用两封书信让关羽彻底失去了警惕。

对于关羽来说，他的局面也确实不太乐观。之前我们谈到过，由于关羽俘获了于禁的三万军队，要把他们押送回江陵，占用了不少人手，这导致他兵力严重不足。

之前吕蒙虎视眈眈，他不敢放松戒备，现在吕蒙去"养病"了，换了一个默默无闻的陆逊，于是他放心地抽调部分江陵守军支援前线。这样一来,东吴的目的已经达到,袭击荆州的所有准备工作就都完成了。

而这时候,关羽借口前线粮草不足,擅自取走了东吴在湘关的粮米,这就给了东吴出兵的口实。当然,擅取湘关米一事也没有那么重要,作战计划已经敲定,无论有没有这件事,东吴肯定都是要出兵的。

吕蒙率军一路西进,当他走到浔阳(今江西九江)后则开始着力隐藏行踪,据《三国志·吕蒙传》记载,他"尽伏其精兵舳舻中,使白衣摇橹,作商贾人服,昼夜兼行",把精兵藏在船舱内,掩人耳目。

这里要注意,所谓白衣并不是指白色的衣服,而是没有官职的老百姓。据《后汉书·孔融传》记载,无官在身的祢衡就被称为"白衣"。吕蒙让百姓做船夫(或指士兵着百姓服),并扮成商人,从而蒙混过关。

为了对外敌入侵做出预警,关羽在长江岸边设置了很多哨所。正常情况下,这些哨所可以发挥作用,也能和曹操方面透露的消息相互印证,可惜他们全被吕蒙的白衣渡江之计骗了过去,于是所有哨兵都做了俘虏,以至于公安、江陵守将相继投降。

就这样,吕蒙大军顺利夺得南郡,而关羽此时仍然被蒙在鼓里。

公安城曾是刘备的居城,刘璋也被安置在这里,因此这肯定不是一座小城。江陵城就更厉害了,江陵本来就是南郡治所,关羽在荆州期间又重新修缮了城池,绝对是一座坚城。

据《水经注》记载,不久之后,关羽听说江陵已经被吕蒙所占,感叹道:"此城吾所筑,不可攻也。"可见他也认为自己不可能将江陵城夺回来了,他对自己的筑城技术还是有自信的。

可是这两座足有一战之力的城池,却在东吴大军面前一触即溃,士仁和糜芳两名守将不战而降,这又是怎么回事呢?

关于这个问题,历来是众说纷纭,我们一一分析。

有一种说法是关羽将后方守军抽调了一部分支援前线,导致后方兵力不足,最后被迫投降。这种观点应该是说不通的,因为关羽不可能把兵马都调走,至少留下几千人是必须的。凭借江陵这样的坚城,坚持半个月左右应该问题不大,这足够关羽从前线回援了,至少不该不战而降,况且,守将还是刘备的大舅哥。另外,后方也并不会兵力短缺,因为于禁的三万降卒被押送回来了,整编一下便可堪一用。

既然不是兵力的问题,那只能是人的问题了,事情坏就坏在糜芳和士仁身上。不过这两个人投降的原因还不完全一样。我们先看看士仁,因为吕蒙大军首先攻打的就是士仁防守的公安。

孙子曰:"攻城之法为不得已。"吕蒙首先采用的策略并不是强攻,而是攻心之计,他派出说客虞翻对士仁进行劝降。

虞翻到了城下,想和士仁面谈,不过士仁却不愿见面,于是虞翻写了一封信,信中大意是:聪明人都知道辨别存亡得失,如今我大军至此,你们的斥候和烽火台全部失灵,这难道是巧合吗?其实这是因为你们内部早被我们渗透了。你之前没有警觉,现在时机到了又不能把握,反而困守孤城,到时候水陆断绝,生机全无,我替你担忧啊。

这封信一下就写到士仁心里去了,因为虞翻强调了一件事,那就是公安城中有东吴内应。这件事是真是假?士仁难以确定,但毕竟外围警戒莫名其妙地瘫痪了,由不得他不信。如今敌人大军压境,城中又很可能有内应,这还守得住吗?士仁心里没底。

这个时候士仁又想起一件更可怕的事。关羽历来善待士卒,但对士大夫却很傲慢,对糜芳和士仁也不例外,久而久之他俩都和关羽关系不佳。士仁和糜芳两个人分别负责公安与江陵两座后方城池的防务,在关羽出征时,也负责向前线供应军需,可是他们两个却没有尽心尽力完成任务。突然多出三万张嘴,粮草紧张也是必然的事。关羽得知军资不足后,曾表示"还当治之"。

关羽可不是说着玩的,耽误军用物资的征集在古代叫作"乏军兴",据李贤在《后汉书》的注解描述,"军兴而致阙乏,当死刑也",可见这是要杀头的重罪。

除此以外,关羽还有个特殊的身份,那就是假节钺,他是有权力将违令者斩杀的。二人本来就和关羽关系不睦,如此一来岂能有命在?

总之,在士仁看来,现在死战的话不一定守得住,城破后就是死路一条;就算侥幸守住了,等关羽回来后一样会遭殃,投降才是最优选。

攻心之计的关键就是切断对方一切退路,让对方只能按自己的规划走下去,最终不得不屈服。士仁就这样步了郝普的后尘。

其实,内应根本就不存在,因此虞翻赶紧提醒吕蒙,让他立刻把士仁控制起来,然后派兵守好公安城,就是怕士仁看出不对劲而反悔。

接下来,吕蒙就要对糜芳展开攻心了,已经投降的士仁就是他的一大筹码。

糜芳的情况和士仁不太一样,士仁是在绝望下被迫投降的,而糜芳则和孙权早有勾结。

之前江陵曾发生过一场火灾，波及军械库，导致不少武器被烧毁，为此糜芳遭到了关羽的斥责，从那以后糜芳就开始和孙权取得联系。正因为他早有异心，才会这么痛快地投降，吕蒙甚至不用多费唇舌。

按说糜芳是元从老臣，没道理生出二心，但是仔细分析一下，他的行为似乎也不难理解。

早年间糜芳跟着兄长糜竺散尽家财支援刘备，甚至还辞掉了曹操任命的彭城相，这说明他在仕途上还是很有追求的。要知道国相和郡太守平级，是两千石高官，抛弃这样的官位是要下很大决心的。

糜芳和糜竺不同，糜竺是糜家的掌舵人，提供家财的功劳全得算在糜竺身上，以后就算刘备提拔糜芳也只能是看在糜竺的面子上。在这样的情况下，糜芳还是义无反顾地追随刘备，这说明他很可能是把希望寄托在了妹妹身上。毕竟糜家属于带资加盟，糜夫人的地位在当时应该是高于甘夫人的，因为甘夫人的身份已经明确记载就是刘备的妾。

只要糜夫人可以诞下男婴，大概率子以母贵成为刘备的继承人，糜芳作为外戚，地位也可以水涨船高。遗憾的是糜芳赌错了，糜夫人命运凄凉，在被曹操俘虏后就下落不明了。

按照《三国志·甘皇后传》的记载，由于"先主数丧嫡室"，因此甘夫人"常摄内事"。由此可见糜夫人很可能是已经亡故，只有这样，甘夫人才能在刘备正妻空缺的情况下，以妾的身份主持家事。

一方面是，王太子为甘夫人所生，皇后又是吴氏，和糜家没有半点关系，糜芳除元从老臣这一身份外，什么优势都没有了。

另一方面，他和兄长糜竺的处境也无法相比，糜竺在成都当了个富家翁，虽无兵权，但刘备对他礼敬有加、赏赐优渥、崇信无比，其地位（安汉将军）比诸葛亮还高。再看自己，虽然也是一郡太守，但是头上有关羽这个与自己关系恶劣的都督，受尽了屈辱。

早知道这样，当初何必要辞掉曹操给的国相呢？笔者认为此时的糜芳应该后悔了。这应该就是他暗通孙权的原因，因为是时候给自己找后路了。

这样还不算完，关羽又来了个"还当治之"。看着城外的同僚，糜芳心里明白了，看来士仁也是怕了，自己干脆也降了吧。

以上大概就是糜芳的心路历程，笔者认为，他应该是对现状非常不满，对前途也极不看好，因此才会盘算着改换门庭，而关羽的威胁和士仁的投降则帮他下了最后的决心。

最后我们再来总结一下。士仁的问题不大，他是想抵抗的，否则一开始也不会拒绝跟虞翻见面。只不过他有些愚蠢，完全落入了对方的圈套，再加上对关羽太过恐惧，只好选择保命，这倒也无可厚非。但糜芳问题就大了，他不是被迫投降，而是早有异志。

按照糜芳早年的行为，笔者认为他始终怀着一个赌徒心理，在搏自己的前程，否则的话他没道理不做曹操的官反而跟着刘备颠沛流离。虽然他赌错了，但是既然选择去赌，就应该愿赌服输，从一而终，这才是君子所为，即使对现状再不满意也没有掀桌子的道理。

另外，关羽真的会杀他吗？基本是不可能的。他也许会斩了士仁来个杀鸡儆猴，但对于糜芳，即便是看在糜竺的面子上也会留有余地。

此外，江陵是南郡防御的核心，拥有比公安更坚固的城防，糜芳防守的本钱比士仁大得多，投降的危害也大得多。士仁投降尚不至于让局势彻底崩坏，但是他不行。就凭这一点，糜芳将被永远钉在历史的耻辱柱上。根据《三国志·虞翻传》记载，当时虞翻对吕蒙说："今区区一心者糜将军也，城中之人岂可尽信。"由此可见整个江陵城中，真心投降的也只有他一人而已。

同样是和关羽关系不佳，潘濬却没有主动投降，反而称病不见，孙权亲自登门拜访他才归顺。相比起来，糜芳的行为就落了下乘，他的叛降只是因为其个人的私欲。因此，后来虞翻不止一次羞辱他，糜芳始终保持沉默。无他，心中有愧罢了。

话说回来，关羽作为最高统帅，在此次的失败中必须承担主要责任。关羽的错误有两点。

第一，不该将防守大本营的重任交给和自己关系不佳的人。毕竟不是每个人都能做到公私分明，即使糜芳和士仁的官职不能随便解除，但是可以想办法把他们架空，身为都督让自己的亲信掌握兵权，这应当并不难。归根结底还是关羽傲慢的性格在作祟，他打心底看不起这两个人，认为他们不敢有小动作，也掀不起什么风浪，然而他们产生的破坏力却超出了关羽的预料。

第二，不该对正在后方留守的将领进行言语威胁。糜芳或许已经无药可救，但是士仁的投降和这句话应该有一定的关系。

在当时的关键时刻，真正明智的做法是好言安慰，或者至少不表态，有什么事回去再说。在几百里之外出言威胁，公开发出无用的泄愤之词，这不是良帅品质。

看看诸葛亮遇到这种事的时候是怎么做的。

在第四次北伐中，诸葛亮先是在卤城之战大获全胜，随后又射杀魏国名将张郃，形势一片大好，但是之后李严说天降大雨粮草运不上去，因此让诸葛亮退兵。诸葛亮听后一句话不多说，当即答应撤兵，结果回去后就把李严拿下了，一点也不拖泥带水，而且有凭有据，令人心服口服。

所以说真要动手的话，一定是先麻痹对方，然后雷霆一击，而绝不是进行毫无意义的威胁。对于关羽这种地位的人来说，这实在是有些失了身份。

身为统帅，犯了错误就肯定要付出代价。在公安和江陵失陷后，吕蒙的下一个目标就是关羽那三万大军了。这支部队可不好对付，因为它拥有不逊于东吴的强大水师，不过吕蒙也没打算硬碰硬。"不战而屈人之兵，善之善者也"，吕蒙深谙此道。

关羽的百战精兵最终在吕蒙的强大心理攻势下土崩瓦解。

第三节　攻心为上免刀兵

虽然因为糜芳的背叛，吕蒙轻而易举就得到了江陵城，但是事情却没有这么简单就结束。

关羽坐镇荆州多年，广施恩信，还是有一定人望的。糜芳投降属于个人行为，虽然他是最高长官，但并不是所有人都愿意跟他走。

另一边，吕蒙有点得意忘形了，毕竟战果实在太大，不仅得到了整个南郡，连于禁的三万人马也接收了，而自己几乎没有损失一兵一卒。于是他在糜芳开城投降后并不着急进城，而是在城外沙丘上大摆庆功宴。

这是吕蒙在整个战役期间犯的唯一一个错误,当初可是他亲口跟陆逊说关羽在荆州"恩信大行",因此不可轻易图谋,怎么这就忘了呢?幸亏有虞翻在,他不光会给吕蒙看病,还能在关键时候提醒他,此时局势尚未明朗,还是快点进城把江陵控制下来为善,吕蒙听后顿时醒悟。

其实虞翻担忧的事情确实发生了,城中真的有人不愿意降吴,他们暗中设下了埋伏,若不是虞翻的提醒让吕蒙有了戒备,说不定东吴这次就功亏一篑了。这些人极有可能趁着糜芳出城请降时把城门关上,然后继续抵抗,那样一切努力都将前功尽弃。

经此一事,吕蒙也冷静下来了,他明白现在还不是高兴的时候,自己必须做好准备迎战回援的关羽。

目前吕蒙面临两种选择,第一是在江陵守株待兔,凭借坚城抵挡关羽;第二就是打得主动一些,派兵在关羽回师的必经之路上阻击。

这两种方案都免不了和关羽正面交锋,而东吴拿下南郡靠的是偷袭,在正面战场和关羽的百战精兵对决,吕蒙确实没把握。

之前我们说过,吕蒙擅长心理战,能在战场之外解决的,就没必要动刀兵,这也是兵法要义。于是吕蒙策划了两个方案并同时施行——他要不战而胜。

第一个方案就是派蒋钦率水军进入沔水。

当然吕蒙并不是想让蒋钦直接去挑战关羽,他的真正目的应该是让蒋钦去破坏关羽的粮道,截获路上的粮食辎重。要知道关羽在襄阳、樊城一带作战已经大半年了,数万大军需要大量的粮草供应,再加上于禁降卒带来的压力,后勤已经极度困难了。

之前糜芳和士仁就已经无法对前线进行充足供应了，而关羽也因为这个原因擅自取了东吴在湘关的粮米，这说明前线一定粮草紧张。只要对关羽的粮道进行打击，他肯定难以为继。

在沔水的粮道被蒋钦的水军袭击后，关羽明白已经不能再拖了，断粮不是闹着玩的。另外，这也意味着之前从魏军那里收到的东吴偷袭的消息属实，于是他立即下令退兵。

襄阳的包围随之解除，曹仁立刻召集众将进行军事会议，讨论如何应对。诸将之前长期被关羽压制，心里憋了一股气，再加上目前关羽形势不妙，于是都主张发兵追击。要是曹仁真的采纳了他们的意见去追，那一定不会有好结果，毕竟关羽是有大船的，只靠步兵去追，能不能追得上暂且不谈，即使能追得上也是以卵击石。还好又是参军赵俨及时出来劝阻，他主要是从大局观的角度来分析的。赵俨说道：

> 权邀羽连兵之难，欲掩制其后，顾羽还救，恐我承其两疲，故顺辞求效，乘衅因变，以观利钝耳。今羽已孤迸，更宜存之以为权害。若深入追北，权则改虞于彼，将生患于我矣。王必以此为深虑。（《三国志·赵俨传》）

他认为孙权现在愿意合作就是因为有关羽这个共同的敌人，要是和关羽缠斗下去，那就会让孙权渔翁得利，所以还不如放关羽离开。

曹仁最终采纳了赵俨的意见。没过多久，曹操的命令也送到了，跟赵俨所说如出一辙。

当然，无论曹操还是赵俨都没想到关羽后来竟然败得这么快，事情的发展完全出乎了他们的意料，这是后话。

总之，袭击粮道直接导致关羽的形势越发不利。

吕蒙的第二个方案则是真正的攻心之计，彻底导致了关羽军心瓦解。

关羽在退兵之前并非没有全身而退的机会，如果他不向南撤兵而是直接放弃荆州前往东三郡的话，应该是可以实现的。只要溯沔水而上，然后再进入堵水，最后就可以到达刘封所在的上庸了。徐晃虽然胜了一阵，但关羽并未受到伤筋动骨的损失，如果他想走应该是可以走得掉的。

但若真采取了这种方案，便再也没有机会夺南郡了，如此狼狈逃窜，心高气傲的关羽一定无法接受，因此只要有一丝希望他都要做一番尝试。不过这样一来，他就失去了唯一的机会。

另外，关羽还犯了个错误，最终也加速了他的失败。到了如此危急的关头，关羽仍然派出使者和吕蒙沟通，这说明他应该是对与东吴和谈仍然抱有幻想。

笔者之所以这样判断，主要根据有三点：首先，如果关羽真的一心求战的话，那就没必要谈了，更没必要先后派出好几个人去试探，直接进攻就是了；其次，上一次荆州危机虽然导致双方一度兵戎相见，但最终还是和平解决了，对关羽来说，这件事是有先例的；最后，关羽自己没信心夺回江陵，这座城是他主持修建的，多么易守难攻他再清楚不过了。

但关羽失去了和谈的资本。时间是不站在他这一边的，如今大本营已经丢失，粮道也已经被截断，几万大军根本撑不了多久。另外，如此不果断的做法也给了对方施展攻心之计的机会。

关羽派遣使者的另一个目的应该是刺探消息，结果这正中吕蒙的下怀。或许在战场上交战关羽没怕过谁，但是论起心理战他就不是吕蒙的对手了。比如，关羽这些负责探听消息的使者，就完全帮了倒忙。

这时候，相对正确的方法应该是暗中派人刺探消息，不和东吴交流，然后对手下官兵进行洗脑，比如宣称东吴正在后方烧杀抢掠，这样至少还能维持住士气，多撑一段时间。

事实上则是，吕蒙对关羽的每个使者都隆重款待，还让他们在城内随意参观，结果他们发现，东吴军队进城后秋毫无犯。吕蒙还要求不得骚扰百姓，比如，他手下有个士卒因为拿了老百姓的斗笠去盖军中的盔甲，就被斩首示众，而且这个人还是吕蒙的同乡。吕蒙每天派兵去慰问抚恤老年人，为病者提供药品，为衣食不足者送去衣物粮食，成功收买了人心。不得不说，吕蒙的计策非常成功，虽然关羽颇有人望，但是吕蒙严明的军纪同样争取了人心。

使者返回军中后，将江陵城中详情散播出去，关羽手下官兵听说家中无恙，很快就战意全无。出现这种情况根本不意外，关羽是散地作战，士卒很容易因为顾念家中而溃散。如今吕蒙占据江陵，关羽失去了根据地，想把散地变成死地最后一搏的机会都没有了，因为吕蒙完全可以选择不战，坐等关羽自行溃散。

现在关羽是真的危在旦夕了，不仅面临断粮，大军士气也极为低落，在夺回江陵已经完全不可能的情况下，他必须开始考虑自己的后路了。然而，东吴却不会给他这个机会，在关羽决定班师南下的那一刻，他的命运就已经注定了。

东吴已经铺开了一张天罗地网，关羽好似一头笼中的猛虎，再也难以逃出生天。

第四节　走麦城武圣谢幕

在吕蒙的攻心之计以及缺粮的双重打击下，关羽大军士气极度低落，失去了再战的能力，曹操期待的那种坐山观虎斗的局面是注定不可能出现了。

此时的关羽心里清楚，现在已经到了必须尽快决断的时候了，荆州局势已经无法挽回，除了撤回益州没有其他的选择。

其实以关羽的骄傲，在遭遇如此惨重的失败后，他宁可战死沙场也不愿苟且偷生。但是作为统帅，他又必须保持理智。现在荆州的土地已失，他唯一能做的就是尽量保存一些有生力量。

既然要撤退，那就必须选择一条合理的路线才行。但是东吴会给他这个机会吗？答案是否定的，当关羽打开荆州地图，再结合这几天搜集到的情报，他立刻感到了深深的绝望。

如果想要撤回益州，大概有两条主要路线。

其中第一条路线我们在上一节中曾经介绍过，即沿着沔水逆流而上前往东三郡，最后到达汉中。走这条路需要关羽早做决断，在得知江陵失守后立刻就要出发，那样才能在曹军还没反应过来的情况下来个出其不意。

由于关羽当时难以判断情报的真伪，耽误了太久的时间，而且又已经南下行进了一段路，现在再掉头返回已然来不及了。首先就是粮草不足，其次就是曹魏已经有了防备，此时夏侯惇和张辽的部队依次赶到，再加上已经入冬，冬季沔水水浅，魏军水师薄弱的劣势已经不再，如果关羽再次北上，肯定会被堵截在襄阳一带，最后的结局必然是全军覆没。

这样一来，关羽就只有第二条路线可走了，即顺着长江逆流而上经过三峡到达益州巴郡。可惜这条路也被东吴堵死了，吕蒙夺下公安和江陵后，孙权立刻任命陆逊为宜都太守，主要就是防止关羽沿长江西逃。

我们先介绍一下宜都郡。

一般我们所说的荆州七郡，指的是东汉时期的荆州行政区划，到了三国时期则有了很大变化。

曹操平定荆州后，以枝江县为界，将南郡西部单独分出一个临江郡，南郡大部归刘备后，此地又被改名为宜都郡。

曹操和刘备都让宜都郡单独于南郡存在，其目的应该是重视从荆州通向巴蜀的通道，因为通道上的几个要害之地秭归、夷陵等都在宜都郡境内。

刘备还任命樊友为宜都太守在当地驻守。不过宜都太守这个职位还是要靠实力才坐得稳，樊友见关羽势穷，马上就丢下城池跑掉了，他这个名不副实的宜都太守就被陆逊取代了。

樊友逃跑后，宜都郡其他官员大多投降，只有一些武将仍在抵抗。于是陆逊命李异、谢旌率三千人，将守将詹晏、陈凤击溃。

不过《三国志·陆逊传》后续的记载就有些奇怪了，说陆逊接下来先后击溃了房陵太守邓辅和南乡太守郭睦，这两个地点很不寻常。

房陵郡属于东三郡，在宜都郡北面。

本来最早的宜都太守是孟达，后来刘备命他北上攻打房陵郡。孟达翻山越岭，历尽千难万险，终于干掉了原房陵太守蒯祺，把他的根据地转移到房陵郡去了。

由此可见，现在这位房陵太守邓辅很可能就是孟达的亲信。

至于南乡郡，离宜都郡就更远了，那是曹操的势力范围，是当初曹操把南阳郡西部的几个县单独划出来设立的，和孟达的房陵郡接壤。

所以说，刘备集团的南乡太守应该就是个虚职，其设立的目的就是方便以后攻取南乡郡，跟关羽的襄阳太守性质差不多。

这样看来，房陵太守邓辅和南乡太守郭睦应该都是孟达的属下，都应该待在房陵郡才对。怎么会和陆逊发生冲突呢？

笔者认为很可能是孟达派他们两人南下，对宜都郡发动了一次小规模的攻击。

孟达这样安排是有理由的，一方面，毕竟陆逊也是远道而来，在宜都郡没有站稳脚跟，而他本人之前担任过宜都太守，对当地的环境比较熟悉，也有一定的根基，有可能会打陆逊一个立足未稳。另一方面，孟达应该也清楚陆逊攻占宜都郡的目的，就是为了堵住关羽的归路，如果他能击退陆逊，也算是间接对关羽进行了帮助。

这里要说明一点，孟达和关羽并无太大矛盾，而且关羽请求他出兵也并非在穷途末路的时候，而是在围攻樊城的时候。也就是说，孟达拒绝的是为关羽助战，并非拒绝援救关羽。他这次派人南下和陆逊交锋，也未尝没有给关羽解围的意图。遗憾的是以邓辅和郭睦的能力，远远无法和陆逊对抗，很快便惨败而归。

在击退敌军后，陆逊继续进攻，全力扫荡宜都郡，他的最后一个目标就是秭归。

秭归是荆州和益州交界处的咽喉要地，再向西就进入三峡了，如果占据这里，不仅能堵住关羽的归路，还能阻击可能出现的从益州方向来的援军。

秭归是当地大族文布、邓凯在驻守，他们拥兵数千，而且仍然心向刘备。陆逊让谢旌前去讨伐，结果二人很快败逃，不久后文布便被招降了。

至此，宜都郡已经彻底被陆逊拿下，关羽西归的路几乎被完全堵死。

这里说"几乎"，是因为关羽若想逃出生天，其实还有第三条路可以选择。

在长江中游，有一条支流名叫沮漳河，汇入长江的地点在江陵上游不远处。沿着沮漳河逆流而上，河水一分为二，西面的是沮河，古称沮水或睢水；东面的是漳河，古称漳水。

顺着沮水河谷或漳水河谷向北前进，翻越荆山山区后都可以到达房陵郡，尤其是沮水河谷，河谷上游已经进入房陵郡境内了。这么走虽然算不上多好走，但绝不是不能走，至少比当初孟达从秭归北上进攻房陵郡时所经过的道路的路况要好多了。

关羽在荆州多年，对这条路必然是了解的，在听说宜都郡已经落入陆逊手中后，他选择了这条路。

经过这条路线前往东三郡，就要从沔水流域尽快向西转移，于是关羽只好带着残兵败将，舍船就步改走陆路，正好要经过当阳。虽然当时关羽是水军统帅，没有经历那次战斗，但这个地点对于刘备集团来说是有着重要意义的。当年刘备曾在这里被曹操打得惨败，但刘备化险为夷后却从此扭转了以往的颓势。

如今关羽也来到了当阳，他还能有当年刘备的好运吗？

关羽想起了数月之前的一件旧事，当初他出兵包围襄樊时，曾梦到一只猪在咬他的脚，他立刻感到这是不祥之兆，于是对儿子关平说："吾今年衰矣，然不得还！"如今看来一语成谶。

第七章 东吴背盟

关羽带着沉重的心情继续前行,没过多久,就到了沮水和漳水交汇处的麦城。

到了麦城后,关羽发现仍然无法脱离包围圈,于是使出诈降之计为自己争取时间,想要来个金蝉脱壳。为了缩小目标,关羽将自己仅剩的士卒大部解散,只带了十几个人出发。而这时他也面临一个选择,那就是究竟要走沮水道还是漳水道。

沮水道近一些,山路更少,略微好走一些,但是这条路上有敌军埋伏的可能性更大,于是关羽选择走漳水道。事到如今,自己的命运只能交给上天安排了。

就这样,关羽从麦城出发,踏上了自己人生中的最后一段旅程。

他不知道的是,东吴早就在这两条路上分别安排了伏兵,沮水道上的临沮城有朱然驻守,漳水道上的夹石有潘璋驻守,等待关羽的是一张密不透风的大网。

从这两名守将的安排,也可以看出孙权的意图。朱然和孙权一起读过书,关系相当亲近,而潘璋也是他的亲信将领,由此可见,孙权就是要把这个盖世奇功留给自己人。

最终立大功的是潘璋。十二月,潘璋手下的马忠在漳乡擒获了关羽和其子关平,这是《三国志·吕蒙传》的记录。不过《三国志·关羽传》却说吴军"斩羽及子平于临沮",这又是怎么回事呢?

其实并不矛盾,因为《三国志·关羽传》中的临沮指的是临沮县,而并非沮水道上的临沮城,漳水道上的漳乡同样属于临沮县范围内。

关羽和关平被俘后随即遇害,一代名将就此陨落。

至于孙权对关羽的态度，按照裴注《三国志·关羽传》引《蜀记》的说法是孙权本想"活羽以敌刘、曹"，但手下却劝阻道："狼子不可养，后必为害。曹公不即除之，自取大患，乃议徙都。今岂可生！"

不过裴松之却对此提出异议，他根据《吴书》的记载发现，孙权给潘璋的命令就是"羽至即斩"。虽然这让关羽之死看上去显得不那么悲壮，但应该更贴近事实，毕竟后方江陵距离临沮县二三百里，消息一来一回要很长时间，没道理还要反复商议。

至此，持续了近一年的荆州风云彻底落下了帷幕。孙权顺利得到了他梦寐以求的江陵，如今荆州七郡的绝大部分已经落入他的手中。

建安二十四年的这场旷世大战以如此结局告终，确实出乎世人的意料。仅仅几个月前还威震华夏的关羽，竟然这么快就兵败身死，飞升与坠落只在转瞬之间，这着实叫人唏嘘不已。

关羽的败亡，他自身确实要承担一部分责任，比如被陆逊所诈失去了戒备，又比如没能处理好内部关系，甚至在危急时刻并没有立刻决断反而过多犹豫等，这都构成了他失败的原因。

不过，正如前文所分析的，酿成这样的悲剧，其根源却在于刘备，毕竟外交的失败才是根本性的，他有无可推卸的责任。

关羽凭借货真价实的战绩让对手恐惧，也赢得了对手的尊重，虽说他有这样那样的缺点，但仍不失为三国时代的一流名将。武庙六十四将之一，关羽实至名归。

关羽之死让刘备的事业进入了低潮，自此《隆中对》计划宣告破灭，然而最终解除了危机的曹操，其结局也不是十分完美，不仅在战争中损失巨大，有一个人的表现也令他大失所望。

第八章 曹魏立储之争

第八章 曹魏立储之争

第一节 曹植缘何失储位

建安二十四年（219），樊城激战正酣之际，为解除危局，曹操准备让曹植率军援救曹仁。

为了这次行动，曹操特意任命曹植为南中郎将，行征虏将军。在他临行前，曹操或许是觉得有些不放心，于是打算将其唤来再作一番交代。令曹操意想不到的是，面对此等大事，曹植竟丝毫没有重视，反而因酒醉不能受命。

曹植已经让他失望太多次了，而这一次曹植依然没有珍惜自己最后的机会，至此，曹操彻底放弃了他。

这些年曹操虽然忙着东征西讨，但有一件事始终非常关心，那就是魏国太子的人选。虽然他有心做周文王，但也得有人完成周武王的使命才行。

曹操共有二十五个儿子，除已故的诸子之外，有资格继位的只有三个人，也就是卞夫人所生三子曹丕、曹彰和曹植。据《三国志·武宣卞皇后传》记载："建安初，丁夫人废，遂以后为继室。"可见早在建安初年，卞夫人就成了曹操的正室，只有她的儿子才是嫡子。

三人中第一个出局的是曹彰。一次，曹操劝他多读书，并说骑术武艺只能"一夫之用，何足贵也"。曹彰却对身边的人说："丈夫一为卫、霍，将十万骑驰沙漠，驱戎狄，立功建号耳，何能作博士邪？"曹彰明确表达了自己的志向，他只愿效仿卫青、霍去病，率千军万马冲锋陷阵。

只凭个人勇武是无法成为合格的继承人的，曹彰对此也有自知之明。一次，曹操问诸子有何志向，曹彰回答："好为将。"这也宣告他无缘储君之位，因此曹魏储君只会在曹丕和曹植二人中产生。

那么曹植是如何在竞争中败下阵来的呢？

目前最普遍的观点是曹植输在了个人性格上，《三国志·陈思王植传》中提到曹植"任性而行，不自彫励，饮酒不节"。曹植做事任性，不注意言行且饮酒无节制，这些缺点令曹操最终放弃了他。具体到事件上，流传较广的则是他先后在三件事上引起了曹操的不满。

第一件事，有一次曹操出征前，曹丕和曹植在路旁送别，曹植对父亲称功颂德说得头头是道，而曹丕只是哭泣，于是大家都认为曹植华而不实，不够诚心。

第二件事，就是大名鼎鼎的司马门驰车事件，这让曹操大为震怒。

最后一件事，便是本节开始处提到的他在临出征荆州前因饮酒误事，错过了曹操给他的最后一次机会，从此彻底与太子之位无缘。

不过，以上观点存在漏洞。

第一件事出自《三国志》，裴松之在这里引用了《魏晋世语》的记载做了注，原文为"魏王尝出征，世子及临菑侯植并送路侧"。

此事发生的时间不详,但当时曹植已经是临菑侯,所以肯定是在建安十九年(214)之后,那么应该对应的就是曹操建安二十年(215)征讨张鲁或者建安二十一年(216)年底征讨孙权这两次中的一次。

可直到建安二十二年(217),曹植也没有失宠的迹象。据《三国志·曹植传》记载,"二十二年,增置邑五千,并前万户"。这一年曹植不仅未被曹操冷落,反而还被增加了封邑,成为当时绝无仅有的万户侯,直到同年犯下司马门驰车的大错后才开始失宠。

另外,按照《三国志》的记述顺序,司马门事件和册立太子之间的先后顺序是难以确定的,因此,也不能说司马门事件导致曹操放弃了曹植。

而最后一件事,已经是建安二十四年(219)关羽进攻樊城的时候了,彼时曹丕这个太子已经做了两年了。

也就是说,以上这三件事,很可能跟曹植未能被立为储君没有直接关系。

那么,为何曹操突然在建安二十二年册立太子,终结了曹丕和曹植的竞争呢?

笔者认为,他们身后的力量在此事中起到了决定性作用。也就是说,曹魏的立储之争绝不是单纯的两个人的竞争,而是两个集团的竞争。在这里我们分别将其称为"曹丕党"和"曹植党"。

首先看曹植党主要成员,分别为荀恽、丁仪、丁廙、杨修、杨俊,以上几人或是有明确记载为曹植一党,或是与曹植关系密切。

再来看曹丕党的主要成员，分别为贾诩、崔琰、毛玠、吴质、桓阶、卫臻等，以上几人都表达过支持曹丕的态度或曾积极为他出谋划策。至于司马懿，因为他是在曹丕成为太子后才明确加入的，故这里没有将其计入曹丕党。

笔者列举的这些只是两个集团的主要人物，当时官职地位还比较低微，或者在争储中没有什么影响力的人就不一一介绍了。尽管如此，我们还是可以从中看出一些端倪。

在比较两派时，最主要的一点就是看其中成员的出身成分，这和两大集团的综合实力有着重要的关系。

曹植党中，出身名门的是荀恽和杨修，不过荀恽只是继承了父亲荀彧的爵位，实际上对曹植没有什么帮助。曹植党真正有些影响力的也就是出身弘农杨氏的杨修了，但弘农杨氏在三国时代还处于一个持续衰落的阶段。

反观曹丕党中，虽然毛玠、吴质、桓阶出身平常，但贾诩、崔琰和卫臻出身较高，此三人的影响力绝非曹植党可比。贾诩出身的武威贾氏是凉州大族，卫臻虽然不是著名的河东卫氏出身，但他出身的陈留卫氏也是名门望族。裴注《三国志》引《魏晋世语》记载："陈留孝廉卫兹以家财资太祖，使起兵，众有五千人。"卫臻的父亲卫兹是曹操创业初期重要的资助者，可见其家族实力的强大。至于崔琰就更厉害了，清河崔氏作为一等豪门，其背后还有其他河北世家大族的支持，正是崔琰站在曹丕一边，才打破了二者的平衡。

那么，崔琰此人对立储之争乃至曹操集团的政治格局究竟造成了什么影响呢？

第二节　崔琰憾死冤狱中

在《资治通鉴》中，讲述建安二十一年（216）的篇幅比较短，而在这不多的史料中，作者司马光却用了将近七成笔墨描写了崔琰之死，可见此事才是这一年的重头戏。这件事不仅与曹操称王有着一定的因果联系，更是对储位之争造成了不小的影响。

关于崔琰之死，传统看法是曹操爱猜忌，那些依仗自己有功劳并与曹操有交情就对他不够恭顺、令其不快的人，一律都要被无情诛杀，而崔琰正好撞到曹操的枪口上，成为反面典型，因此冤死。

《三国志》就是这种观点的代表，据《三国志·崔琰传》记载：

> 太祖性忌，有所不堪者，鲁国孔融、南阳许攸、娄圭，皆以恃旧不虔见诛。而琰最为世所痛惜，至今冤之。

可见，陈寿把崔琰的死因与孔融、许攸、娄圭归为一类。除此之外，还有观点认为崔琰因卷入了立储之争而送命，或是作为汉室忠臣遭到曹操的打击，甚至有人认为曹操杀崔琰是在翻旧账，以发泄当年平定河北时遭到崔琰直谏的怒火。

依笔者看来，以上这些观点不够确切也不够全面，崔琰的死因是复杂的，是多方面的。

如果说荀彧是颍川世家的代表，那么崔琰则代表的是河北世家。他出身于冀州名门清河崔氏，最初侍奉袁绍，后来转投曹操。

在崔琰加入曹操麾下后不久，就发生了著名的直谏一事。当时曹操谈到之前核查冀州户籍，可征兵三十万。崔琰闻言立刻出来反对，表示希望曹操能解救被袁氏荼毒的冀州百姓，而不希望他把这里作为征兵基地。

乍一看崔琰说得大义凛然，确实有几分道理，不过倘若我们结合崔琰的身份进行分析，便能得知他也是有自己的私心的。清河崔氏本来就是河北当地的世家大族，曹操在这里大肆征兵，破坏的是他们的利益，崔琰怎么可能不反对呢？

这个道理并不复杂，曹操肯定明白对方的心思，但他还是接受了这个意见。曹操想统治河北，需要得到当地世家大族的支持，而这就需要他用这次妥协来换。

崔琰直谏之时，周围的人都大惊失色，不敢抬头，因为没人敢这么顶撞曹操，但曹操还是将怒火压了下去。从这个角度来看，曹操后来对待崔琰的残酷无情可能有翻旧账的成分，但应该只是很小一部分原因。

那么崔琰是否因为卷入立储之争而死呢？这个结论同样也有点问题。崔琰虽然在立场上支持曹丕，但他和曹植同样关系不浅，因为曹植的妻子是他的侄女。

崔琰和桓阶、吴质、杨修、丁仪这种已经坚定站队的人不同，他跟两派都建立了不错的关系，以后无论谁上位，都没道理对他进行清算。正因为如此，当曹操确定了储君的人选后，也不至于因为要给继承人"拔刺"而除掉他。

崔琰的策略表面上看来挺高明，两不得罪，但他终究还是百密一疏，犯了曹操的忌讳。

一次，曹操就立储一事私下征询意见，或许崔琰是为了避嫌，又或许是为了彰显自己的大公无私，他公开上奏章表示应该立长子。据《三国志·崔琰传》记载：

> 唯琰露板答曰："盖闻春秋之义，立子以长，加五官将仁孝聪明，宜承正统。琰以死守之。"

这就叫聪明反被聪明误，所谓"露板"就是不封口的奏章，崔琰把这件事弄得尽人皆知，或许能给自己带来个好名声，但在曹操看来可不一定是这样。

曹操对立储一事拿不定主意，想知道群臣对此事有什么看法，但他是"以函令密访于外"，并没有公开征询，崔琰如此大张旗鼓，唯恐别人不知道自己的立场，这不是让曹操难堪吗？

崔琰的言论并不仅仅代表他个人，他身后站着河北世家大族，这么做难免给曹操一种感觉，那就是以崔琰为首的河北世家大族正在对他施压，如此一来曹操怎能对他不厌恶呢？

裴注《三国志》引《魏晋世语》记载了这样一件事："植妻衣绣，太祖登台见之，以违制命，还家赐死。"曹操以曹植妻衣着太华丽为由将其赐死，虽然此事发生的时间不明确，但裴松之却把这则备注放在崔琰露板上书一事之后，因此此事极有可能是曹操对他的一个警告。

看看崔琰的同僚毛玠，虽然在此事上表达了相同的意思，表示"近者袁绍以嫡庶不分,覆宗灭国。废立大事,非所宜闻",但毛玠是"密谏"。

由此可知,立储之争虽然并非崔琰之死的直接原因,但也确实是一个重要的诱因。

那么我们再来看看,崔琰是不是因为忠于汉室而被杀呢?

这个观点看似没有道理,因为曹操在称魏公后,篡汉的野心就无人不知了,但崔琰对此表现出的却是一种相当合作的态度,他立即做了魏国的尚书。倘若崔琰真是大汉忠臣,为何不学荀令君呢?

但如果凭此断定说崔琰是曹操的走狗,那也不准确,他和郗虑、华歆之流又有着本质上的区别。

据《三国志·毛玠传》记载,崔琰和毛玠选拔官员时,"其所举用,皆清正之士,虽于时有盛名而行不由本者,终莫得进"。他们选的都是清廉正直之士,而那些虽有名气但是行为不端者则不能入选,这明显是东汉党人的做派。其中"行不由本"的"本"指的是什么呢?笔者认为应该就是儒家思想中的忠孝节义。那么忠于谁呢?肯定是忠于大汉了。

但这种作风却和曹操唯才是举的理念不符,曹操推崇的是陈平这种虽有"盗嫂受金"之嫌却有才干的人,因为只有这种人用起来最顺手。曹操意图篡汉,那么那些固守忠孝节义的人用起来肯定会有所顾忌,他希望招揽的是一心一意为他曹魏服务的人。

因此,曹操在建安十五年(210)和建安十九年(214)两次下令取士只取才,不过崔琰并没有改变初衷,因此曹操对他彻底失望,不再让他负责官员举荐,而是转做中尉,负责治安工作去了。

从上面这些事例，我们可以看出崔琰在立场上还是有些复杂的，他肯定是心向汉朝，但实际行为上又有向曹操妥协的成分，并不像荀彧那么激烈。崔琰应该是仅仅对汉朝怀有同情心理，不会直接和曹操对抗，没有触碰到曹操的底线，并非那种曹操必须要除掉的大汉死忠。崔琰"甚有威重，朝士瞻望"，曹操对他是"亦敬惮焉"。这样的人杀了影响太坏，而且又不是非杀不可，干脆就把他雪藏起来，只要不碍自己的事就行了。

不过崔琰公开上书支持曹丕的时候，得罪了一个人，那就是曹植的铁杆支持者丁仪，此人心胸狭窄，是绝不可能咽得下这口气的。

曹操称王后，崔琰举荐的杨训上表称赞太祖功德，可有人认为杨训乃趋炎附势之徒，崔琰荐人不当，结果崔琰便和杨训通信交流此事。崔琰在信中写道："省表，事佳耳！时乎时乎，会当有变时。"他想表达的意思应该仅仅是随着时间的推移，事情会有变化的。

平心而论，崔琰信中言辞中规中矩，看不出什么反意，但偏偏这封信叫丁仪知道了。据《三国志·徐奕传》记载，"丁仪间之，徐奕失位而崔琰被诛"，由此可见必然是丁仪对曹操进了谗言。

这下事情就大了，曹操本来对崔琰很不满，再加上丁仪在一旁煽风点火，曹操终于无法克制自己的怒火了。曹操大怒道："谚言'生女耳'，'耳'非佳语。'会当有变时'，意指不逊。"完全就是在针对崔琰而故意过度解读。

不过曹操也清楚丁仪憎恨崔琰，所以不可能轻易被他利用，因此最初没想要崔琰的命，只是随便找了个理由，将其罚做徒隶，还算留了一定的余地。如果此时崔琰服了软，他大概率可保无虞，之后再隐忍几年，等曹丕上位后，先死的就是丁仪了。不过这是心高气傲的崔琰不能接受的。据《三国志·崔琰传》中曹操的令文说："琰虽见刑，而通宾客，门若市人。"他似乎对曹操的处理很不服气，而且依旧广交宾客，我行我素，这就彻底激怒了曹操。曹操最恨的不是崔琰的态度，毕竟他在大方向上还是支持曹操的，但崔琰广交宾客这问题就大了。

一般来说一个戴罪之身，别人肯定是唯恐与他沾上关系，可崔琰这里依旧是门庭若市，这就给了曹操一个信号，那就是此人在朝中声望高、人脉广、树大根深。而且崔琰还不够听话，跟自己唱反调，等自己百年后，谁还能制得住他？此人非杀不可！至此，崔琰也就被彻底判了死刑。

《资治通鉴》将崔琰之死作为建安二十一年（216）的头等大事，可能主要是为了阐明曹操的用人之道，即一个人只要有才干、够忠诚就能为曹操所用，私德并不重要；而倘若这个人对曹操形成了威胁，那么无论他有什么功劳、背景，都会被毫不犹豫地除去。

站在曹操的角度来看，这可以说是善善能用，恶恶能去，非常务实有效。这一用人理念也确实给曹操政权带来了很多积极的影响。只不过曹操所需的陈平、吴起、苏秦这等人才，和党人做派的崔琰肯定是格格不入的，因此他只能成为曹操权力路上的又一个牺牲品。

崔琰虽死，但他带来的影响还在。正是由于他及其背后众多世家大族的支持，曹丕在立储之争中的优势才不可动摇。

第三节　曹子桓更胜一筹

曹丕和曹植的储位争夺战，最关键的节点就是建安十六年（211），这一年，曹丕得到了五官中郎将和副丞相的职务，而曹植得到的则是平原侯的爵位，这标志着曹丕早早就在立储之争中占得先机。

其中区别非常明显。五官中郎将隶属光禄勋，除宫殿宿卫以外，在人事选举上也有一定的权力，后来曹丕手下人才济济，与担任这一官职想必也有一定的关系。副丞相就更厉害了，顾名思义，它就是丞相的副手。这是曹操的发明，反正废弃多年的丞相都能搬出来，多个副丞相又如何呢？

曹丕虽然没得到爵位，但他得到了实权官职，甚至被曹操当作副手来培养。而曹植那个平原侯呢，恐怕除封邑以外就没有其他实质上的好处了。此时曹丕已经占据了优势。

这一点还可以从曹操的立太子令中得到佐证。据《曹操集·立太子令》记载，曹操在给曹彰的文书中说：

> 汝等悉为侯，而子桓独不封，而为五官郎将，此是太子可知矣。

曹操表示如今给儿子们封侯，唯独子桓（曹丕）不封，而是任命为五官中郎将，所以就能知道他将是未来的太子。

这一文书出处单一，仅见于《太平御览》，而且从用词及格式上来看也不够正式。按说立太子比立王后更加重要，但曹操立下夫人为王后时却发出了很正式的文书，其中还有大赦天下等内容，显然这封"立太子令"有些太过随意了。但既然有曹操的原文保留下来，应该不是杜撰的。笔者推测这封文书不够正式的原因是曹操的目的并非昭告天下，而仅仅是写给曹彰看的。

这封文书写作时间、背景不明，我们来大概推断一下。

既然当时曹彰已经封侯，那必然是建安二十一年（216）之后，而第二年曹丕就当上太子了，说明这很有可能是曹操在这期间单独发给曹彰的，目的就是敲打他一下，让他别生出什么不该有的想法。

曹彰和曹植关系密切，后来他还跟曹植私下说："父王临死前召见我就是为了改立你为太子。"虽然这大概率是他编造出来的，但这也证明他是心向曹植的，这就是曹操警告他的理由。

总之，从建安十六年（211）开始，曹操对于储君的人选就已经倾向于曹丕了。至于他为什么没有当时定立曹丕为储，大概是因为曹植文才实在太出色，让曹操尚存观望心理。不过这至多也只是让曹操的决定推迟几年，该下决心的时候他还是很果断的。

正是由于这几年的缓冲期，再加上曹操的宠爱，给了曹植以及一小部分人一种错觉，即此事或许仍有变数，而曹魏的立储之争正是在这种背景下展开的。

可能有人不同意这种看法，因为《三国志·陈思王植传》说得明明白白："太祖狐疑，几为太子者数矣。"意思是曹操有几次犹豫要不要让曹植做太子，而这却是发生在建安十六年

（211）之后的事情。笔者认为这并不矛盾，因为想是一回事，做又是另一回事。曹操可以犹豫，但不会真这么干。

世人皆云袁绍废长立幼以致败亡，但是他真的这么做了吗？答案是否定的，他虽然偏爱袁尚，但只是"欲以为后而未显"，可见他仅仅是有想法而已，却没有付诸实施。袁绍的错误在于没有尽早确认袁谭的地位，导致自己死后发生内乱，而并非什么废长立幼。

虽说曹操喜爱曹植不假，但这不能成为他立曹植为嗣的理由。

从建安十六年（211）到建安二十二年（217）这几年间，曹操虽说仍然在继续考察着这两个儿子的表现，但这种考察却不是那么公平的。因为即使曹植表现出更好的个人素质，他也很难翻盘，除非曹丕主动犯错。但事实上，曹丕这几年做得不错。

在上一节中，我们曾分析过，由于曹丕得到了更多世家大族的支持，因此曹操出于稳定的考虑，更倾向于让他继位。而从曹丕亲信的能力以及他本人的素质来看，也比曹植一党强很多。

曹丕党中能力最突出的是贾诩和吴质两个人，可以说他们为曹丕顺利上位作出了极大贡献。当初贾诩建议曹丕：

> 愿将军恢崇德度，躬素士之业，朝夕孜孜，不违子道。如此而已。（《三国志·贾诩传》）

其中道理很明显，曹丕本是优势一方，只要修身养性、勤勤恳恳，做好臣子的本分即可。求稳就是制胜之道。

后来曹操征询贾诩的意见，他没有正面回答，只是举了袁绍和刘表的例子,曹操自然心领神会。至于吴质则是让曹丕在送行时哭泣的献策人,他的意思和贾诩大同小异。

曹植党中比较突出的人物是杨修,至于丁仪,此人心胸狭窄,除陷害忠良以外没什么本事,不值一提,因此,我们主要来看看杨修的能力如何。

笔者认为杨修这个人也就仅限于名气大而已,其实中看不中用。

杨修有小聪明,而且还爱显露,没什么真材实料。比如那次著名的车内藏人事件,他在和曹丕的智囊吴质的直接交锋中输得体无完肤,结果让曹操对曹植也有所不满。

之后曹操为了测试二子的应变能力,让他们出城办事,却又交代城门守卫不得放行,结果杨修给曹植的建议是直接杀掉守卫。献策没问题,但这么机密的事情竟然被泄露出去了。再加上之前杨修多次指点曹植如何回答曹操的提问一事也暴露了,结合他一贯张扬的个性,或许有一个解释,那就是杨修太爱显露自己的智慧,在和别人吹嘘时不小心说漏嘴了。

要知道曹操的初衷是为了测试儿子,而不是测试杨修,他这样一弄就把曹操的计划全破坏了,这不是在帮曹植,反而是害了他,曹操从此开始对曹植心生不满。由此可见,杨修虽然忠心可嘉,但层次不高,绝对是成事不足败事有余。

贾诩水准就比他高多了,那可是帮着张绣算计曹操的老狐狸了,论智慧杨修拍马也赶不上,甚至吴质也难以望其项背。

总的来看,曹丕党的主要智囊团是政治老手,而曹植党都是一些只会舞文弄墨、耍小聪明的角色,双方实在是差得太远。

那么曹丕为什么会得到更多优秀人才的鼎力相助呢?笔者认

为除长子这个有着大义名分的先天加成以外，也与他的谦逊姿态分不开。

当初在曹操征并州时期，崔琰曾劝诫曹丕不应沉迷游猎，于是曹丕立刻认错并接受意见。后来曹丕对荀彧礼敬有加，荀攸有病又亲自探望，甚至连后来立场敌对的杨修他都曾试图去拉拢过。反观曹植却从来没有这种记载，他的圈子明显更窄，说到底，他只是一个天生的文人。

作为统治者必然要团结大多数人，只搞自己的小团体是不行的，曹丕在这方面要优秀得多。曹植所谓的更优秀，也仅仅是在文采上胜过曹丕一筹，但他心态不够成熟，综合素质方面更不如曹丕。曹操喜爱曹植的诗文，但这并不代表就要立其为储君，曹操在这一点上还是非常理智的。

曹丕和曹植之争的发生，或许是曹植依仗曹操的喜爱萌发了不切实际的野心，又或许是曹操为了不让曹丕太过安逸故意给他扶植了一个对手，总之在这场斗争中占据主导地位的始终是曹丕，而曹植也用实际行动证明了他确实不够资格。

后来在建安二十四年（219），曹操想重新启用曹植，这在某些人看来是曹操仍在犹豫的一种信号，认为这件事才是立储之争的结尾。笔者认为这是不确切的，曹魏立储之争早在两年之前曹丕被立为太子后就正式宣告结束了，再无更改的可能。

定下继承人后就要着力培养，至于失败者则必须彻底打压，不能给其翻身的幻想，此事必须果断，一旦犹豫反复必然酿成大祸。一代雄主赵武灵王就因为在此事上犯了糊涂最后被活活饿死，曹操不可能不吸取这个教训。

另外，在太子册立后，一些原临菑侯府的属官也开始改换门庭转投曹丕，比如司马孚。这一派树倒猢狲散的景象，也从一个侧面看出建安二十二年（217）以后曹植的窘境。

至于曹操后来打算重新启用曹植，准备让他带兵去救曹仁，其出发点很可能是不忍看着这个优秀的儿子消沉下去。毕竟他到了这个地步曹操也有一定责任，如果他不是采取放任的态度，而是早早规劝，曹植的结局说不定会更好一些。

至于带兵的能力方面，曹植倒是不欠缺。据曹植的自述：

> 臣昔从先武皇帝南极赤岸，东临沧海，西望玉门，北出玄塞，伏见所以行军用兵之势，可谓神妙矣。
> （《三国志·陈思王植传》）

这些年曹植多次跟随曹操东征西讨，虽然没有直接指挥过战斗，但见识总是有的，至少他的能力是得到曹操认可的，否则不可能把这么重要的任务交给他。

曹操用心良苦，想给曹植指一条明路，至少让他凭借战功有在朝堂上生存下去的机会，遗憾的是曹植并没有把握住。

至于《魏氏春秋》所说曹丕故意灌醉曹植导致他贻误军机，笔者认为是无稽之谈。曹丕已经是太子了，难道还需要用诡计对付一个失败者吗？更何况当时曹丕在邺城，曹植跟着曹操在长安，双方隔着千里之遥，他根本没机会做这样的事。

曹植失败对他个人来说或许是一种悲剧，但对中国文学来说却是一件好事。政治上的失意没有让曹植自我沉沦，反而让他在文学中得到了升华。如果没有后半生诸多苦难的洗礼，恐怕他也无法达到文学史上这样的崇高地位了吧。试想一下，若没有那种亲友横死的悲痛以及报国无门的愤懑，他又如何能写出那首名传千古的《赠白马王彪》呢？

魏国立储之争就这样结束了，曹丕成功笑到了最后，而不久之后，他也用实际行动证明了曹操选择的正确。

第四节　魏讽阴谋乱邺城

当曹操收到樊城之围已经解除的消息后，他在喜悦的心情中并没有沉浸太久，因为很快，他的大本营邺城就出乱子了。

其实这只是一场未遂的叛乱。建安二十四年（219）九月，西曹掾魏讽与长乐卫尉陈祎纠合党羽密谋袭击邺城，结果还没到动手的日期陈祎就害怕了，他去找留守邺城的曹丕自首，而曹丕得知此事后先下手为强，将魏讽及其党羽一网打尽。

以上就是魏讽谋反案的全部过程。传统看法认为，曹丕在处理此案时雷厉风行，非常果断，成功将一场叛乱扼杀在摇篮中。

不过笔者认为此事可能并没有这么简单，曹丕的雷霆手段确实出色，但其背后很可能还有着诸多隐情。

魏讽谋反案在史书中记载极为简略，信息也极为零散，分布在一些涉及此案的相关人物的传记中，但也只是只言片语。对于一场震动邺城的大案来说，这很不寻常。合理的解释就是，此案的一些相关信息被官方刻意隐去了。如果魏讽谋反案就是一场普通的叛乱未遂，最后被镇压，那么没有理由讳莫如深。在这一节中，我们就尝试探究一下此案背后的隐情。

首先来看看魏讽其人。

这是个非常神秘的人物，连他的籍贯都有两种不同的说法。

王昶在《诫子书》中提到："近济阴魏讽、山阳曹伟皆以倾邪败没。"这说明魏讽是济阴人；而《魏晋世语》则说："讽字子京，沛人。"这说明魏讽是沛国人。

他到底是哪里人呢？这一点在南北朝时期就已经众说纷纭了，裴松之在注解中也说无法确认。不过我们还得试着分析一下，因为这有助于探究此案的真相。

后世史书也提到过此案，比如《晋书·郑袤传》采用了《诫子书》的说法，说"时济阴魏讽为相国掾，名重当世"，认为他是济阴人。《资治通鉴》则采用了《魏晋世语》的说法，在文中提到："初，沛国魏讽有惑众才，倾动邺都"，认为他是沛国人。

《资治通鉴》是由司马光主持、多位作者合作编写的一部史书，其中两汉部分的主要编纂者刘攽，是一位汉史专家，曾著有《东汉刊误》等作品，他的意见比较可靠。

沛国不是一般的地方，那里是曹操的故乡。曹操对于同乡中的青年俊彦还是非常乐意提携并倚重的，丁仪、丁廙兄弟就是个例子。

据史书记载，魏讽才智过人，且口才极佳，是名动邺城的大名士，无数人争着想和他结交。这样一个有才学且是曹操同乡的人，未来肯定前途无量，于是相国钟繇便征辟他为官。

钟繇是曹操的坚定支持者，一贯比较趋炎附势，他这样做表达了对曹操的忠诚，另外或许也有为自己及家族的未来铺路的打算，可谓一举两得。

第八章 曹魏立储之争

不过，魏讽只是相国府的一名小小属官，手下无兵无将，他为何要谋反呢，这不是以卵击石吗？要知道这里可是邺城，不是一年多以前发生叛乱的许昌，这里是曹魏政权的心脏地带，即使他侥幸夺下了邺城，也会面临各路平叛大军的围剿，最后只有死路一条。

关于这一点，有些观点认为魏讽的目的在于联结刘备，里应外合，趁着刘备在汉中以及关羽在樊城连续获胜的机会，在内部给曹操致命一击。这种观点有一定道理，毕竟魏讽案发的时间太敏感了，建安二十四年（219）九月，正是关羽水淹七军、威震华夏的时候。

但笔者觉得其中还是有很多问题的，因为当时关羽连樊城都没有拿下。虽说他的影响力已经深入中原，但毕竟他的兵锋离中原还远得很，更别说位于河北的邺城。即使魏讽能夺取邺城，他也根本不可能得到关羽的支援。也就是说，即使有外援，魏讽的叛乱依旧是自杀行为，正常情况下没人会做这样不理智的事。

不过，魏讽联结刘备这一大方向应该是没有问题的。因为上文已经提到，王昶在《诫子书》将魏讽案和曹伟案并列，曹伟后来私下勾结孙权，被曹丕诛杀，将这二人并列，说明魏讽大概率也有勾结外部势力的举动。

这种说法不是孤例，后来董昭上表的时候提到"近魏讽则伏诛建安之末，曹伟则斩戮黄初之始"，也将此二人并列。由此可知，魏讽并非单独行动，联结刘备、关羽是大概率的事。

那么魏讽的具体计划是什么呢？这一点可以从他的同伙陈祎身上看出一些端倪。

陈祎在史书中记载不详，只知道他的官职是长乐卫尉，而这个官职就是解密的关键。

长乐宫是西汉时期太后的居住地,长乐卫尉则相当于太后的侍从长,东汉皇室虽然不居住在长安,但是这一官职却延续了下来。不过根据《后汉书·百官志》记载:"长乐又有卫尉,仆为太仆,皆二千石,在少府上。其崩则省,不常置。"这说明长乐卫尉一职只有在太后或者太皇太后在世的时候才会设置。可是当时汉献帝的母亲和祖母都已经去世,为何依然有长乐卫尉,他到底在护卫谁呢?

笔者猜测,这一职位应该是为当时汉献帝的曹皇后设置的,曹皇后是曹操的女儿,地位尊崇,为她单独设置一支宿卫队也是可以理解的。也就是说,陈祎任职的地点大概率不是在邺城而是在许昌。

在邺城的魏讽和许昌的陈祎同谋,那么他们的真实目的就呼之欲出了,他们真正要发起叛乱的地方很可能就是许昌。

虽然《魏晋世语》记载说他们想要袭击邺城,但是这件事毕竟还没发生,这一切结论只来源于陈祎的口供,他也不是不可能为了将功赎罪而故意夸大供词,又或者这根本就是官方捏造的供词。因此,魏讽真正的目的谁也不知道,毕竟死无对证。

笔者推测,魏讽的方案是利用陈祎手中的兵马与职务之便,挟持汉献帝和曹皇后,然后南投关羽,因为许昌距离襄、樊前线已经不远了。当时曹操还在长安,而于禁的三万援军已经覆灭,中原群盗蜂起,正是曹魏形势最为恶劣的一段时间,如果他们真的控制了许昌,后续计划也并非完全没有可行性。

不过最终陈祎还是害怕了,这一计划便胎死腹中,而事情的真相也随着魏讽之死成了难解之谜。

魏讽案发后，曹丕进行了大范围的调查，被直接牵连进来并判处死罪的有数十人，而《资治通鉴》记载为数千人，估计是首要人物数十人，犯人的家属又有数千人被株连。

这数十人中，有明确记载的为以下几人：刘廙、刘伟兄弟，张绣之子张泉，宋忠之子，王粲二子以及文钦。

这些人真的和魏讽勾结打算谋反吗？

在史书记载中，刘廙刘伟兄弟、张绣之子张泉、王粲二子和文钦，都没有坐实参与谋反，用的是"坐"和"引"这样模棱两可的字眼。他们很有可能是被牵连进来的无辜者，而真正确定参与谋反的只有宋忠之子。

另外，谋反是最为机密之事，知道的人越少越好，拉拢几十个人进行密谋，这绝不是魏讽这个聪明人会做的事，因为这样基本就等同于泄密，所以这些人很可能只是由于和魏讽交往过密才被牵连。

曹丕为何要人为制造冤狱呢？笔者认为他应该是在利用这次机会进行打击报复。

先看刘廙、刘伟兄弟。刘伟事迹不详，我们单说刘廙，此人本来和曹丕关系不错，担任过曹丕属官，深受器重，可惜还是触怒过曹丕。

刘廙与丁仪交情不浅，经常和他一起探讨刑名礼法，而丁仪是曹丕的死对头，久而久之，曹丕开始迁怒刘廙也并不奇怪。

本来刘廙曾经劝弟弟刘伟："魏讽这人有才无德，而且经常纠合党羽，有图谋不轨之嫌，还是别跟他来往。"可惜刘伟没有听从。后来刘廙在曹丕登基前积极劝进，似乎有祈求宽恕的意思，可他却在黄初初年（220）四十二岁壮年的时候就死了，不得不让人产生其他的联想，不过也有可能是曹丕没来得及报复他就去世了吧。

其次是张绣之子张泉，他被牵连进此案很好理解，曹丕曾经因为兄长曹昂之死迁怒张绣，这次抓住机会报复他儿子也是顺理成章。

再看王粲，虽然当初他和曹丕、曹植以文相交，算是好朋友，但从后来的发展来看，明显他和曹植关系更好。曹植曾经给王粲单独写过一首诗《赠王粲》，还给他和丁仪合起来作了一首诗《赠丁仪王粲》，这说明在曹植看来，王粲和他的死忠丁仪是可以并列的。而这很可能引起曹丕的嫉恨，最终导致曹丕拿他的儿子进行报复。

最后来说说文钦。此人倒是和曹丕没什么冲突，不过他性格刚暴无礼，或许只是在无意中得罪了曹丕才会被针对吧，如果他真的参与了谋反，曹操怎么会放过他呢？因此他很可能也是被冤枉的。

这里说句题外话，按照文钦的性格和后来的一系列行为，他和魏讽这个大名士根本就不是一路人，两人唯一的交集应该就是同乡，这应该也是证明魏讽的籍贯为沛国的另一个论据。

综上所述，曹丕对魏讽一案打击面如此之广，很可能是他有意而为之，借着这个由头将他心里厌恶之人全部杀掉。只要这个人跟魏讽有瓜葛，别管是否参与谋反，他都难逃一死。

这样推测不是没有根据的，因为曹丕本来就是个睚眦必报之人。比如当年曹洪因为吝啬没有借给他钱，过了许多年后他对曹洪展开报复，找借口差点杀了曹洪。还有鲍信之子鲍勋，因为秉公执法和直言进谏得罪了曹丕，最后惨遭杀害。

如此心胸狭隘的人，做出这样滥杀无辜的举动，恐怕也不足为奇。

杀戮逐步升级，看着这么多人纷纷被下狱或处死，有一个人吓破了胆，他就是杨俊。此人是曹植党羽，曹丕早就恨之入骨，再加上当时他担任中尉，有维持治安的责任，现在出了谋反大案就是他办事不力，从哪个角度看他都脱不开干系，杨俊感觉自己再不自救就必死无疑了。

思来想去，杨俊想出个主意，干脆自己弹劾自己，然后给曹丕写信辞别。

曹丕没想到他居然用了这个办法，一时间哭笑不得，只不过对方已经辞官，他也不方便再罗织罪名，只好讽刺说："杨中尉就这么走了，也太清高了吧。"不过曹丕还是没放过他，几年后还是随便找了个理由把他杀掉了。

再说回魏讽案。按照曹丕本来的想法，曹操对于谋反叛乱一事最为痛恨，每一次都是以雷霆手段进行镇压，之前的许昌之乱，曹操就不问青红皂白杀掉了许多人，其中不乏无辜者，因此这次曹丕觉得扩大打击范围应该不是什么大事，毕竟曹操还在因为前线的军情而焦头烂额。

不过曹丕想错了，曹操被前线的局势压得喘不过气的时候，仍然抽出精力来专门过问了此事。

当时陈群为刘廙求情，曹操也正有此意，于是找了春秋时晋国太傅羊舌肸没有因为弟弟的罪行被株连的先例，救了刘廙一命，之后又以文钦之父文稷有功为由将文钦赦免了。其实曹操还想救更多的人，比如王粲的两个儿子，可惜晚了一步，他们已经被曹丕杀掉了，曹操只好叹息说："要是我在，肯定不能让王粲绝后。"

为什么同样是谋反案，曹操这一次的态度比之前许昌之乱要仁慈得多呢？这可不是曹操的作风。

　　笔者认为其中的原因就是曹操知道这次事件其实涉及的规模有限，至少不会像曹丕宣扬的那样牵扯到这么多人。更重要的一点是，曹操虽然不在乎杀错人，但上一次他杀的都是汉臣，而这次曹丕要杀的可都是魏臣，曹操肯定不能让他为了一己之私而大开杀戒。

　　当然曹操也不能点破，毕竟曹丕是未来的继承人，曹操不愿打击他的威信。所以只能挽救那么一两个人。

　　笔者认为，以上就是官方历史中对魏讽谋反案讳莫如深的主要原因，因为说得太多漏洞也会变多，到时候丑事就大白于天下了。

　　不过事情还不算完。当初征辟魏讽的钟繇也一度因连带责任被免官，可是没过三个月，曹操刚去世，他就被重新升为九卿之一的大理寺卿，而曹丕登基后没多久，他就位列三公了。

　　这件事让人不禁浮想联翩，甚至说不定魏讽谋反案压根就是曹丕设计出来的，目的只是排除异己，而钟繇也只是暂时受点委屈罢了，曹丕以后有的是机会补偿他。

　　当然，本书是基于史料进行分析，过于阴谋论的内容笔者是不讲的，关于魏讽案的真相，就交给读者朋友们去思考吧。

　　魏讽谋反案对于曹魏集团来说只是一个小插曲，曹丕虽然为报私怨擅自扩大打击范围，但他平息叛乱的动作之快还是令人称道的，其果决无比的作风也表明曹操选他做太子是正确的。

　　曹魏的立储之争就此结束了，随着历史的推进，曹丕继承曹操的基业只是时间问题了。

第九章 尾声

第九章 尾 声

第一节　一生功过后人评

建安二十五年（220）正月，刚刚到达洛阳的曹操收到了一份新年礼物，那是孙权送来的关羽的首级。

孙权之所以要这么做，大概有两个目的。

第一，孙权要试图转移仇恨。如今孙刘两家已经彻底结怨，虽然刘备也有可以指摘的地方，但是在关键一点上，孙权是理亏的，当时双方毕竟仍是同盟关系。

无论孙权有任何借口，他都是背叛盟友、不讲道义的一方，所以刘备有无数个理由来讨伐他。既然如此，刘备的复仇就难以避免了，于是孙权只好早做准备。现在将关羽的首级送给曹操，可以表明孙权的偷袭是受曹操之命，或许能让曹操帮他分担部分仇恨。不过这个小伎俩并不高深，曹操很容易就看穿了，于是以诸侯之礼厚葬了关羽，孙权的目的未能达成。

第二，孙权也是在算计曹操。孙权在送首级的同时，还对曹操称臣，顺带来了个劝进。孙权一向是最务实不务虚的，表面上自污他是丝毫不在意的，他要的只是实际上的利益。现在他向曹操示好，并成为曹操的附属势力，一方面可以让刘备不敢轻举妄动，另一方面，如果曹操真的头脑发热打算走出那最后一步，说不定会激起汉朝遗老的反扑，到时候曹魏内部生乱，就更没精力干涉他了，而孙权就可以静观其变而后动。

孙权在拿下荆州大部后志得意满，当年周瑜提出的两分天下的计划再次浮上他的心头。他本来就对刘备夺取益州耿耿于怀，此时则产生了趁大胜之余威一举消灭对手的想法，甚至连周泰这个汉中太守都任命好了，所以自然要想办法牵制曹操。

其实，孙权产生这种想法有些脱离实际了，他还远不具备夺取益州的实力，这个计划最终也没有付诸行动。同时曹操也没上他的当，反而把他的阴谋当笑话跟众臣讲出来了。

不过曹操倒也不能完全没有表示，毕竟孙权目前算是盟友，也帮了他的大忙。于是曹操给孙权封了一系列官爵，有骠骑将军、南昌侯、授假节、领荆州牧，孙权这才得到与自己实力勉强相匹配的头衔。

从建安二十年（215）合肥之战和巴西之战开始，曹、孙、刘三家在上千里的广阔区域连番激战。到此为止，历时四年多的三方争霸才算暂时告一段落，三家逐渐进入一个短暂的和平期。

见局势稳定下来，魏国以夏侯惇、桓阶和陈群为首的大臣又进行了一次劝进，不过曹操仍没有答应，表示自己只想做周文王。这倒不是曹操故意去玩那套"三辞三让"的把戏，而是他的真实想法。

如今曹操虽然已经三分天下有其二，但毕竟还有两个他难以消灭的强大势力存在，再加上之前这一年在军事上连遭败绩，且内乱频频，曹操实在不具备称帝的客观条件。另外，曹操大限将至，他清楚自己的身体状况。

改朝换代，自己是来不及了，剩下的事就交给后人吧。

第九章 尾声

如今曹操的生命已经走向尽头，该给他一个公正的评价了。

其实每个历史人物都是复杂的而不是单一的，因此在评价他们的时候不能因为其某个行为就贴上单一的标签，这是不客观的。

诚然，曹操在掌握大权后排除异己，蔑视皇权，有明显的不臣之心，但他在维护国家的稳定和重建国家秩序方面还是有着积极的作用的。别的暂且不论，单看曹操在平定北方过程中消灭的二袁势力，他们的所作所为与曹操相比无疑是更明显的篡逆，而且在治国理政手段上也不如曹操。

所以说，曹操对于汉朝至少可以说是功过参半，而绝不仅仅是传统意义上的篡汉之贼。后世多用"操莽"将曹操和王莽并称，其实这对曹操是一种侮辱。二者虽然同样是篡逆，但曹操是引导国家由乱入治，而王莽则恰恰相反，他的一系列操作引得天下大乱，孰优孰劣自不必多说。

既然说曹操在维护国家稳定方面作出了卓越贡献，那么就不得不谈到他的治国理念。

曹操的治国理念主要体现在用人标准和理论基础两方面。

曹操用人标准的核心要义，用一句话概括就是"治平尚德行，有事赏功能"。国家安定，用人取德；发生动乱，用人唯才。

曹操的用人观大方向是没有问题的，他虽然推崇唯才是举，但那只是一个宣传口号，并非完全不重德行。在曹操所用的人中，大多还是德才兼备的，真正像郄虑那样有才无德的人还是很少的。再如，相比德才兼备的夏侯惇和曹仁，曹操就不太喜欢德行较差的曹洪。

再看曹操的理论基础，按照陈寿的评价，"太祖运筹演谋，鞭挞宇内，揽申、商之法术"，因此后世大多认为曹操崇尚法家思想，而不重儒学。

其实这个结论并不太全面，曹操崇尚法家不假，但他并非只用法家思想治国，而是儒法并用。虽然他不像那些豪门大族出身的人一样自幼学习儒学经典，但他仍然可以对儒学中有益的部分加以利用。

曹操早年间有一次被牵连免官，后来靠擅长明经古学才东山再起，被朝廷任命为议郎，这说明他在儒学上有很深的造诣。

此外，在屯田一事上，曹操也体现出部分儒家的治国理念。比如他采用枣祗的分田之术，根据实际收获量按一定比例分成，这就提高了农民的主观能动性，也让他们实际获得的粮食更多，这其实是一种儒家强民的手段。法家思想却不是如此，《商君书》中充斥着"民弱国强，民强国弱。故有道之国，务在弱民""故民富而不用，则使民以食出，各必有力，则农不偷"这样的弱民言论。法家讲究疲民、弱民，只要老百姓能勉强生存就可以了，在此基础上要榨干他们的一切。另外，曹操在担任济南相期间下令禁止过度祭祀，这也有强民之功。

综上，曹操治国是以儒为本，以法为用，在二者并行的同时，儒学反而是基础。

相比其他大多数汉末军阀而言，曹操的治国之能确实算是黑暗中的一束亮光，我们在抨击他图谋篡逆的同时，也不能忘了他作出的贡献。

此时的曹操正躺在病榻上，回想着自己那波澜壮阔的一生。

不久前，当曹操身体还可以的时候，他特意让人修缮了洛阳

第九章 尾声

北部尉的官署,弄得比以前更加气派,因为这里就是他一生功业的起点,对他来说很有纪念意义。

当年曹操初举孝廉入仕,担任洛阳北部尉,这一晃已经四十多年过去了。而那个行侠仗义、放荡不羁的富贵公子,后来没有变成大汉朝战功赫赫的征西将军,而是成了世人眼中意图谋朝篡汉的奸诈权臣。

最初的曹操却不想如此。

他是当年洛阳城里,那个不畏强权的热血青年。

他是起兵陈留时,立志为国除奸的忠臣良将。

然而,残酷的现实打破了他的梦想,衰微至极、形同傀儡的皇室和胸无大志、各怀鬼胎的诸侯让他彻底失望,他明白汉室已不可复兴,自己必须另寻他途。

争锋兖州时的危机四伏,鏖兵官渡时的烽火连天,会猎赤壁时的意气风发,撤离汉中时的低落消沉,这一幕幕不断浮现在眼前。

曹操一生经历了太多,如今他总领朝政,手握大权,连皇帝都要匍匐在他面前瑟瑟发抖,可他的初心依然未改,他只想亲手结束这乱世,让天下重归太平。

或许在实现目标的过程中,他的一些手段值得诟病,但他的最终目标是应该肯定的,否则也不会有众多英才为他所用。

如此格局,曹操强过王莽之流甚矣。

陈寿评价曹操乃"非常之人,超世之杰",实在是非常中肯的。

汉末三国本就是个英才辈出的年代,各路人杰同场竞技,若想从中脱颖而出,其难度在众多乱世中是首屈一指的。虽然曹操最终没能完成一统天下的夙愿,但这并不影响他的雄才大略;而他在忠孝节义方面虽有欠缺,亦不能掩盖他的丰功伟绩。

弥留之际,曹操下了最后一道命令——天下尚未安定,不宜遵循古代旧制:下葬后即除去丧服;凡是带兵在外之将,皆不可离开驻守之地;上下官吏应各尽其职;装殓随身衣物即可,不要以珍宝陪葬。

建安二十五年(220)正月,魏武帝曹操崩于洛阳。

第二节 最是无情帝王家

就在曹操去世的这一年深秋,成都的汉中王宫殿内气氛肃杀,弥漫着一股悲凉的味道。

虽然曹操这位刘备的一生之敌已经驾鹤西去,但刘备却一点也高兴不起来。之前他连战连捷,在汉中大获全胜后,又趁势拿下东三郡,攻占了益州全境,紧接着又传来关羽歼灭于禁三万大军的消息。一切都让这位颠沛流离大半生的汉中王心花怒放,似乎自己毕生的夙愿即将实现。然而没过多久,连续的噩耗就打碎了他的美梦。先是东吴偷袭江陵,关羽败亡,之后孟达投曹,引来魏军大举进攻,东三郡得而复失,这一系列打击真是太突然了。

此时此刻的王府中,有一个人的心情更加低落,他时而万念俱灰,时而又安慰自己不要放弃最后一点希望,心中的忐忑无以复加。他早已不复之前的意气风发,而是万分忧虑,焦急地等待

第九章 尾　声

着自己最后的命运，这个人就是刘封。

就在不久之前，刘封还在定军山下耀武扬威，气得曹操无计可施，可谓风光无限。可是仅仅过了一年，他却成了丧家之犬，惶惶不可终日，这又是怎么回事呢？

为了厘清这件事的来龙去脉，我们还是先从刘封的身世说起。

刘封本姓寇，是长沙人。寇家在当地是大族，有世传的罗侯爵位。这个罗侯应该就是罗县侯，因为长沙郡确实有一个罗县。有一种观点认为刘封是东汉开国功臣寇恂之后，但这只是推测，并没实际证据。

刘封的母族更是了不起，是大名鼎鼎的长沙刘氏。长沙刘氏的始祖是汉景帝之子长沙王刘发，他也是东汉皇室的先祖，由此可见，刘封的家世还是非常显赫的。

刘封在寇家是什么地位呢？根据孟达给他的信中的描述，"以足下之才，弃身来东，继嗣罗侯，不为背亲也"，可见刘封很可能是嫡长子，因为只有嫡长子才能继承先祖的爵位。

出身尊贵，加上在家中又有着比较高的地位，刘封最终得到了刘备的看重。

当时刘备面临着一个很大的问题，即年过四旬却没有子嗣。从古至今，拥有一份事业的人都需要有人来继承，毕竟谁都不愿让自己毕生的心血付诸东流。在天下大乱的战争年代更是如此，是否拥有稳定可靠的继承人，直接关系着一个集团的生死存亡。

理由很简单，一旦主君在没有一个稳定可靠的继承人的情况下去世，集团内部必然会因为继承权的争夺发生火并，而这种内乱是致命的，袁绍集团的覆灭就是一个鲜活的例子。

当初赵惠文王参加渑池之会前，廉颇提出：如果大王遭遇不测，请让我拥立太子即位，他就是出于这个目的，而赵惠文王也对此表示理解。

后来光武帝刘秀也有类似的经历。有一次战斗中，军中出现谣言，说刘秀已经战死，导致军心浮动。幸好吴汉出来力挽狂澜，说大王的侄子在南阳，何愁没有继承人，最后成功安定了军心。

所以说，对于每一个主君来说，尽早确立并培养自己的继承人是非常有必要的，这有利于政权的安定，而对于刘备这种已经步入中老年的人来说更是如此。为了不让自己的事业毁于一旦，刘备未雨绸缪，选择刘封作为自己的继承人，毕竟他身上也拥有着一半刘氏的血脉。

或许寇家对于名扬天下的刘备非常倾慕，又或许家中还有其他继承人，总之他们同意将家中嫡子过继给刘备，并改名为刘封。他们满心以为这样可以让刘封得到更好的前途，没想到最终却害了他。当然，这是后话。

刘备一开始确实是想让刘封继承自己事业的，也对他认真培养，可是没过多久，事情却出现了变化。建安十二年（207），刘禅出生了。

刘备嫡亲子嗣的降生，虽然让刘封的地位开始尴尬起来，但最初却没造成太严重的影响，因为刘禅毕竟年纪太小，在那个医疗条件落后的年代，即使是权贵人家，儿童夭折的概率也是很高的，所以刘备彼时应该还没有完全放弃刘封。

之后，刘备在夺取益州的军事行动中，依然在重用刘封，而刘封也不负众望，立下了功勋，终于在汉中之战期间大放光彩，达到了他人生的巅峰。

可惜的是，巅峰过后便是滑坡。到了建安二十四年（219），刘禅已经十三岁了，到了这个年龄后，顺利长大成人的概率已经大大增加，因此刘备在称王后当即立刘禅为王太子，刘备集团的嗣位问题彻底尘埃落定。

刘备这个决策其实无可厚非，毕竟任何一个正常人在立嗣的时候都会优先考虑自己的亲生子嗣。不过这样一来，如何安排刘封就成了一个问题。

刘封能征善战，就此雪藏的话确实可惜了；但若是加以重用，以他特殊的身份，未来再功高震主的话，那更是个大麻烦。思来想去，刘备想到了一个"好主意"，当时正好有个不错的机会，因为孟达正在北上进攻东三郡。对刘备来说，孟达是他不够信任的人。

当初孟达来降后，刘备就把孟达所部安排到江陵，让他处于关羽的监视之下。至于为什么不让他参加入蜀之战，笔者认为大概率还是怕这名实权将领不够可靠，因此干脆让关羽看管，以防生乱。

后来，刘备虽然让孟达担任宜都太守，但他却处于益州本土和关羽集团的交界处，这令他完全无法生出异心。但是这次不一样了。孟达正在进攻房陵和上庸，这是靠近曹魏边境的焦点地区，若能得手，以后再也无人可以制约他，因此刘备进行了新的部署以对其进行防备。

据《三国志·刘封传》记载，"达将进攻上庸，先主阴恐达难独任"，虽然是说刘备暗中担心孟达不能独担此任，但其实这只是一个表面现象，他真实的想法就是怕孟达生异心。毕竟此时孟达已经攻克房陵，正在进攻上庸，进展非常顺利，在军事上没什么可担心的。而这个"阴"字也用得非常值得玩味，如果孟达真是在军事上遇到困难，那直接派人增援就好，没必要遮遮掩掩的。刘备不想让孟达失去控制，希望用自己信任的人去节制他，因此在他的心中，地位尴尬却又对自己足够忠诚的刘封就是个很好的选择。于是，刘备让刘封一同出兵进攻上庸，逼降了当地大族申氏兄弟，并由刘封主导东三郡。

在刘备看来，这既可以让刘封远离权力争夺的旋涡，避免将来和太子刘禅发生冲突，又能起到监督孟达的作用，可谓是一举两得。

遗憾的是，一举两得的初衷没能实现，最终反而满盘皆输。

刘备的计划看上去还不错，但实际上却很不可靠。

当时的东三郡形势错综复杂，无论孟达还是申氏兄弟，都不是可以轻易控制的，只靠刘封这样一个空降领导，根本没法压服他们，何况刘封本就是个擅长军事而疏于谋略的人。

另外，让没有继承权的子嗣外放并掌握实权，也并非明智的选择。因为刘备的本意是要他在东三郡站稳脚跟的，可倘若他真的站稳脚跟，成了尾大不掉之势，恐怕刘备就要头疼了。

东三郡属于一个单独的地理单元，如果将来刘封真的以此为基地发起叛乱，那绝对是个大麻烦。所以即使真要给刘封一块地盘，那也得放在成都平原内部，这才万无一失。

其实最好的处理方式就是剥夺刘封的兵权，给他虚职并大加封赏，让他做个富家翁即可，这样虽然浪费了一名勇将，但总比将来发生动乱要好。

第九章 尾　声

　　对于主君来说，一旦决定了继承人，对于其他候选者就只能进行打压，绝没有让他们掌握兵权的道理。这种教训不胜枚举，远有赵武灵王身死沙丘，近有河北袁氏亡于内讧。我们可以想象，如果刘封真的统合了孟达和申氏兄弟的势力，在刘备百年以后没有人可以压制他的情况下，他是否会生出不臣之心呢？这很难说。

　　总之，刘备这个不太合理的安排，为之后的悲剧埋下了伏笔。

　　刘封在到任后，果然和孟达发生了冲突。这件事表面上看是刘封理亏，由于他夺了孟达的仪仗乐队，最终导致孟达叛逃。但笔者认为此事的责任并不全在刘封，刘备也有不小的责任，因为他给刘封的军队实力严重不足。

　　要知道孟达可是有数千部曲的，而申氏兄弟更是在当地根深蒂固，且在东三郡中控制着西城和上庸两郡，而刘封的力量与之相比就太薄弱了。且不说他后来挡不住魏军进攻，就是孟达的部曲叛逃他也无力阻止，之后也不是申仪叛军的对手，这足见他兵力不足。

　　因此，刘封夺孟达仪仗乐队一事或许能有另一种解读，那就是刘封在孟达不服管束的情况下被迫以强硬的姿态立威。而孟达不服管束的推测，依据正是孟达在刘备手下的不得志：一方面，本来他就不受信任，先是被关羽节制，现在换了个地方却又被刘封制约；另一方面，在东三郡到手后，刘封和申氏兄弟各自因功封赏，唯独孟达没有得到赏赐，他心里自然是有所不满的。

　　在刘备手下前途有限，而自己手中又有些筹码，恐怕此时孟达已经动了改换门庭的想法了，只等一个契机。

从孟达后来的经历看,他是一个缺乏安全感且利益至上的人,一旦他感到自己得不到信任,就会开始寻找其他出路,和刘封的交恶或许只是一个直接原因而非根本原因。

至于说关羽兵败后孟达因不去救援而畏罪潜逃,这同样不合理。他又有什么罪呢,难道他这点兵力投入樊城战场就能改变什么吗?恐怕孟达真正担心的是自己会被当成替罪羊。

总而言之,刘封作为长官,没道理无缘无故刻意欺凌部下,特别是有一定实权的部下,因为这没任何好处,而最合理的解释应该是他为了控制孟达才行此无奈之举。

孟达投魏后,曹丕大喜过望,如果他要更进一步,祥瑞和功绩是少不了的,而孟达的到来就是一份大礼。

曹丕封孟达为散骑常侍、建武将军、平阳亭侯,还许诺将来会把东三郡合在一起,还让他当太守。这个待遇可比在刘备那边好多了,孟达很满意,不过要想得到这份赏赐,必须得拿下东三郡才行,否则都是空谈。

虽然刘封实力薄弱,直接发动进攻也是十拿九稳,但那样功劳就是夏侯尚和徐晃的了。而如果能劝降对方,孟达的功劳会更大,于是他提笔写了一封劝降信。平心而论,孟达写给刘封的这封信还是很有水平的,前面引经据典的部分就不多说了,单看后面的主要内容,可以说是直击要害。

其中核心有三点。

第一,你本来就不是刘备的亲生子嗣,因此离开他也不算背叛,回归本家是无可厚非的。

第二,你降魏以后待遇不会差,至少也能继承寇家的罗侯爵位,而且在新君登基的时候锦上添花,得到更多赏赐也很有可能。

第三，你肯定挡不住我军进攻，最后只有逃回成都一条路，到时候失去了一切筹码，那就是任人宰割，既然如此，何不把命运掌握在自己手里呢？

不过，刘封最终还是选择忠于刘备，他的悲剧命运也就此注定。

很快，在魏军的强大压力下，申氏兄弟选择投降，失去立足之地的刘封只能逃回成都等候处理，这就是本节开头的那一幕。

就在刘封等待自己命运的审判时，刘备也在犹豫。

刘备本来也不想杀刘封，归根结底刘封还是忠诚的，大节不亏。而孟达虽背叛了他，但刘备却没有株连孟达留在益州的家眷，既然如此，为何对怀着一片忠心的刘封不能网开一面呢？

可这时诸葛亮提出一个问题："封刚猛，易世之后终难制御。"刘封个性刚猛，将来少主无法掌控他，因此不杀的话以后会很难处置。诸葛亮这个提议虽然有些残忍，但他出发点是好的，因为他跟刘封并没有直接利益冲突，他只是一心为公。

刘备对此表示理解，如果自己不做这个脏活，难道将来让自己的儿子背负杀兄的恶名吗？无奈之下他只好赐死刘封。

其实刘备这么做核心原因只是为了今后政权的稳定，至于他责备刘封欺凌孟达且不救关羽，那些都不是他下狠手的理由，真正让他下决心的还是诸葛亮的劝谏。

所谓刘封不救关羽，这个理由根本不能成立。

首先，关羽并没有求救，他联系刘封出兵是在此之前的事，目的是希望他协助进攻樊城，而不是在自己濒临败亡之际救援，因此刘封之前拒绝出兵不等于拒绝营救关羽。

其次，关羽败亡的速度太快，即使刘封、孟达收到消息后有心出兵，大概也来不及。

吕蒙偷袭南郡后，关羽第一时间没能判断消息是否属实，后来确认江陵已经失守后，他又对形势产生了误判，认为这次冲突还跟数年前的荆南三郡之争类似，是有可能化解的，因此又派人回江陵探听情况，这进一步耽误了时间。

也就是说，在关羽的兵马被吕蒙的攻心之计摧毁而溃散之前，他是没道理向东三郡求救的，他如果求救，一定是在这之后。

假如关羽意识到大事不妙后第一时间派人送信，等信使赶到，时间至少又要过去好几天。

吕蒙是在建安二十四年（219）闰十月发起进攻的，距离关羽战死大约两个月，前面这些时间耽误下来，估计已经过去大半个月了。

刘封面临的就是集结军队，兵力少了没有意义，兵力多了就要花时间，等他出兵，大概已经十一月了。

那么行军情况呢？从上庸距离麦城八百里以上，等部队赶过去就要近一个月，等赶到麦城就要到十二月了，彼时关羽基本已经被俘，从时间上是很难赶上的。

当然，这是按照正常的行军速度进行估算，更快一些也不是不可以，但争取到时间的同时，付出的代价就是牺牲战斗力，一支疲兵怎么可能是以逸待劳的东吴的对手呢？

所以刘封出兵营救关羽一事并不现实。

再次，刘封当初拒绝关羽请求的理由也完全合理，因为他刚刚拿下东三郡才两三个月而已，且自己兵力严重不足，要是强行

第九章 尾 声

出兵，一旦后方有人作乱就万事皆休。

最后一点，东三郡属于益州，而并不属于关羽都督的荆州，刘封是属于刘备直辖的，关羽没有调动刘封的权力。

所以说，关羽兵败身死这件事，无论如何也不该让刘封承担责任。但由于《三国演义》的影响，刘封还是被冠上了这项并不属实的罪名，这是很不公平的。

度日如年的刘封终于等到了刘备的诏书，当"赐令自裁"几个字传到刘封耳内时，他完全呆住了。如同坠入冰窖一般，刘封感到了彻骨的寒冷。在他看来，自己虽然失土有责，但情有可原，毕竟刘备没有提过这件事，而这也是他愿意回成都接受处理的原因。如果明知必死他怎么会回来呢？可刘封没想到自己等来的却是这个结果。

此时他心中悔恨万分，他恨刘备的绝情，同时也恨自己没有听从孟达的劝告，才落得这个下场，可是现在说什么都晚了。

刘封死后，刘备也为之垂泪，或许他的心里也有愧疚吧。

关于刘封之死，虽然确实有些不公，但从另一方面来看，他自身也有一部分责任，说他咎由自取也不能算错。比如陈寿评价刘封"处嫌疑之地，而思防不足以自卫"，这就非常中肯。刘封处于这个敏感的位置，却不能居安思危以求自保，最终死于政治斗争不足为奇。

其实刘封的主要问题就在于没有自知之明，在形势发生变化时没有摆正自己的位置。在刘禅已经成为太子的情况下，他的身份是很尴尬的，他应该及时意识到这一点，并且为自己寻找后路，而具体方法就是在立太子后自己主动提出回归寇氏。当刘封变成了寇封，对太子的威胁就小多了，他也可以借此表达自己完全没有野心。这样一来,刘封的处境就会好得多。

另外,孟达的劝说其实也颇有道理,当刘封领兵在外时,他自然可保无虞,但当他回到成都时,就只能任人宰割了。刘封选择相信刘备不会太过绝情,但是当主动权不在自己手上时,把希望寄托在别人身上本来就不是一件明智的事。

命运,终究还是要掌握在自己手里。

而就在此时,曹丕也即将为自己的终极大事迈出最后一步。

第三节　曹丕继位险生乱

公元220年是非常特殊的一年,因为这一年有三个年号。

其中正月的前半是建安二十五年,正月后半到十月是延康元年,而从十月后半到年底则是黄初元年。

那么这个持续了不到一年的延康元年究竟为何会出现,又发生了些什么事呢?

建安二十五年(220)正月曹操去世后,"建安"这个年号也随他作古了,大汉迎来了最后一个年号"延康"。

不过关于这个改元的具体时间,《三国志》和《后汉书》却产生了分歧。

按《三国志·文帝纪》记载,"改建安二十五年为延康元年。……元年二月壬戌,以大中大夫贾诩为太尉,御史大夫华歆为相国,大理王朗为御史大夫",可见改元延康的时间为正月。而《后汉书·献帝纪》的记载为,"三月,改元延康"。究竟哪

第九章 尾 声

个才是正确的,两本史书为什么会出现这种不同呢?

笔者认为《三国志》的记录更为可靠,而《后汉书》将这个时间节点加以修改,可能代表了作者的一些个人立场。

汉献帝共有五个年号,分别是永汉、初平、兴平、建安和延康,这五个年号有着不同的意义。

第一个年号是189年九月到十二月短暂使用的。董卓扶植汉献帝上台后改元永汉,不过到年底的时候,董卓却突然下令"诏除光熹、昭宁、永汉三号,还复中平六年"。此举意义颇为重大,因为"光熹"和"昭宁"两个年号是少帝刘辩使用过的,董卓想要借改元表达两个意思,第一就是否认刘辩的合法性,同时突出他改立刘协的正当性;第二点则是顺应新君登基后第二年才改元这一传统。比如按照《晋书·五行志》记载:

> 刘备卒,刘禅即位,未葬,亦未逾月,而改元为建兴,此言之不从也。礼,国君即位逾年而后改元者,缘臣子之心不忍一年而有二君。今可谓亟而不知礼义矣。

刘禅在刘备去世的当年就把章武三年改为建兴元年,结果遭到了批评。由此可知在那个时代,不遵循这一传统势必会遭到抨击。正因如此,董卓才恢复了汉灵帝的年号,因为直到189年四月份,都是汉灵帝在位。

但是转过年来,董卓就不用有这么多顾忌了,他开始按照自己的意愿行事,于是使用了新的年号"初平"。

之后的年号"兴平"和"建安"大概对应着李傕和曹操掌控朝廷的时代,既然如此,当轮到曹丕继承魏王的时候,改一个新的年号就势在必行了。至于为什么不等到下一年，应该是他已经迫不及待进行禅代了，毕竟曹操去世的时候才刚刚入正月。

后汉书把改元的时间改为三月，可能是因为作者站在尊崇汉室的立场上，希望突出这次改元并不是曹丕的意思，而是汉献帝自己的决定，比如在曹操死后大汉即将迎来新时代等。当然，这种说法最终还是站不住脚的，而且《资治通鉴》也采用了《三国志》的说法，将改元延康的时间确定在了正月。

在改元之前，曹丕还有更重要的事要做，虽然他早被曹操立为魏太子，但这并不表明他的上位之路就是一帆风顺的，相反，此时的朝中正暗流涌动。曹丕若想稳固自己继承的曹操的丞相之职和魏王爵位，必须经过一番考验。

曹丕刚听说曹操的死讯时，一时还没有心理准备，只是哭个不停，可能是多年来演戏留下的后遗症吧。这时候司马孚及时出来把他点醒了，他说："先王归天，全天下等着您发号施令，您应当上为宗庙，下为国家，怎么能像个匹夫一样只知愚孝呢？"曹丕闻言顿时醒悟。

点醒了曹丕后，司马孚又出去把那些只会哭的大臣们斥责了一番，这才把秩序稳定下来。

这时又有人提出，如果太子在邺城即位，那就名不正言不顺了，因为不去洛阳就得不到汉献帝的诏令。

这确实是个问题。曹操是在洛阳病逝的，而此时曹丕却不在那里，而是留守在千里之外的邺城，守在曹操身边的是身份敏感的曹植。如果有野心家利用这个机会做文章，那后果将不堪设想。

邺城是曹丕的大本营，因此他是安全的，但如果他要前往洛阳即位，离开了自己的根据地后，一切就难说了。要知道曹植虽然在争储中失败，但他并没有被彻底打倒，他依然有支持者，其中能量最大的就是曹彰。

之前曹彰奉命留守长安，他手下是有军队的，而曹操在病重的时候又召他去洛阳，虽然不知道曹操跟他到底说了什么，但是按照曹彰后来的行为，他肯定是不服曹丕的。如果这个时候曹丕贸然前往洛阳的话，被曹彰半路截杀也并非不可能，因此必须要加以防备。这一点陈矫看得很透彻，据《三国志·陈矫传》记载，当时他提出：

王薨于外，天下惶惧。太子宜割哀即位，以系远近之望。且又爱子在侧，彼此生变，则社稷危矣。

陈矫直接把这件事放在明面上提了出来，他指出了曹操去世后在大局未定的情况下可能产生的威胁，并表示正因为如此才需要特事特办，不能拘泥于流程。

这件事定下来后，邺城方面一天之内就把所有的礼仪都完成了，第二天又以王后的名义策立曹丕继位魏王，从而率先占据了大义名分。

不过这件事却还没有到此结束，因为按照正常流程，还必须得给先王下葬才行，这才算完成了新君即位的一套完整流程。如今曹操的尸体还在洛阳，必须先把他的灵柩送回来。不过在此之前，曹彰就率先发难了。

或许曹彰此时还不知道曹丕已经在邺城即位了，于是他刚一到洛阳，就立刻去见曹植，随后提出："先王召我回来，是想立你为嗣。"

当然，这毫无疑问都是他信口胡说的，曹操去世前还在有条不紊地做着各项安排，当时他的头脑非常清醒，不可能做出这种会引发动乱的荒谬决定。

面对这个诱惑，曹植却没有回应，即表示不认同。这不光是因为曹植不想制造动乱，还因为他也不敢完全相信曹彰。之前曹植的心腹杨修被杀时，其中一项罪名就是诽谤曹彰。按李贤注《后汉书·杨修传》引《续汉书》记载：

人有白修与临淄侯曹植饮醉共载，从司马门出，谤讪鄢陵侯章。太祖闻之大怒，故遂收杀之。

杨修诽谤曹彰的时候是和曹植在一起的，当时二人在司马门醉酒驰车。毕竟酒后吐真言，这说明曹植对曹彰也是不信任的，两人的友善关系也只是个表象，曹植和曹彰很可能只是表面结盟，实际是一个互相提防、互相利用的状态。

这样一来，我们甚至可以推测，曹彰或许也有着不小的野心，拥立曹植只是个幌子，为的是以他的名义对付曹丕。而曹植也不愚蠢，很可能已经看透了曹彰的阴谋，因此不愿被他利用。

看曹植不愿配合，曹彰只好另寻他途，于是他找到了主持曹操丧礼的贾逵，直接问他玉玺在哪儿。曹彰这样做，其实已经充分暴露了他的野心，如果玉玺到了他手里，说不定就要矫诏谋反了。然而这却吓不住贾逵，曹操让他主持此事自然是有道理的，就在曹彰来洛阳之前，贾逵已经凭他的智慧解决了两个难题了。

当初曹操刚刚去世的时候，很多人提议为了避免人心骚动导致生出乱局，应该秘不发丧。这就有点异想天开了，曹操去世是

第九章 尾 声

天大的事,是不可能隐瞒住的,毕竟连身在长安的曹彰都已经知道了,刻意隐瞒岂非欲盖弥彰?另外,如果曹操真有秘不发丧的想法,他肯定会提前有所交待。

贾逵自然没有采纳这种不切实际的提议,与其等消息自行泄露出去,还不如立刻公开然后早做准备,于是他下令正常发丧。

不过曹操去世的消息传出去后,却发生了一件很严重的事,让局面更加复杂起来,这是贾逵始料未及的。

当时青州兵和臧霸的一支部队竟然未经许可,大张旗鼓地离开洛阳走掉了。这件事非同小可,甚至可以说是兵变也不为过。

在许多人看来,青州兵是曹操手下一支战斗力很强的精兵,但这支部队一向是成事不足败事有余。当初曹操和吕布争夺兖州时,就是因为青州兵被吕布骑兵击溃导致全军溃败。后来讨伐张绣的宛城之战时,青州兵竟然在乱军中劫掠友军。由此可见,青州兵并非传统印象中的精锐之师,而是一支战斗力较差且军纪涣散的部队。这次如果不加以约束,一路上不知引发多大动乱。

臧霸的部队威胁更大,作为青、徐一带的地方豪强,臧霸先后跟随过陶谦和吕布,最后归顺曹操。加入曹操阵营后,臧霸作为青、徐的地头蛇被委任管理二州。曹操肯定是利用他的关系、人望等来稳定局面,让自己可以专心投入与袁绍的决战,而不是放任他形成尾大不掉之势。不过臧霸至少保留着半独立的地位,这种局面一直持续到曹操去世。如今多事之秋,臧霸却突然发难,莫非青徐地区有割据独立的倾向?

慎重考虑后,贾逵提出不宜强硬镇压,反而应该安抚,一路上粮草也要供给好,此外还特意公开发表了一篇檄文以安其心。现在毕竟是非常时期,能不生乱就不要生乱,等以后局面稳定了,自然有的是秋后算账的机会。

解决了这个难题后,兵权在握的曹彰又开始闹事了。但面对咄咄逼人的曹彰,贾逵却丝毫不惧。

当时贾逵只是个小小的谏议大夫,他凭什么和曹彰针锋相对呢?

原来贾逵并不是一个人,他还有一个好帮手,那就是夏侯尚,据《三国志·贾逵传》记载,曹操曾让贾逵"与夏侯尚并掌军计"。

夏侯尚的身份不一般,他是夏侯渊之子,也是曹丕的心腹,而且他背后不光站着曹丕,还有其他宗室成员。

其实曹彰跟夏侯尚也是有交情的,两年前二人曾一同平定过代郡乌丸的叛乱。不过夏侯尚终究跟曹丕关系更为亲密,何况曹丕还是名正言顺的太子,于是他选择和贾逵并肩作战,而这也证明,至少大部分宗室都不会站在曹彰一边。

有了这个底气,贾逵义正词严地说:"太子在邺城,国家自有储君,玉玺之事君侯无须过问。"

曹彰一看这架势,自己要是一意孤行,恐怕得众叛亲离,所以只好放弃了作乱的打算。于是,曹丕承继大位的所有障碍都被扫除了。

现在最后一件事就是送曹操灵柩返回邺城下葬了,这是一件几乎白送的功劳,曹丕决定把这件功劳给自己最信任的人。曹丕这里有两个人选,是司马懿和夏侯尚,这两位就不多说了,都是曹丕的心腹。而第三个人就是之前立下大功的贾逵,曹丕为了表彰他的忠诚和机智,最终将这件功劳给了他。

完成此事后,贾逵没过多久就被任命为魏郡太守,作为曹魏王国核心地区的长官,贾逵从此开始平步青云。

与此同时,华歆带着汉献帝的诏书来到邺城,并将丞相和魏王的印玺交给曹丕,至此,曹魏的权力交接终于完成。

曹丕在坐稳了魏王之位后,也终于可以开始着手准备他的终极大事了。

第四节　受禅称帝汉祚终

曹丕在顺利继位后,国势日趋稳定,改朝换代这一终极大事也就逐渐被提上了日程。

这里先要说说古代的改朝换代是怎么回事。

我们抛开传说时代不看,早期的改朝换代都是比较直接的,先是成汤代夏,继而武王克商,随后秦王扫六合,终于高祖平天下,可以说这四次王朝的更迭都是后者打败前者,直接武力夺位,可以算是一种暴力革命。

这种行为也是有依据的,其中最有代表性的就是孟子的理论。他曾说过:"闻诛一夫纣矣,未闻弑君也。"意思就是说只听过诛杀独夫纣王,而没听说有弑君的事。在孟子看来,不仁不义的君主就没资格做君主了,所以诛杀暴君不算弑君。当然,也可以理解成孟子在粉饰周武王,但不管怎么说,暴力革命在那个时代是合理的。

但是这种情况到汉朝发生了变化,因为儒家学说并不是一成不变的,它始终在根据统治者的需要而被不断改造。比如孟子认为：

> 民为贵，社稷次之，君为轻。（《孟子·尽心下》）
> 君之视臣如土芥，则臣视君如寇仇。（《孟子·离娄下》）

这种理论要是到汉武帝时期再说出来，那肯定是大逆不道了，因为这时候的儒家思想已经把"君"的位置抬高到了极致。比如董仲舒认为，皇帝的权力是上天赐予的，他就是上天在世间的代言人，这就把皇帝神格化了。

先秦时期失德的君不配做君，但是汉朝皇帝无论怎样都是天子。就算他多行不义，臣子也很少能像先秦时代一样进行暴力革命，即便造反，打的旗号也多是"清君侧"。而权相霍光废黜刘贺的例子比较特殊，刘贺本是霍光迎立，即位后却想除掉无错的霍光，自己又淫乱无度、尽失人心，霍光为社稷而废之，无可厚非。

董仲舒之后的儒家思想认为，朝政腐败肯定不能是皇帝的问题，上天绝不可能有错，而是皇帝身边有奸臣，群臣只能尽心匡正、辅佐。所以，从汉朝开始，改朝换代就变得复杂了，不是谁拳头硬谁就能上位，因为这缺乏理论依据，没有说服力。

可是手握大权的臣子却层出不穷，一方面他们在消灭了皇帝身边的所谓"奸臣"夺得最高权力后，肯定不愿意轻易将其交出而还政于天子；另一方面他们也不敢交权。曹操在《让县自明本志令》中提到：

> 然欲孤便尔委捐所典兵众，以还执事，归就武平侯

国，实不可也。何者？诚恐己离兵为人所祸也。既为子孙计，又已败则国家倾危，是以不得慕虚名而处实祸，此所不得为也。

这就是权臣心态的真实写照。

这样一来就陷入矛盾了，因为只有皇位是可以代代传承的，权臣手中的权力却不能。直接篡位没人支持，一直当权臣也不行，怕子孙后代被清算，这该怎么办呢？

于是他们想了个办法，那就是回归上古时代的方式搞禅让，这下理论依据就有了，只不过是傀儡天子为舜我为禹，禅让就到此为止，从此就是自家的家天下了。

从汉朝开始，改朝换代的流程就变成建功、夺权、禅让这三步走了，强行篡位已经不可以了，搞一块遮羞布是必不可少的。

具体谈到禅让的流程，王莽是个绕不过去的人物，他算是开了靠禅让改朝换代的先河。

权臣肯定会紧握兵权，这个不必细说，在这里我们主要谈谈官职和爵位两方面。

首先，权臣在大权独揽后肯定会给自己安排相应的官职，这个官职包括一实一虚。

实权官职就是"录尚书事"，它是掌控朝政最有力的依仗。录尚书事的雏形源自西汉霍光所担任的领尚书事，作为皇帝的机要秘书，它的权力十分之大。东汉建立后，领尚书事被正式改为录尚书事，权力地位进一步提高，据《晋书·职官志》记载，"和帝时，太尉邓彪为太傅，录尚书事，位上公，在三公上，汉制遂以为常"，可见录尚书事在三公之上，成了事实上的宰相。

总之录尚书事是每个有志谋朝篡位的权臣的标配，王莽、曹操、司马氏兄弟、桓温和刘裕等都不例外。

至于虚职则各不相同，主要作用是彰显自己的地位，甚至有人不满足于传统的三公，弄出一些当下朝廷没有的官职，不仅体现出自己的超然地位，还能打击朝廷的权威。比如王莽就搞出过一个"宰衡"，而董卓和曹操分别恢复了被废弃已久的"相国"和"丞相"，当然也有比较低调务实的，比如司马氏兄弟只做了大将军。

然后就是爵位，一般顺序是从低到高一步步慢慢晋升。

由于在此之前靠禅让改朝换代的只有王莽一个先例，所以曹操的参考资料比较匮乏，他也只能效仿王莽。不过曹操却也没有完全照搬王莽旧例，而是去糟取精，比如王莽自己发明的"宰衡"，这种只会贻笑大方的做法，曹操是不会效仿的。

另外在爵位方面，王莽的晋升轨迹是新都侯、安汉公、摄皇帝，最终正式称帝，其中他用"摄皇帝"代替了王爵，这又是一个创新。

不过王莽毕竟名声太坏，曹操还是规规矩矩按照侯、公、王的传统模式一步步来，但本质上没什么区别。

如今曹丕继任魏王，他将沿着父亲的脚步继续在篡位的路上走下去。

事实上，曹魏代汉是通过禅让取得政权这一说法并不够准确，因为它和真正的禅让还是有区别的，可以被称为"禅代"。

真正的禅让只出现在上古时代，至于战国时燕国那次失败的禅让则不做讨论。

在上古时代是公天下，并未出现家天下的概念，因此彼时的禅让是真的让。而后来就不同了，曹魏代汉的时候，汉献帝明显并不是主动让贤，他反抗过，但最后失败了，因此只好屈服于对方的淫威，从而被迫退位。

也就是说，曹丕采取的这种模式是一种披着"禅让"外衣的攘夺，是以曹魏的强大实力为后盾的。这种模式只有禅让之名却没有禅让之实，因此称作"禅代"。

曹丕的手段虽然充满了虚伪，但并非一无是处，因为这种禅代模式比起暴力革命而言是相对平和的，血腥味要少了很多。

那么曹丕究竟是如何进行这件大事的呢？

首先就是寻找祥瑞，为自己称帝造势。

这一点很好办，地方上肯定会大力配合，很快各地就呈上了发现各种祥瑞的报告。其中不仅有"黄龙""凤皇"这样传说中的神兽，连白雉（白色的野鸡）也被拿来凑数了。

有了祥瑞后，接下来就是要建功立业，这样才能让自己更加名正言顺。

要说功绩，确实也有，这年五月份，冯翊郡山贼郑甘、王照归降朝廷；酒泉郡黄华和张掖郡张进之乱也被平定。不过这只是平叛，说服力还不够强，比起对外征伐建功的含金量要差得远。

这时正好机会送上门来，孙权派陈邵占据了襄阳。

按说孙权此举有些不智，本来已经和刘备关系破裂了，为何又要激怒曹丕呢？他难道不怕两面受敌吗？

其实这件事也不能完全怪孙权，因为这算是历史遗留问题，襄阳是曹操还在世的时候许给孙权的。据《三国志·蒋济传》记载，当初曹操在蒋济和司马懿的建议下，答应击败关羽后"许割江南以封权"，因此在孙权看来，占据沔水以南的襄阳仅仅是让曹魏兑现之前的承诺而已。

然而当时，东吴占据的襄阳却是一座空城，因为曹丕之前以襄阳和樊城粮草不足为由让曹仁将其放弃了。这就很奇怪了，如果要放弃的话，为何不履约直接送给孙权呢？

原来当初水淹七军之后不久形势就发生了变化，一是徐晃挡住了关羽，襄阳和樊城已经基本安全了，二是关羽败亡太快，曹操希望孙权和关羽两败俱伤的局面并未发生。

危机如此轻易地解除，曹操是否会对他的承诺感到后悔呢？这我们不得而知，但是曹丕对此肯定是不予承认的，反正又不是他承诺的，于是就这样算计了孙权一次。

至于《晋书·宣帝纪》中记载司马懿劝阻曹丕不要放弃襄阳、樊城一事，可能并不属实。因为《晋书》称"权果不为寇，魏文悔之"，以此证明司马宣王的睿智，而事实上孙权是出兵了的，因此这可能是《晋书》为了美化司马懿做的一个艺术加工。

总之，这一曹操时代达成的协议，到了曹丕继位后就不被承认了，而且，曹丕还决定借此机会教训一下孙权，以建立战功。于是，曹丕公开抨击孙权未经允许擅自占领襄阳，于六月份发兵南征。

之前曹仁撤出的时候把城烧了，想要夺回来并不难，很快孙权到手的襄阳城就得而复失了。孙权看形势不妙，当即派人来进贡称藩以求和。与此同时，孟达也率众归降。

双喜临门之下，曹丕的功勋到手了，这么一来仗便不用打了，于是这次出征就变成了一次富贵还乡之旅，曹丕"大飨六军及谯父老百姓于邑东"，着实风光了一次。

祥瑞和功绩都有了，曹丕的最后一步就是制造舆论，为禅代画上一个完美的句号。

虽然当时东汉朝廷已经衰微到了极点,但它毕竟是合法政府,魏王国想取代汉朝在法理上是说不通的。为了解决这一问题,曹丕采取的办法就是从历史中寻找先例,这一点跟刘备称王时做法一样。

既然要寻找先例,那就只能选成功的先例,因此范围就被局限在了上古时代。上古时代从唐尧到大禹,曾有过两次禅让,究竟引用哪一次作为范例,这里面很有学问,曹魏的智囊团为此煞费苦心。

最终,他们选择了尧舜禅让作为模板,为代汉提供了理论依据。

首先,据《左传》记载,"有陶唐氏既衰,其后有刘累",说明汉朝皇室刘氏的先祖刘累是唐尧的后裔,因此汉朝和唐尧有承继关系。

那么曹魏又是如何跟舜联系上的呢?这就要从曹氏一族的出身说起了。

关于曹氏的先祖,有一种说法是曹操出自夏侯氏,和夏侯惇是从兄弟,这种说法出自《曹瞒传》和郭颁《魏晋世语》。这种说法应该并不属实,毕竟同姓不婚,这是长期以来的准则,而曹氏和夏侯氏多有联姻,比如夏侯惇之子夏侯楙就娶了曹操之女清河公主,如果曹操真的出自夏侯氏,这样就有点匪夷所思了。这两本书都是东吴人作的,有些谬误也不奇怪。

曹氏的先祖被认定为西汉开国功臣曹参,这也是《三国志》的定论。虽然陈寿在后面又补充说曹操的父亲曹嵩身世不详,但曹嵩毕竟是曹腾的养子,在宗法上完全可以继承曹家的香火。

按说这个家世算是很不错了,但是曹操却不满足,随着他功业的建立,曹操要给自己找一个更显赫的祖先,结果找到了曹叔振铎的身上。据曹操为自己家族作的家传记载,他"自云曹叔振铎之后"。这位曹叔振铎是周武王的同母胞弟,身份非常高贵,曹操对此很是满意。

这里要注意,此时此刻曹操的血统还是"姬姓",但没过多久,随着实际需要,曹氏家族的血统就被更改了。为了和舜联系上,给事中博士苏林、董巴在给曹丕的上书中又把曹魏的先祖进行了修改,这次他们选择了上古五帝之一的颛顼。

由于舜是颛顼的七世孙,这样一来,就把曹魏和虞舜强行联系到一起了。

将舜追认为先祖后,曹魏代汉和尧舜禅让就有一定可比性了,这就等于告诉天下人,曹魏代汉就相当于舜的后人取代尧的后人,这是天经地义的。

或许仅仅这一点还有些牵强,但是没关系,熟知礼法的谋臣还有一个强力武器,那就是"五德"说。

五德说的理论依据来自五行之间的相生相克,最早提出这一理论的是战国时期的思想家邹衍,他认为每一个朝代都对应金木水火土五行德运之一。这种理论流传了很久,但是具体细节却经常变化,到了西汉末年,刘歆所作的帝王五德谱统一了众多不同说法,让朝代的五德更替形成了定论。

其中汉朝是火德,因为汉朝是赤帝之后,赤色属火,而唐尧也是火德,这就将两者完全对应上了,因此汉朝有"尧后火德"的说法。根据这一点,那么曹魏就必须是土德了,火生土,魏代汉,天经地义。于是苏林、董巴在上表中提出:"舜以土德承尧

第九章 尾 声

之火,今魏亦以土德承汉之火。"二者完全一致。

值得一提的是,追舜为先祖希望继承汉朝的并不只有曹魏一家,在此之前王莽和袁术都做过同样的事,只不过他们失败了而已。

在曹丕的一系列操作下,曹魏代汉就被定义为以舜承尧,以土继火,至此他已经完成了一切舆论准备。

在例行了三辞三让的公事后,延康元年(220)十月二十八,曹丕在百官陪同下,于繁阳登坛受禅,享祚四百余年的大汉王朝正式灭亡,历史进入了曹魏时代。

曹丕登基称帝后,将新的年号取为"黄初"。黄在五行中属土,正好与曹魏的德运相符。

其实当初张角起义时戴黄巾,并以"苍天已死,黄天当立"为口号,也是出于同样的目的。至于孙权的年号"黄武"大概也是如此。

这里再说句题外话,曹丕称帝后纳了汉献帝的两个女儿。这一点,在后世引起了批评,比如东晋史学家孙盛提出:"显纳二女,忘其至恤以诬先圣之典,天心丧矣,将何以终!是以知王龄之不遐,卜世之期促也。"(《全晋文》)他认为父母之丧本应守孝三年,而曹丕这种行为注定他不会长寿,国祚也难以长久。

其实这完全是误会曹丕了,他这一举动并非因为贪淫好色,而纯粹只是为了效法"先祖"虞舜,因为当初舜就娶了尧的两个女儿娥皇和女英,因此孙盛的批评属于过度苛责。

曹丕代汉,是中国古代自信史以来第一次通过非暴力的手段完成最高权力的转移。这次禅代对历史进程有着深远的意义,它被后世视为典范,从此以后直到宋朝七百多年的时间里,禅代都是改朝换代的主要模式，连出身草莽的后梁皇帝朱温也不例外。

可能有人会认为王莽才是禅代的第一人，其实这种说法倒不能算错，不过王莽毕竟失败了，他没能成功取代汉，而是被汉消灭了。虽然击败他的是玄汉，但毕竟也是汉。

正因为如此，后世在评价这两件事的时候，一般称新莽为"篡"，而称曹魏为"代"。

其中《晋书·周嵩传》说"田氏擅齐，王莽篡汉"，而《隋书·牛弘传》则说："魏文代汉，更集经典，皆藏在秘书。"其态度非常明显。

所以说，曹魏代汉的重大意义就在于它是第一次成功的禅代，在此之前没有成功的先例，因此才会被后世广为借鉴。

故事到这里就告一段落了。

汉朝虽然灭亡了，但它的影响力却一直持续到今天。

我们这个民族直到今天还以汉为名，汉朝值得我们每一个人永远铭记。

参考文献

[1] [春秋]孙武撰，陈曦译注. 孙子兵法[M]. 北京：中华书局，2011.

[2] [汉]司马迁撰，[宋]裴骃集解. 史记[M]. 北京：中华书局，2014.

[3] [汉]班固撰，[唐]颜师古注. 汉书[M]. 北京：中华书局，2012.

[4] [晋]陈寿撰，[宋]裴松之注. 三国志[M]. 北京：中华书局，2011.

[5] [晋]袁宏. 后汉纪[M]. 长春：吉林出版集团，2005.

[6] [晋]常璩撰，任乃强校注. 华阳国志校补图注[M]. 上海：上海古籍出版社，1987.

[7] [南朝宋]范晔. 后汉书[M]. 北京：中华书局，2012.

[8] [南朝梁]沈约. 宋书[M]. 北京：中华书局，2018.

[9] [宋]沈括著，金良年、胡小静译. 梦溪笔谈全译[M]. 上海：上海古籍出版社，2013.

[10] [宋]司马光编著.资治通鉴[M].北京：中华书局，2011.

[11] [宋]郭允蹈撰，赵炳清校注.《蜀鉴》校注[M].北京：国家图书馆出版社，2010.

[12] [清]顾祖禹撰，施和金、贺次君点校.读史方舆纪要[M].北京：中华书局，2005.

[13] 万绳楠整理.陈寅恪魏晋南北朝史讲演录[M].贵阳：贵州人民出版社，2007.

[14] 田余庆.秦汉魏晋史探微（重订本）[M].北京：中华书局，2011.

[15] 许嘉璐主编.二十四史全译：晋书[M].上海：汉语大词典出版社，2004.

[16] 关治中.论曹操平定关陇的奠基战役——潼关之战 [J].西北大学学报（哲学社会科学版），1992(01)：27-31.

[17] 白亮.东汉末年马腾、韩遂军事集团述论[J].兰州大学学报（社会科学版），2013，41(06)：160-164.

[18] 杨卫、杨德.韩遂论略[J].青海师专学报（教育科学版），2006(06)：80-84.

[19] 王希恩.汉末凉州军阀集团简论[J].甘肃社会科学，1991(02)：71-75+67.

[20] 温虎林.建安时期马超与杨阜"陇南之战"考论 [J].齐齐哈尔大学学报（哲学社会科学版），2020(08)：116-119.

[21] 田金雷.张鲁不归蜀汉考论[J].黄冈职业技术学院学报，2019，21(02)：61-65.

[22] 单敏捷.汉末刘焉父子时期巴蜀主要政治关系新探[J].北京社会科学，2021(11)：71-81.

[23] 戴巧明. 浅谈《三国志·蜀书·刘焉传》中益州本地豪强与侨居势力之争[J]. 青年文学家，2012(04)：85.

[24] 刘华. 论东州流民与刘焉刘璋的关系[J]. 昭通师范高等专科学校学报，2007(01)：49–51+55.

[25] 安剑华."东州士"与蜀汉政权[J]. 成都大学学报（社会科学版），2010(06)：18–25.

[26] 梁中效.《隆中对策》与《汉中三策》之比较[J]. 成都大学学报（社会科学版），2009(01)：116–118.

[27] 黄晓阳. 论蜀汉谋略家法正[J]. 成都大学学报（社会科学版），1993(02)：47–50.

[28] 王前程. 刘备三次入川路线略考[J]. 三峡大学学报（人文社会科学版），2019，41(03)：1–7+14.

[29] 申雷. 三国曹刘汉中之战研究[J]. 湖北文理学院学报，2020，41(04)：11–15.

[30] 孙海石. 略谈刘曹汉中之战和蜀汉集团开国方略[J]. 汉中师院学报（哲学社会科学版），1989(02)：78–79.

[31] 于天宇."跨有荆益"与"天下有变"——论《隆中对》的战略及其实施[J]. 浙江师范大学学报（社会科学版），2014，39(01)：102–108.

[32] 张东. 古阳平关考述[J]. 成都大学学报（社会科学版），2012(01)：45–47.

[33] 孙启祥. 汉末曹刘汉中争夺战地名考辨[J]. 襄樊学院学报，2012，33(01)：5–11.

[34] 付开镜. 关羽攻打襄樊目的：恢复荆州版图以备北伐——兼评刘备、诸葛亮借刀杀人说[J]. 湖北文理学院

学报，2014，35(01)：5-8+16.

[35] 景森彪.略论"关羽北伐"[J].文教资料，2013(07)：72-73.

[36] 曾强.关于关羽北伐的探讨[J].剑南文学（经典教苑），2011(07)：400.

[37] 朱绍侯.试析《隆中对》兼论关羽之失[J].河南大学学报（社会科学版），2008(01)：103-108.

[38] 胡以存、吴媛花.于禁"七军皆没"与平鲁城地望[J].湖北理工学院学报（人文社会科学版），2014，31(06)：66-68.

[39] 刘昌安.曹操征张鲁人物考辨[J].汉中师范学院学报（社会科学），1997(01)：14-17.

[40] 肖洋.于禁驻扎之城考[J].湖北文理学院学报，2021，42(01)：5-9.

[41] 于泳波."水可以绝，不可以夺"新解[J].军事历史，2016(03)：39-43.

[42] 王超.荆州之战中的情报活动[J].情报杂志，2011，30(S2)：17-19.

[43] 石冬梅.吕蒙"白衣渡江"辨[J].保定师范专科学校学报，2005(01)：88-90.

[44] 李昊林.建安二十四年孙权攻合肥性质探讨[J].衡水学院学报，2016，18(03)：118-123.

[45] 崔兰海、周怀宇.曹魏政权在合肥的攻防战略[J].湖北文理学院学报，2013，34(01)：21-26.

[46] 罗米、熊铁基.论曹丕受禅代汉[J].湖北社会科学，2018(12)：115-122.

[47] 章新建. 论曹丕与曹植[J]. 徽州师专学报，1998(01)：34-38.

[48] 李乐民. 崔琰被杀原因考辨——兼论曹操的用人[J]. 史学月刊，1991(02)：17-20.

[49] 柳春新. 崔琰之死与毛玠之废[J]. 武汉大学学报（哲学社会科学版），1997(02)：83-87.

[50] 韦运韬. 曹丕以魏代汉之我见[J]. 长春教育学院学报，2015，31(23)：3-4.

[51] 陶贤都. 曹操霸府与曹丕代汉[J]. 唐都学刊，2005(06)：24-29.

[52] 王小琼. 略论魏文帝曹丕[J]. 郑州航空工业管理学院学报（社会科学版），2007(01)：46-47+52.

[53] 柳春新. "魏讽谋反案"析论[J]. 江汉论坛，1997(05)：11-15.

[54] 杨明贵. 论孟达叛蜀之原因[J]. 安康学院学报，2019，31(01)：7-12.

[55] 李研. 从刘备集团的继嗣之争看刘封之死[J]. 贵州文史丛刊，2014(03)：67-71.

后　记

　　历史的本身就是一部最精彩的戏剧，再高明的编剧也不可能构思出比其更妙的剧情，这就是历史的魅力所在，而建安末年发生的故事则最好地诠释了这一点。

　　本书讲述的是从东汉到三国转折期的那段历史，故事主线自然是曹魏代汉，以及在此基础上延伸出的三方争霸，因此贯穿这段历史的核心人物无疑是曹操，他也是本书的第一主角。

　　既然如此，将曹操在这一阶段的事迹以及所造成的影响真实地展现出来，便是本书的重要写作目的之一。

　　我在历史创作方面虽然是一个新人，但我始终坚持贯彻一个理念，那就是尽量做到客观公正，而不去为了博眼球或刻意讨好一些读者而进行违心的创作。

　　在对历史人物的刻画方面尤其如此。把一个复杂的历史人物简单地脸谱化，或许容易让人产生共情，但这却是非常不负责任的做法。因此，将这些历史人物的多张面孔分别呈现出来，才是我的写作目标。

曹操就是这样一个非常复杂的人。他有凶狠残暴的一面，这些在他对待伏皇后以及许昌之乱中的汉室忠臣时表现得淋漓尽致。但曹操也有多谋善断、知人善任的一面，正是有了这些特质，才让他一次次战胜强敌，成为这乱世中的一代雄主。

从古至今，人们对于曹操的评价始终是褒贬不一的。

在《三国志》中，陈寿如是写道：

> 汉末，天下大乱，雄豪并起，而袁绍虎视四州，强盛莫敌。太祖运筹演谋，鞭挞宇内，揽申、商之法术，该韩、白之奇策，官方授材，各因其器，矫情任算，不念旧恶，终能总御皇机，克成洪业者，惟其明略最优也。抑可谓非常之人，超世之杰矣。

陈寿对曹操给予了很高的评价。

虽然清代史学家赵翼在《廿二史札记》中指出："盖寿修书在晋时，故于魏、晋革易之处，不得不多所回护。"但陈寿所陈述的大体都是事实。而同一时代的陆机，尽管在自己的作品《辩亡论》中指出曹操"虐亦深矣，其民怨矣"，但也不得不承认曹操"功济诸华"。

不过从宋代开始，曹操的形象便逐渐被妖魔化起来。

偏安一隅的南宋以北宋的继承者自居，于是便很自然地将自己带入蜀汉的角色中去，而将占据中原的金国视作曹魏，这种观念不断发展，直到《三国演义》的问世，更是将尊刘贬曹的主张推到了极致。

到了现代，随着媒体和网络的发展，人们对曹操的评价又有了变化，只不过这次出现了分化。

持有传统观点贬低曹操的自不在少数，而一心为曹操翻案的也大有人在。

于是就产生了一种观点，一些人认为天下本来就是曹操平定的，所以他篡汉也有理有据。持有这种看法的人大概是被《让县自明本志令》中"设使国家无有孤，不知当几人称帝，几人称王"这句话所感染。

这句话确实豪迈，读起来让人热血沸腾，而且也是事实，但其本身却有一个很大的漏洞，因为曹操是举着汉朝这块招牌走到篡汉这一步的。需要的时候就高高供起，不需要了就弃如敝屣，这种做法难以叫人信服。

石勒说得好："大丈夫行事当礌礌落落，如日月皎然，终不能如曹孟德、司马仲达父子，欺他孤儿寡妇，狐媚以取天下也。"

作为一名在西晋末年乱世中崛起的豪杰，石勒言行如一，始终都在反晋，他的做派算得上是光明磊落，确实有资格抨击曹操。

曹操固然雄才大略，是那个时代的人中之龙，但他在建立基业的过程中存在的一系列污点是无法洗刷的。因此单从某一个角度出发对曹操进行过度赞誉或贬低都是不公正的。

除此之外，在对这部作品中的几个次要人物进行刻画时，我同样采取了两面兼顾的写法。

比如刘备有从善如流的一面也有外交失误的一面，关羽有勇猛善战的一面也有短于谋略的一面，曹丕有勤勉谦虚的一面也有心胸狭隘的一面，甚至以不擅兵事著称的孙权也有敢于正视失败勇于止损的一面。

只有了解这些，才能明白他们在面临重大问题时为何会做出那样的选择，也会理解他们得到那样结局的必然性，这一点在曹操于汉中以及刘备于荆州的失败中可以被充分验证。

作为历史爱好者，我们都应该秉持这样的态度，因为只有如此才能更好地探究历史的真相。